社会科

現代《いま》問われている世界

大濱徹也 編

同成社

目　次

はじめに　現在《いま》社会科教育が問われること——国家を相対化する目とは——

大濱徹也

私たちは、コミューンからどんなサービスを受けているでしょうか。住民としての私たちの権利は何でしょう。また、私たちの義務は何でしょう。私たち一人ひとりは、私たちと次の世代の人々がよい社会で生きていくために、どんな責任をもっているでしょう。これらの問いに答えるためには、コミューンの組織、運営のされ方、私たちがそれからどのように影響されているか、また、影響を与えられているかを知らねばなりません（アーネ・リンドクウィスト／ヤン・ウェステル著 川上邦夫訳『あなた自身の社会』一九九七年、新評論）。

1

現在、社会科教育には何が問われているのでしょうか。戦後教育を担う科目として開設された社会科には、日本に民主主義を根づかせるという理念が託され、大きな期待がかけられていました。その期待は、「軍国日本」に代わる「民主日本」の育成をめざし、「健全」な民主主義としてのアメリカ・デモクラシーを教えこむことでした。

ここに説かれた民主日本の誕生は、主権者たる国民の権利をふまえ、基本的人権をはじめ、三権分立等にかかわる統治システムについての知識を身につけることで可能となる世界として説かれ、無限のロマンを奏で出したのです。この「民主日本」建設を問うロマンは、国民が「敗戦」の根をみつめるのではなく、明日の日本にバラ色の夢を思い描かせました。現在問われているのは、こうした「民主教育」の名で説かれた世界につき、生活のかたちである文化の場から検証することではないでしょうか。

社会科が説き聞かせる民主主義は、ある観念として社会科教育の軸であったとはいえ、生活の場である地域に根ざすことなき高尚な理念でありつづけました。そのため社会科教育は、学校が置かれた地域を場となし、理念としての民主主義をいかに具体化するかという方策を構築しえないまま、今日にいたったといえましょう。

いわば戦後教育は、「民主教育」なる言葉を観念として説きつづけたとはいえ、生活の場でいかに民主主義なる世界を問い質すかという作法を手にしえなかったのです。このことこそは、戦後六〇年を経て、七〇年を迎えんとする現在、「戦後教育」の総決算を叫ばせ、一瀉千里に戦後教育の理念を泡沫のごとく流し去らんという風潮を顕在化せしめたものにほかなりません。それだけに私たちには、己が踏みとどまるべき場をいかに築き、明日の社会科教育のあるべきかたちを構想しうるか否かが問われています。

戦後教育が問いかけた民主主義が根づいた社会とはどのような世界なのでしょうか。ここで問われるのは「民主主義」にかかわる知識ではありません。民主主義社会といわれる世界がめざす社会のかたちの素形をまず確認し、何が求められているかを明らかにすることです。

民主主義を旨とする市民社会の成熟度は、構成員たる市民に対し、いかに広く開かれた構造を達成しているか否かです。開かれた構造は、つぎのような感覚を構成員が共有することで、社会に根づきます。

① 権力は、委譲されたものではなく、委任されたものであるということ。

② 国家と国民の関係は常に相対的なものであるという変化の感覚が広く認知され、国民に共有されていること。

③ 委任と変化の感覚は、人間が人間であることを規定する基本的人権にかかわる意識に支えられていること。

開かれた社会は、このような感覚や意識で、生活の場である地域協同体から国家のあり方を検証していく作法を身につけたとき、確かなものとなります。

2

国家と国民の関係は、アメリカ合衆国建国時に政府と人民をめぐる問題として、憲法制定の基本課題が論じられたなかにうかがえます。マディソンは、「抑制均衡の理論」として、権力の恣意的運用、暴走にいかに対処するかにつき思いをめぐらし、「正義の原則」「福祉の原則」を提起し、あるべき国家のあり方を説いています（『フェデラリスト』）。

そもそも政府とはいったい何なのであろうか。それこそ、人間性に対する省察の最たるものでなくして何であろう。万が一、人間が天使でもあるというならば、政府などもとより必要としないであろう。またもし、天使が人間を統治するというならば、政府に対する外部からのものであれ、内部からのものであれ、抑制など必要とはしないであろう。しかし、人間が人間の上に立って政治を行うという政府を組織するにあたっては、最大の難点は次の点にある。すなわち、まず政府をして被治者を抑制しうるものとしなければならないし、次に政府自体が政府自身を抑制せざるをえないようにしなければならないのである。人民に依存しているということが、政府に対する第一の抑制になっていることは疑いをいれない。しかし、経験が人類に教えるところに従えば、やはりこれ以外に補助的な、警戒的な措置が必要なのである。

（略）正義こそ政府の目的である。政治社会の目的である。正義は、それが獲得されるまで、あるいはそれを追求している間に自由が失われてしまうまでは、つねに追求されてきたし、今後もつねに追求されることであろう。

ここで問い語られているのは、政府が正義をめざし権力を運用しているか否かにつき、人民の監視が不可欠であるということへの示唆です。人民は、政府の営みを検証し、権力の恣意的運用を抑制せねばなりません。このことは、国家がいかに広く国民に開かれた存在であるか否かに、民主主義のあり方が規定されていることを意味します。

この課題こそは、昨今声高に説かれ、多様な物議を醸している情報公開要求の根にあるものです。情報公開は、政府の営みを被治者たる市民の目で検証し、権力の不正な運用を糺す作法にほかなりません。ここに国家は、権力の行使にかかわる諸記録を残し、広く市民に開放することで、権力の透明性を高めることが問われることとなりました。政府は、政策遂行にかかわる記録をふまえ、正義実現を目標としたか否かにつき説明をなし、市民を納得せしめることで、はじめて説明責任を果たすこととなります。それだけに公務にかかわる者は、己が営みを記録し、業務の証となし、市民からの付託に応じねばなりません。そのために存在するのがアーカイブズです。

アーカイブズは、諸組織が営みの証である記録を管理し、その記録を遺すことで、組織の営みが生み出した知と記憶を共有する器です。市民は、アーカイブズが管理保存する諸記録資料を問い質すことで、国家の営みを検証し、己が権利と義務を確認します。この確認作業こそが、社会を構成する一市民であるという場を確かなものとなし、己の手で社会をより良き世界になしうる方策にほかなりません。まさにアーカイブズ文化は民主主義の根ともいうべきものではないでしょうか。

3

社会科教育は、「正義こそ政府の目的である」という原点を凝視し、国家のあり方、民主主義社会とは何かにつき、どれほど深く問いかけたでしょうか。授業では、三権分立という統治組織をはじめ基本的人権等につき説明され、民主主義にまつわる諸知識を傾注することに意がそそがれました。しかし開かれた社会を実現するには、権力のあり方を不断に検証することで、はじめて可能となるということにまで説きおよんでいません。いわば多数決原理としての民主主義の運用を説きこそすれ、委任と変化の感覚が社会を覚醒し、成熟した民主主義社会を支えていることに目がおよばなかったのです。

こうした視野は、昔日の秋、「民権かぞえ歌」が「よしやシビルは不自由でもポリティカルさえ自由なら」と言あげしましたように、権力把握こそが社会を変える力と見なしてきた民主主義の理解から、いまだ一歩も脱却していない証かもしれません。

問うべきは、国民とか公民として思い描かれてきた市民の具体像につき、国家との関係でどのように位置づけるかということではないでしょうか。「公民教育」「社会科教育」は、この課題に応ずべく、設定された教科でした。その教育は、人間が孤立した一人ではなく、ある協同体の記憶を共有することで生きている社会的存在であることにつき、確認する営みでもあります。

かかる記憶を確認し共有する場は、アーカイブズという館の社会的認知がない日本において、協同体の伝承として語りつがれてきた世界に読みとることができます。戦前の教育実践には、こうした協同体の営みを己の目で確かめ、地域住民の場から国家をみつめ、国家を相対化しようとした作業をこころみたものがあります。

「旅する巨人」といわれている宮本常一は、天王寺師範を卒業して村の教師に赴任したとき、教育する場である村のことに無知である己を見出します。村を知らないかぎり教師として子どもと向き合えないとの思いは、村の営みを学ぶ作業となり、古老の記憶と知に学ぶことから教師たる己の場をたしかなものとしようとしたのです。

村住みの教師は、生活の場から教育を組み立て、生徒一人ひとりが村と私の関係を確かめ、公民たる私に思いいたすべく、地域協同体の営みにかかわる記録と記憶を探る作業をこころみました。その営みこそは、フォークロアへの目となり、生い育った生活の場を検証する郷土史をなさしめたのです。具体的には、北方性教育の実践であり、「つづり方」運動をはじめ、郷土教育等の展開に読みとれます。その一成果は『綴り方風土記』に結実しています。

ここには、館としてのアーカイブズがないとはいえ、地域協同体の記憶を書き残すことで、失われた記録を蘇生し伝える営みがあります。このアーカイブズに代替しうる世界こそは、協同体の一成員として、公民である私を確認せしめたのです。

こうした社会への目は、戦前に合科教育の実践としてあり、戦後当初の社会科教育に受けつがれていました。その一端は、小学校の社会科として、学校をめぐる地域の暮しである文化を学ぶために、「歩く、見る、聞く」ことをしたなかにうかがえます。

しかしこの作業は、高学年となるにつれて失われ、首都や山河等の名称をどれだけ知っているかを問う知識主義となり、クイズ的な知を競う教科に転落したのです。ここに社会科が陥こんだ隘路がうかがえます。それだけに現在あらためて社会科の初心に目を開き、社会的存在としての私を確認し、国家と私の関係をどう構築するかを考えたく思います。

4

地域協同体が営んでいた文化を蓄積してきた場はアーカイブズであり、図書館、博物館などでした。かつて王の時代は、これらの施設が王の所有物であり、王が知と記録を独占することが権威と権力の源泉となっていました。市民革命は、図書館、博物館を王の手から解放し、アーカイブズを市民の器と位置づけることで、革命の精神を継承せんとしたのです。

しかし、日本においては、アーカイブズの知が国家の占有物と見なされ、広く国民に開放されていませんでした。わずかに図書館、博物館などがアーカイブズ文化の代替をなし、郷土たる地域協同体の記憶を蓄積しております。そのため生まれ育った「郷土」を郷土として検証するなかに、明日の社会に思いいたす知的営みを十分になしえていません。

現在《いま》あらためて問うべきは、地域住民が一人の市民として、己が生きる地域社会を知るべき場を手にしているか否かです。その場こそは、図書館、博物館などに代替させるのではなく、アーカイブズが負うべき世界といえます。

学校教育に求められるのは、学校の営みを記録した世界である学校アーカイブズともいうべきものを自覚的に位置づけ、教師と生徒が共有しうる教材として活用していくことです。小学校は、地域の貌として存在することで、地域住民の記憶を共有してきたといえます。この世界を検証することは、どのように地域住民が生きたかを問うことを可能とします。かつて編集した『北区教育史』（一九九三〜九五年）で提示した世界は、校務日誌をはじめ合科教育のプラン等々、学校アーカイブズの可能性を示唆しています。ここで問われるのは、これらの記録資料を、単に過去の史料と見なすか、明日を生きる糧としうるか否かです。

小学校には、富山県高岡の馬喰小学校や東京都北区の王子、荒川、滝野川などの小学校に保存されている児童の図画、習字、作文をはじめ校務文書、教案などがあります。これらの作品には小学生の心身に刻印された時代の風浪が読みとれます。

滝野川第六小学校の『滝六学報』第三号（一九三三年）には、四年生森徳夫の「兵隊さん」が掲載されています。

僕も兵隊さんに
なりたいけれど
こはくてこはくて
なりたくない

兵隊さんになつてみても
丸にあたると死んでしまふ

何こはくはないと
いばつてみたが
やつぱりこはい
僕は兵隊さんは好きだけれど
こはくてこはくて
なりたくない

この「こはくてこはくて」という素直な気持ちは、南京陥落の「旗行列と提灯行列」で「出征兵士の家の前に来ると、立止って万歳と、なほ一そう大声に叫びました」（四年生細井三千代、一九三八年）という昂揚感に酔い痴れるなかで、「鬼畜米英」「チャーチル　ルーズベルト　踏みつぶせ」ととなえるなかで、失われていきます。かくて児童生徒の心は、習字「興亜之光」などにみられる世界、大東亜戦争がかかげた理念に囚われ、大東亜の明日を担う光たらんとしたのです。

このような作文、習字などを素材に授業が組み立てられるのではないでしょうか。「興亜之光」たらんと思いこませた世界とは何かを問いかけたとき、授業を受ける生徒の心は、「こはくてこはくて　なりたくない」と素直に心を吐露した小学四年生が「軍国の子」になる道を同時的に生き、その思いを追体験し、遠い戦争の時代を己の場にひきつけ、己の頭で考えることが可能となります。教科書が「太平洋戦争」と説き、日本の「侵略」と意義づけた解説をこえ、戦争の時代の何かに思いいたすことが可能となります。

学童疎開の記録は、水くみ、薪ひろい、飢え等々の記述を通し、戦争の時代を生きる子どもの姿を想起させます。こうした営みは、いかに飽食の時代を生きる子どもの想像外の世界であろうとも、同世代の子の嘆き苦痛に思いをいたさせるとき、現代世界をおおう飢餓と重ね、歴史が現在《いま》まさに眼前にあることに目を開くことともなります。

歴史を学ぶことは、現在ある社会をいかなる世界とするかという思いを胸に、過去を検証しより良き明日を手にする作法を身につける営みです。単に過去の出来事を「年代記」よろしく諳ずることではありません。ある出来事をもとにどのような明日を思い描くかという場から過去を追体験し、時代を想起し、歴史を再創造して語りつぐことを身につけるのが歴史の学習であり、それが社会に生きる私の場をたしかめさせることを可能とします。

このような作法は、日々の営みを検証するなかに、国家のあり方を問い質すことを可能とします。さきの「興亜之光」を足場に大東亜戦争を読むには、日米開戦にいたる過程を、アジア歴史資料センターのデジタルアーカイブを活用して読み解くことで可能となります。

「ハルノート」をはじめ、日米交渉や軍の動向にかかわる記録が取り出せます。中学や高校では、こうしたデジタルアーカイブを活用し、教科書が提示する断片的史料の背後に目を向けることをしたらどうでしょうか。

デジタルアーカイブの活用は、過去の記録を情報として取り出し、ある史料の読み方、教科書が定型として説く世界を個別に問い質すことを可能としています。この営みは、歴史の再検証という枠を乗りこえ、現在を検証する武器となるものです。一人ひとりの目で歴史を読みとる作業は現在の社会を検証し、明日をどのように生きるかを問いかけています。このような検証する文化の確立こそは、社会科教育、歴史教育に負わされた責務にほかなりません。

5

検証する営みは、ある鋳型としての歴史を説くのではなく、現在を生きる社会を日々変化する貌として問い質す目ではじめて可能となります。博物館には、ある地域像を定型化して提示するのではなく、地域協同体を構成する世界の多様性に目を向け、行政の枠に封じこめられた地域の個別性を復元し、個別的場から協同体の全体像を相対化しうる営みが求められます。この営みこそは、地域協同体の差異性への理解を深め、その場で生きる人間への目を豊かにするのではないでしょうか。

学校をめぐる記憶は、学校アーカイブズとともに受けつがれ、地域の記憶となり、住民の心をささえ、協同体の活力となってきました。昨今の町村合併は、この記憶を剥奪することで、国家の枠に地域協同体を序列化し、国家の記憶に一元化する試みです。それだけに国家を相対化するには、地域住民の場から、協同体の営みをどのように語りつぎ、国家を検証する武器とするかが問われています。

博物館、郷土館、図書館などは、アーカイブズ文化が未成熟な日本において、こうした検証の器であることが求められているのではないでしょうか。そこが収集保存してきた記録資料は、単に過去のものではなく、現在を問い質す証として読み直すとき、はじめて検証の器であるアーカイブズたりえます。

この読み直す作業は、過去が過去であったことを確認するのではなく、現在をもたらした過去とは何であったかを検証し、そこに生きる私とは何かに思いをはせ、明日を思い描く営みです。社会科の授業は、こうした営みを不断に己のものとしていくことで、明日を生きる人間への目を養い、他者との豊かな関係性を育てることを課題としています。そのためには机上で学んだ知識をいかに日常性の場で確かめているか否かが問われるのです。

日常の場で知識を問い質す作法の成否は、地域協同体で営まれた暮しの具体相を読みとるとき、身につけた知識を生きた武器になしうるか否かにかかわっています。しかし学校教育で身につけた知識は、ある知識を鋳型にはめこみ、適合するか否かで判断されているのではないでしょうか。社会科教育が知のクイズもどきになったのは、「知識」が知識として、現実を切る刃となっていないからです。

知識が現実の闇を切るには、現在ある私の場を確かめ、他者との協同性において生きる私の目で社会を問い質すことが求められます。この社会との関係性は、地域協同体に生きる私の権利と義務につき、どれだけ自覚的に己の課題として認識しているかにかかわっています。

社会科教育は、この関係性に目を向け、一人ひとりに地域協同体で生きる意味を問う作業であったのではないでしょうか。この問い、社会科教育の原点が忘失されたまま、知識のみが説かれてきたがため、「なぜ社会科を学ぶの」「なぜ歴史を学ぶの」との声が教室でおこったのです。

知は生きる武器であり、明日を切り開く刃でなければなりません。知は考える素材であり、己の思考を豊かにする栄養素です。この知を社会を生きるために活用してこそ、一人の人間として、己の足で大地に立ち、国家に対峙しうる己の場を手に入れ、国家を相対化しうるのではないでしょうか。

ここで手にした場こそは、己が暮しの場である地域協同体を見つめ、地域から国家のあり方を問い質し、より良き社会を手に入れるために国家の営みを検証することを可能とします。このような検証文化、暮しのかたちの場から検証する営みを根づかせる教育こそが社会科教育であり、歴史教育に問われてもいるのです。

思うに歴史教育は、過去を諳ずる歴史ではなく、歴史の闇を切り裂き、より良き社会を造形するためにこそ人間の知を豊かに育んできました。このような歴史教育への目こそは、現在ある社会を解析し、「正義」実現のために政府が何をなしたかを検証する作法を、社会科教育として説きうるのです。

日本社会では、未成熟なアーカイブズ文化のもと、検証することがより良き明日をもたらすとの思いも弱く、国家を相対化する目が乏しいのが現実です。そのため国家と私の関係は、私の一方的権利要求をめぐる争論こそあれ、「国家にとり私とは」という場から、人間の関係にかかわる権利と義務のあり方が問い質されていません。

思うに社会科教育が生きた精神の糧となるのは、国家を相対化し、政府に「正義」を実現させる場から、国民の権利と負うべき義務を説きうるか否かです。そのためには、地域協同体の一員として、豊かな明日の社会を手に入れるために何をなしうるかを問いかけつづけねばなりません。

この問いを内実あるものにするには、生活の場を共有しうる記憶を確認し、歴史を日常の場から不断に再検証する営みが求められます。生活の実感、手ざわりのある教育こそは、戦後教育が無慚な姿をさらし、流砂のごとき状況下にある現在、あらためて戦後教育が希求しようとした原点に回帰するなかで、新たに飛翔する場を可能としましょう。

民主主義の成熟度は、アーカイブズ文化と一対となった検証文化にささえられ、より現実のものとなります。そこへの第一歩として、多様なアーカイブズを活用し、その生活する場を検証するなかに、国家を相対化する作法を考え、説きたいものです。冒頭にかかげたスウェーデンの教科書が問いかけた世界に思いをいたし、私たちの社会科教育、歴史教育を構築し、豊かな明日を手に入れたく思う次第です。

なお、戦中戦後体験、とくに敗戦とどう向きあったかにつきましては、『日本人と戦争――歴史としての戦争体験――』（刀水書房、二〇〇二年）、「歴史としての戦中・戦後」（『北の丸――国立公文書館広報――』第三十五号、二〇〇二年）に私の思いを述べたことを記しておきます。

第一部　現在《いま》教師として考えること

社会科の復興――社会認識力の回復のために――

野口　剛

一　高校生の時代感覚

今年二〇〇四年、平成十六年の四月は高等学校にとってある意味で非常に象徴的な年である。それは、今年度から、いよいよ平成生まれの生徒が入学してきたからである。平成への改元は、ある人々にとっては、つい昨日のような事件であるが、今年の新入生にとっては、それが自らの人生すべてと重なり合っているのである。確かに、一六年間というのは、それを歴史として見た場合には、決して無視しえない時間の長さであるかもしれない。明治元年から明治十六年までには、廃藩置県もあれば西南戦争・自由民権運動の高まりも含まれる。大正であるならば、第一次世界大戦やシベリア出兵・米騒動、治安維持法や普通選挙法の成立まで、すべての事件が入ってくる。さらに、昭和でいうならば、北伐戦争も満州事変も上海事変もこうした期間に発生しているし、盧溝橋事件から日ソ中立条約に至る過程が包摂され、そして、昭和十六年の十二月には日本は対米英戦争に突入しているわけである。したがって、もし、百年後にいまと同じような基準で歴史の教科書がつくられるとするならば、当然そこには平成改元以降、現在に及ぶ期間に発生したさまざまな事件が記されなければならないはずである。

そこで、平成生まれではないが、今年度たまたま日本史の授業を受けている高校三年生七八人に自分の出生年から現在の間、つまり、この約一八年間の事件や事柄で百年後の教科書に載るであろうものは何かということで、五つを挙げてもらう調査を実施してみた。この生徒たちは、ごく少数の例外をのぞけば、一九八六年（昭和六十一年）四月から一九八七年（昭和六十二年）三月までの生まれに属している。その結果は、次のようなものである。

①	九・一一の同時多発テロ	六〇（二〇〇一）
②	地下鉄サリン事件	五二（一九九五）
③	阪神・淡路大震災	三一（一九九五）
④	イラク戦争	二五（二〇〇三）
⑤	湾岸戦争	二〇（一九九一）
⑥	ドイツ統一	一九（一九九〇）
⑦	日朝会談・拉致事件	一六（二〇〇二）
⑧	Ｗ杯日韓共催	一三（二〇〇二）
⑨	ソ連解体	一一（一九九一）
⑩	ＢＳＥ狂牛病問題	一〇（二〇〇三）
⑩	バブル経済崩壊	一〇（二〇〇二）
⑫	自衛隊イラク派遣	七（二〇〇三）
⑬	チェルノブイリ原発事故	六（一九八六）
⑬	消費税導入	六（一九八九）
⑮	沖縄サミット	五（二〇〇〇）
⑯	冷戦終結	四（一九八九）
⑰	消費税五％へ	三（一九九七）
⑰	朝鮮南北首脳会談	三（二〇〇〇）
⑰	少年犯罪多発	三（一九九七）
⑰	ＳＡＲＳ発生	三（二〇〇三）
⑰	Ｏ１５７発生	三（一九九六）
⑰	火星探査	三（二〇〇四）
㉓	昭和天皇崩御	二（一九八九）
㉓	ユーゴ内戦	二（一九九一）
㉓	世界遺産登録	二（一九九三）
㉓	ダイアナ事故	二（一九九七）
㉓	香港返還	二（一九九七）
㉓	印・パ核危機	二（一九九八）
㉓	二千円札発行	二（二〇〇〇）
㉓	アフガン戦争	二（二〇〇一）
㉓	ユーロ流通	二（二〇〇二）
㉓	鈴木宗男疑獄	二（二〇〇二）
㉓	日本産トキ滅亡	二（二〇〇三）
㉓	フセイン逮捕	二（二〇〇三）
㉓	ヤシン師ら暗殺	二（二〇〇四）
㉓	ＥＵ誕生	二（二〇〇四）

それぞれの項目の下の数字はこれを挙げた人数を示し、括弧内の数字はその発生年次を意味している。もっとも今回、五つといっても実際には五つ以上挙げた者や五つ以下の者もいた。また、七八人中で一人しかその項目を挙げていないものは省略した。発生年次については、ＢＳＥのようにその発生を特定するのが難しいものは、とりあえず日本への影響が甚大であったアメリカ合衆国での発生年次を採用し、少年犯罪では神戸で起きた、いわゆる酒鬼薔薇事件をもってその発生年次にあてている。

この調査を行うにあたって、生徒の手もとには山川出版社の日本史教科書と浜島書店の日本史資料集とがあり、それらも参考にしながら回答してもよいとしたため、純粋な個人の印象や評価とはいえないところもある。しかし、ここで特徴的なことの一つは、三六項目中で一九九四年以前のものは八項目のみであるということである。それに反して、二〇〇〇年以降のものの比率が非常に高い。これと同じ条件で、もし三十歳の人々を対象にこの一八年間に発生した歴史的事件を挙げてもらう調査を実施したならば、おそらくその項目はかなり違ったものになったのではないだろうか。また、その年代的なばらつきも相当に異なったものになると判断される。そして、こうした現象が生じる原因の一つには、物心がつき始めた年齢、すなわち、社会的な自覚が出てくる年齢以降の長さというものが関係しているのではないかと思われるのである。その一九九五年といえば、現在の高校三年生がちょうど十歳くらいの頃である。しだいに社会に対する関心も芽生え、単なる身近な体験だけではなく、世間の人々が直面しているさまざまな話題もかなり理解できるようになる年頃である。一九九五年あたりから、自分が重要であると思う歴史的事件の事項が増加してくるというのは、あるいはこうした意識の構造に強い関連があるのではないだろうか。さらにまた、そのことは同時に、自らが同時代的に体験したという自覚を持っている事柄は、より重要性が高いように思えるという人間の認識作用の本質も関係してくるのであろう。確かに、多くの者が重要な歴史事件だとして挙げた上位六項目くらいは、それを挙げた人数はともかくとして、ほぼ妥当な選択のようにも思える。しかし、それ以下の項目については、社会問題的な傾向が強まるとともに、関心の拡散する度合も拡大してゆくことを示しているように思われる。これは、選択する際の基準が、より個々人の生活体験によって、強い影響を受けるようになっていることの現われではないだろうか。

そして、われわれ自身の経験を内省してみよう。自分自身の出生年というのは、何か特別の意味を持って存在しているように感じているのではないだろうか。たとえ、それを直接に体験したり、認識していなかったとしても、観念の中においては自分が生まれる以前と、それ以後を基本的な枠組みとして採用しているのではないだろうか。それは、誕生日や届出用紙という形式で出生年をしばしば確認することを迫られる近代のシステムがつくり出した部分が大きいにせよ、かなり一つの明確な枠組みとして今日のわれわれの意識を規定する座標軸となっているように思われるのである。そして、それに続いて、重要な基準となってくるのが、物心がついた頃より前か後か、すなわち、自分の生活体験の記憶があるかどうかという境界ではないだろうか。現在のわれわれが保持している普通の生活意識というものは、こうした二つの基本的な枠組みの上に構築された観念体系であるといえよう。したがって、高校生に向かって、「現代」とはいつの時点からを指すのかという質問をした場合に、それは自分の生まれた年以降であるという答えが返ってくることがあるが、それはそうした意味からすれば、いたって自然な感覚の表出であるとも評価できよう。

そして、その論理に従うならば、おおよそ学校の授業で扱っている歴史や地理などの事象というものは、そうした生活意識の上に付加されていく巨大な観念の集合体であり、自分が生まれる以前の人間や社会、自分が行ったことも見たこともない地域の生活を自分の意識の中に構築してゆく作業であるということになる。

二　文科系諸科目の信用低下

では、歴史や地理の授業が、そういった性格を持つものであるとしたら、今日、それは生徒に一体いかなる受け取り方をされているのであろうか。現在、一般的な高等学校においては、教科・科目を文系科目・理系科目・実技系科目と区分する方法がもっとも一般的に採用されている。学校によっては、大学進学にあわせて文系コース・理系コースなどに振り分け、それぞれの授業数を重点化するやり方をとっているところも多い。そして、その場合に国語や英語、地理歴史・公民は文科系、数学や理科は理系、それ以外の体育や芸術は実技科目とされるのが普通である。こうした分類は、数量的な処理を行う知識系科目を理科系とし、数量的処理方法をあまり用いない知識系科目を文科系、そして、身体的・感性的な面が重視される科目を実技系としているのであって、それ自体、理科系を中心としたものであり、自然科学がその数量的な方法論を確立した後になって成立したきわめて近代的な区分でもある。大学などでは予算配分を念頭においた、実験講座・非実験講座などという分類法を使ったりもしている。そうした方法に従うならば、数学は論理学や哲学などと同一区分となってもよいわけであるし、歴史の考古学分野は人類学や遺伝子学を扱う生物などと同じ枠でもよく、いまの経済学などはほとんど統計学に近いのであるから、むしろ中味の点ではそうした方がよい場合すらある。しかし、現実には高等学校段階において、そうした区分法はほとんど用いられていない。そして、もともとは便宜的な区分に過ぎなかったこうした分類が、学校のカリキュラムとして固定化されていった結果、そこにいる人間だけでなく、現代の学問観や知識観にも深刻な分裂を引き起こしているといえよう。これは、既に一九五九年の時点においてチャールズ・パーシー・スノーが「二つの文化と科学革命」の講演で警鐘を鳴らしたとおりであり、したがって、これはもはや日本だけの現象ではなく、ほとんど世界に共通した現象となっているといってよいものである。

そして、こうした状況は今日の日本の高校生にも確実に影響が観察されるのであり、理科系科目を文科系科目よりも一段高い価値を持つものと見る感覚をつくり上げている。それは、さらに進んで、直接人の役に立ち、かつ高額収入も見込める医学をもっとも重視する見方へと繋がっているのであり、そこを頂点としてバイオテクノロジー・宇宙工学・電磁気学など、現代の社会で注目されている実用的な学問が並べられ、その次にそれを理論的・基礎的に支える諸学問が位置づけられるという配列になっている。

一方、文科系の科目は、英語など文系・理系にかかわらず必要とされる一部の教科・科目をのぞいて、高校生の意識の中では理科系よりもはるかに低い位置に配されていることは間違いない。そして、そうした文系科目においては、国語はまだしも実生活の上で有用性があると感じられているものの、漢文や地理・歴史などというものに至っては、実生活にほとんど関係しないばかりか、ほとんど知識の記憶がすべてであり、応用のきかないものと認識される傾向がきわめて強いのである。政治経済という科目などは、大学受験などで選択しにくいという理由もあり、かりにも高校生に人気のある科目とはいえないが、それでもそこで扱われている諸問題は社会的に意味があることだけは承認されている。その証拠に、大学の文科系の学部選択で人気があるのは、法学部や経済学部などであり、ここでは人材募集などの社会的な需要度も高く、弁護士になるにせよ企業人になるにせよ、その社会的な有効性は確認済みのように考えられている。それにひきかえ、地理や歴史といった科目は、高校生にとってはほとんど趣味の領域に近いと思われており、もし学習指導要領の規定や大学入学試験の科目に指定されることがなかったならば、ごくごく少数の「愛好家」にしか必要とされない科目に転落してしまうことはまず確実であろう。そして、おそらくこうした感覚は単に高校生のみにとどまらず、大学生、さらには広く社会一般においてもかなり普遍的なものとなっているのではないだろうか。

それにしても、地理や歴史など、いわゆる学校において、これまで社会科として包摂される知的分野の相当部分がこうした状況になってしまったのはどうしてなのか。少なくとも、第二次世界大戦後しばらくの間は、社会科は日本の学校において新しい時代を創る科目として、世間の期待は非常に強かったことは確かである。この時期には、社会科は人間社会における運動法則を明らかにして、さまざまな社会的問題に的確な解決方法を見つけ出す方法として絶大な信頼が寄せられていたことは間違いがない。

ところが、そうした見方というものは、いつのまにか雲散霧消してしまった。この原因の一つとして、これまで歴史教育や地理教育という形で強力な伝統が築かれていた日本の学校教育の中へ、いきなりアメリカ型の問題解決を中心にした社会科が入ってきたため、うまく日本の風土に溶け込めなかったことを指摘する意見もある。確かに、一九八九年の学習指導要領から小学校低学年と高等学校においては社会科が廃止され、それぞれ生活科と地理歴史科・公民科が新設された。しかし、小学校から高等学校まで、すべてにわたって社会科が存在していた時代においてすら、社会科は「科目あって教科なし」という批判を受けてきた。したがって、本当の意味でどれくらいの期間にわたって内実をともなった社会科が機能していたのかは、きわめて懐疑的にならざるを得ない。

また、社会科の存在意義が見失われていったそれ以外の原因として、一時期、盛んに唱えられていたものに、大学入学試験などによる弊害を説くものもある。確かに、これらの試験は地理や歴史という科目単位で実施されるうえに、短期間のうちに効率よく、公平に結果を提示することを必要としている。しかも、少数の入学候補者を選抜することを目的としているために、自ずから難易度を上げなければならない。また、出題の方式もそういった目的に合致するべく、限定されざるを得ない。こうしたことが、日々の学校の授業に影響を与え、あまりに入学試験問題などの出題形式から乖離した試験を実施したり、教科書の記述から遠ざかっているように生徒に感じられる教材を使用したりすると、生徒側からの拒否反応に遭遇するという事態は、確かに拡大してきているように感じられる。

しかし、ここで考えるべきは、一部で主張されているように、本当に入学試験などから社会科的な部分を外してしまったら、理想的な授業のスタイルになっていくのであろうかという点である。おそらく、そういった措置は期待するものとはまったく逆の結果をもたらすのではないだろうか。そして、生徒にとって、いよいよ地理や歴史は真剣に取り組むに値しない、どうでもよい科目へと追いやられていく可能性がきわめて高いのではないだろうか。

今日、歴史や地理などの教育が、その社会的信頼性を低下させているという問題は、もともと総合的な性格であるはずの社会科が、実際にはいくつかの科目に分裂させられてしまっていることに直接的な原因があるというよりも、そもそもそれらの教育の淵源となっている歴史学や地理学自体が社会的な信頼性を低下させてしまっていることに、より根源的な原因があるのではないかと考えられる。確かに、第二次大戦後の学校教育は、戦前・戦時期の国策に迎合した、いわば神話と史実とを混同したごとき教育を繰り返さないという強い思いのもとに開始されたという経緯がある。それは学術的に検証された事柄のみを授業において扱い、時々の政治権力から自立していることが目指された。

しかし、その時期が東西冷戦と重なっていたために、大学から小学校に至るまでの多くの教育機関や教育団体において、どういった政治勢力が主導権を握るのかということを巡って、過度に政治的な対立が発生した。そして、そのもっとも中心点として位置づけられたが、ほかならぬ社会科であったといえよう。

そういった特殊な事情が複雑な影響をもたらしたところがあったにせよ、ともかく戦後に誕生した社会科において、アカデミズムとの協力ということが強調されたことは重要な特徴であったといえる。そして、その傾向は社会科の中でも、とりわけ歴史や政治の分野において著しく認められ、アカデミズムの動向は明確な論証を経ないまま、あたかも話題提供といった趣で次々と教室の中に持ち込まれていった。騎馬民族国家説や継体・欽明朝の乱などは、確かに研究者の中では有力な仮説の一つに違いないが、研究者の大多数を納得させたわけでもないにもかかわらず、すぐに教科書の記述にも登場してきた。また、憲法問題などでは、これまた憲法研究会などの団体で実施したアンケート結果が、そのまま副教材などに取り入れられていった。そして、そうした動きの極点に位置する象徴的事件が、二〇〇〇年十一月に発覚した旧石器遺跡の捏造であったろう。この発覚の後、歴史教科書の出版社は慌てて訂正用紙を作成して社員に持たせ、自社の教科書を採用した学校を廻らせたし、学校によっては、教員自ら「墨塗り教科書」と自嘲しつつ生徒に教科書の問題部分を塗りつぶさせたという笑えない話もある。また一方、それまで教科書に記述があるということを拠り所として、大学の入試問題作成担当者もわりと気軽に旧石器の問題を出題していたが、さすがにこの事件の発覚を機にいささか慎重になったようでもある。

確かに普通教育の授業において扱われる内容が、アカデミズムと連動していることそれ自体は何ら非難されるべきことではなかろう。問題は、そのアカデミズムにおいて生産される業績なるものが、最終的に社会にとって本当に意味のあるものに繋がっているのかという点であり、特定の年齢層に属する生徒にとって、教育作用として見たときに十分に適切なものとなって能力の開発に資しているのかということである。

たとえば、戦後の歴史の教科書を並べた場合、明らかに最近のものほど装丁がよくなり、写真なども鮮明になっただけではなく、カラー写真も増えてきた。教科書にはさまざまな規制も加わっているためにあまり目立たないが、記載される項目も増加したため、それに対応する歴史用語集は驚くほど分厚くなった。それは、大学の入試問題が、ほとんどの場合、大学に籍を置く研究者によって作成されており、ひとたび出題されると、受験生を送り出す側の学校では、それを何とかして教科書や副教材に取り込んでほしいという心理が働き、出版社の方でもそれに応えようとするからにほかならない。しかし、そうした努力がはたして生徒の学力を本当に伸ばすことに繋がっているのであろうか。社会科、あるいは地理や歴史の学力というと話が複雑になるが、単純に社会を見る目や社会に対する関心と表現しなおしてもよいだろう。これが、三〇年前の高校生と比較して、現在の高校生の方が勝っているといえるだろうか。むしろ、こうした部分では反対に減退しているという印象を懐いている教員や社会人の方が多いのではないだろうか。

三　文科系諸学問の危機

その有効性に疑問が呈され存在意義が揺らいでいるのは、単に学校における歴史の授業ばかりでない。歴史学の著作自体についても、まったく同様のことがいえるのではないだろうか。かつて一九六〇年代後半から中央公論社によって発行された『日本の歴史』全二六巻、別巻全五巻のシリーズは、国民的なベストセラーになった。そして、それは現在でも文庫本という形で発行され続けている。この中からは、井上光貞著『神話から歴史へ』（第一巻）や土田直鎮著『王朝の貴族』（第五巻）など、数々の名著も生まれた。一方、それから約四〇年を経た二〇〇〇年の十月から、講談社は最近の新たな研究成果を通史に反映させるべく『日本の歴史』全二六巻を発行し始めた。執筆者は中央公論社のシリーズを担当した人々に教えを受けた世代となり、確かにこの四〇年間にもたらされた多くの遺跡・遺物の発見、新しい学説などがふんだんに盛り込まれ、図版や写真も全面的にカラー化された。単純にそれぞれの巻の分量が増えただけでなく、見ていても楽しいものとなった。しかし、これらの新しい著作を読んでみて、確かに個別的な考証は積み重ねられ、増加した事実認識に啓発されることも多々あることは間違いないのであるが、それぞれの時代に対する歴史像といったものは、はたしてそれに比例してどの程度深まっているのであろうか。さらに、この種類の著作においてとくに重要なことは、読む者にどれほどの知的な刺激や研究の方法論・構想力への示唆を与えられるかということであるが、この点でも、それはどのくらい向上していると評価できるのであろうか。知識の総量の増大が、必ずしも物の見方や考え方の深化に直結はしないばかりか、時として状況に対する感受性を失わせてしまうこともあるということは、歴史上しばしば認められる現象でもある。今日の歴史学がその研究論文や著作物の分量に見合った社会的信用を勝ち得ているかという点においては、きわめて懐疑的にならざるを得ないのが多くの者の実感なのではないだろうか。

こうした学校の授業で発生している現象と歴史学などの学問全体に認められる傾向とは、おそらく深層においては密接に結びついているのかもしれない。確かに、いかなる学問においても、その知識体系が成熟してくるとき、内部において細分化が生じることは避けられない。日本の歴史学でいうならば、出土した木片の年輪年代測定法による年代同定や遺跡から見つかった木簡の文字の解読、正倉院文書の断片の接続の仕方の研究、江戸時代の土蔵に収められていた地方文書の整理、明治時代の役所が作成した行政文書の補修など、それぞれがたいへん地味な作業であるばかりか、ほとんどの場合、一般の人々にとってはほとんど関心を引きつけるようなものではない。そして、単独ではその存在意義すら認識しづらい分野というのも成立してくるのである。しかし、それは遺伝子工学であれ、実験物理学であれ状況は類似しており、最先端の研究課題というのは隣接領域の研究者ですら、その研究意義が正確にはわからないというものはいくらでもある。それにもかかわらず、遺伝子工学や実験物理学に関して、その存在理由自体への懐疑的な意見が出てこないのは、そうした学問的な営みの最終的な結果が、一般の人々にとってその意味を認識できるものになっているからであり、それらの学問が単なる自然現象の説明原理にとどまらず、いまのところは部分的であるにしろ、自然を制御する可能性があることを実感しているからにほかならない。ということは、歴史学などの文科系の学問が、人間の精神や社会のあり方を変えるどころか、社会の諸現象を説明する原理としても有効でないと感じられていることを意味するであろう。その証の一つとして、同じ文科系の学問であっても、政治学や法律学、あるいは学問自体としては数量処理を中心とするため理科系科目とすべきかもしれない経済学などは、まだしも部分的な有用性を認められていると見ることができる。そういった世間の認識の反映として、こうした分野の研究者はジャーナリズムにおいても執筆や出演を依頼されることも多く、また、大学における法学部や経済学部の人気に繋がってもいる。では一体、いつごろから歴史学などの文科系諸学における社会的有効性に揺らぎが生じ始めてきたのであろうか。いまにして思えば、一九五六年にスターリン批判が公表され、ハンガリーに反ソ蜂起が起こったあたりから、すでにこうした兆しは発生し始めていたのではないだろうか。それというのも、第二次大戦後の文科系諸学の理論面において、非常に強い影響を与えてきたのは、何といってもマルクス・レーニン型の史的唯物論であり、それに現実的な正当性を付与してきたのがソビエト連邦であったからである。その模範的事例ともいうべき場所の現実が、必ずしも理論どおりの理想的なものとなっていないという事実は、多くの人間に衝撃をもって迎えられた。そして、その後の中ソ論争に始まり中ソ国境紛争・中越戦争といった事態は、社会主義国になれば戦争は消滅するとされていた予測を明らかに裏切るものであったし、一九八九年の東欧革命と一九九一年のソ連崩壊はこれまでの人文系諸学の理論的基礎をも根底から崩し去ってしまった。こうした社会の激変に対して、日本の人文系諸学の人々、とくにこれまで歴史学などの分野で理論面において指導的立場にあった人びとは、こうした事態を事前に捕捉できなかったばかりか、事態が眼前で展開するようになっても、十分に一般の人々を納得させうる説明原理を持ち合わせていなかった。一方、一九七〇年代あたりから、社会科学の分野などでは従来の真理観を相対化するようなポスト構造主義が現れるとともに、歴史学などではヨーロッパ歴史学界の影響を受けた社会史が注目を集めたが、フェミニズム運動などの事例などを除いて、結局は史的唯物論的な思考法に取って代わるほどの原理性を持ち得なかったといえよう。ここのところ、歴史学研究会や日本史研究会などの日本を代表的する歴史学研究団体において、相次いでこれまでの歴史学のあり方を見直す企画が出ているが、これらはそういった危機意識の現れであると評することができるであろう。

したがって、今日の歴史学を始めとする文科系諸学への社会的評価が低下しているという問題は、単に一時的なはやりすたりの現象といったものではなく、相当に根深い根源的なものであると考えねばならない。それにもかかわらず、時として、大学などにおいて学生が歴史学関係の科目を受講しなくなっている現実をとらえて、高度経済成長がもたらした日本社会の「豊かさ」が学生から批判精神を奪い取り、歴史への関心を減退させていったというような解釈が散見する。しかし、そういったものこそ、まったくの見当はずれの説明というべきである。

そして、高校などの教室で発生している文科系科目の軽視、「歴史離れ」・「地理離れ」といった現象は、そうしたアカデミズムで生じている文科系諸学の危機と確実に連動していると見なければならない。歴史という科目についていうならば、第二次大戦後に強調された歴史学の成果と、高校よりも下位の学校における歴史の授業とを直結させるという試みが、この半世紀にわたって定向進化を続けた結果、今日の状況をつくり出している重要な要因となっていることは否定できない。そのために、この問題は非常に構造的なものであり、それゆえに、また深刻なのである。ここには、いわばアカデミズムの論理と感覚が先行してしまい、もっとも根本的なところで生徒の生活実感から乖離してしまっている状況が存在しているのではないだろうか。本来、生徒の社会現象に対する認識力を育てるために始まったはずの社会科が、いつのまにか生徒のいない世界になってしまっているのではないだろうか。思えば、第二次大戦の前や戦中期の地理や国史などは、アカデミズムの「純正地理学」や「純正史学」と一線を画した「応用地理学」・「応用史学」であった。ここにおいては、生徒の発達段階や感性などよりも、国家としての政治的課題が優先され、自ずから知識や考え方を注入する傾向が強く打ち出されるようになったのは当然のことである。そういった実態に対する批判は、すでに大正自由教育運動の中にも認められるし、一九四六年にアメリカ占領管理下で作成された『対日教育使節団報告』においては、さらに厳しく論じられた。しかし、そうした反省の中から生まれたはずの社会科が、「時の勢いにあざむかれない人間を創る」といおうが「賢い主権者を育成する」と唱えようが、文部省であれ、それを批判する勢力であれ、実際にはかなり政治的な見地から教科の課題を設定しており、その意味においては、特定の基準に合わせて生徒をつくるというそれまでの「伝統」から、完全に自由にはなっていなかったのではないだろうか。その結果が、やがては学校における文科系の教科・科目、中でも社会科の地理や歴史といった分野を、大学等の研究者が論じているような歴史学や地理学の「下僕」としてしまい、ひいては相対的な自立性を剥奪していってしまったのではないのか。したがって、こうした科目においては、生徒が日常的に見ている生活世界とは切り離された、いわば公式見解が述べられることとなり、いわば「きれいごと」の叙述が教科書という形式で繰り広げられていったというべきであろう。こうなってしまった学校の教科や科目に、感受性の豊かな生徒たちが社会的な有効性を感じとるというのは、考えてみれば相当に困難なことであり、関心を持たなくなるというのは当然の帰結であったのかもしれない。

四　生徒の生活する世界とはどんな世界か

ところで、かつて第二次大戦後の社会科において、確かに生徒の直面する生活実態から出発しようとする試みがなされた時期があったことは間違いない。しかし、それらは一〇年を待たずして、急速に推進力を失墜させていった。今日、その原因についてはさまざまな説が提出されているが、小学校段階ならばまだしも、中学校・高等学校へと生徒の年齢が上がるにしたがって、生徒の生活体験も幅が広がり多様化してくることに対して、十分に順応できなかったことが強く影響を及ぼしていることは否定できないところである。また、アメリカ占領管理期には自由研究や時事問題といった新しい科目も設置されたが、一学級の規模が四〇人をこえる環境において、しかも一斉授業の形式でこれらを展開しようとすることには、そもそも無理があったといわざるを得ない。

したがって、そうした前例に鑑みれば、とくに高等学校の段階においては、生徒の生活世界に根ざすということは、単純に生徒の実生活の中に教材や題材を探求するということだけではすまされない。高校生は既に学校の授業に依存しないところでも、各自が独自の世界を築いている。新聞であれ、雑誌であれ、インターネットであれ、友達関係であれ、彼らは彼らなりの情報の入手経路を持っている。こうした条件のもとで、しかも、四〇人程度の生徒に対して一斉授業の形式で授業を構築するのであれば、それはどうしてもそれぞれの生徒の最大公約数のごとき素材を扱わなくてはならなくなってくるであろう。また、これから生徒が経験するであろうさまざまな社会現象の理解に関して、それは原理的に資するものになっていく必要もあろう。そう考えるならば、その教材とはどうしても同時代の社会を対象とするものでなければならないはずである。しかし、その同時代を生徒が誕生したときからと考えるのは、あまりに偶然性に依拠しすぎている上に、社会現象を立体的にとらえるには短期間に過ぎよう。そうなると、政治的に見るならば、日本の場合では第二次大戦終結以降、世界的な基準でゆくならば第一次大戦終結以降ということになるのであろうか。あるいは、文化史的な見地からするならば、高度成長期以降とか産業革命期以降という区分も考えられよう。ともあれ、二十世紀を主たる対象としなければならないことは当然のこととなってくる。もっとも、その際に非常に重要なことは、現行の世界史なり日本史なりの高校教科書を使って二十世紀部分を扱えばよいということでは、決してあり得ないということである。それというのも、現行の歴史教科書というものは、その記述が著しく政治史に傾斜しているばかりか、現代人の一般的な教養という点からしても、はたしてどれほど適切に考慮されているのかはきわめて疑わしいと思われるからである。やはり、生徒の生活実感に訴える内実をともない、かつ現代の社会の原理的把握に役立つためには、より時代の特徴に密着した、構成と記述の方法が採用されねばならないだろう。

では、そもそも同時代たる現代、二十世紀とはいかなる意味において特徴づけられる時代なのであろうか。英国の歴史家エリック・ホブズボームは一九一四年から一九九一年を総括して、これを「極端の時代」と表現した。その著作が公表されてから既に一〇年以上が経過し、時代は二十一世紀となってしまったが、いつの時代にも人間は世紀末に不安を覚え、新世紀に明るい希望を持とうとする習性があるのかもしれない。しかし、実際に発生している事態は、そうした人々の期待とは裏腹に、予想もしなかった方向へと人びとを誘っていっているように見える。二十世紀も当初は光ある世紀と期待されたが、日露戦争は総力戦のスタイルというものを世界に先んじていち早く提示し、その後に生じるであろう事態を暗示して見せた。そしてそれは、やがて二度に及ぶ世界大戦という形でより徹底した、より巨大な形態を呈示するに至った。ここには、確かに人類がいままで見たこともないような、とてつもない光景が出現した。ナチズム・スターリニズム・ニューディール政策・原子爆弾・ロケット・絨毯爆撃・総動員体制など、どれ一つとってもそれ以前には実現不可能と思われたものが、本当に現実のものとなった。したがって、こうしたものを「極端の時代」と特徴づけることは、確かに一つの見識であるといえよう。

その一方で、ソビエト連邦が最初の人工衛星を打ち上げ、宇宙飛行士ガガーリンは大気圏外に人類で初めて進出した。やがて、アメリカ合衆国は月に人間を送り込むことに成功したが、こうしたことによって、人類の活動範囲が一挙に拡大したという点ではアレキサンダー大王もコロンブスもはるかに及ばないことは間違いない。そして、今日、気象予報にしても情報通信にしても、人工衛星はわれわれの日常の生活に不可欠の存在となっている。こうした宇宙開発を可能にした背景には、ロケットエンジンのような巨大推進装置の開発とともに、膨大な情報を短時間のうちに処理できるコンピュータ・システムの開発も必要であった。また一方、英国のワトソンとクリックはＤＮＡの構造を明らかにして遺伝の仕組みを原理的に解明して見せた。これはやがて人間の持っている個々の遺伝子の機能の解析にまで及んできており、単に血縁関係の判定や疾病治療、犯罪捜査の証拠採用といった範囲にとどまらず、個人の身体的特性や精神性の領域にまで踏み込み始めている。これまで宗教や哲学の問題とされてきた生命や「こころ」といった現象が、本格的なサイエンスの対象として考えられるようになってきたのである。さらに、アインシュタインの相対性理論は従来の時間・空間の観念を激変させたが、その理論的予測の一部が天体観測や各種の実験などでも立証されてくるに及んで、ビッグ・バンによる時間と空間の誕生といった考え方すら一般の人々の中に普及し始めている。こう見てくると、これは単なる学問上の問題や工業技術だけの問題ではなく、普通の人々の生活や感性までをも包摂した一大変革であるというべきである。「科学の世紀」といえば、これまで十九世紀をさすことばのようにとらえられがちであったが、実は二十世紀にこそこのことばは適用されるべきなのではあるまいか。

さらに、二十世紀末にあたって、世界中の大手の新聞社などが一世紀を振り返る企画をたてた。そんな中で読売新聞社も一九九七年十二月から二〇〇〇年秋にかけて、「二〇世紀―どんな時代だったのか―」という連載企画を展開した。そして、そこでは「革命」や「戦争」・「ライフスタイル」といったテーマとともに「アメリカの世紀」という表題を掲げ、それによって総集編を構成している。また、歴史学研究会は「歴史学の現在」というシリーズにおいて、貨幣や歴史修正主義・終末思想などの思想史的・認識論的な問題を扱い始めたが、この第六巻には「二〇世紀のアメリカ体験」をあてている。二十一世紀を迎えた現在、超大国として全世界的な規模で影響力を行使できるのは唯一アメリカ合衆国だけであり、単一の国家の軍事力が他の諸国家のすべてをも凌駕するほどになったのは、歴史上初めての現象でもある。今日、グローバリズムの時代ということが強調され、政治にしても経済にしても文化にしても、すべてが地球規模で関連し合いながら動いていることは紛れもない事実であるが、それを現実に可能にしているのは通信と流通のネットワークの広がりであり、その中心にアメリカ合衆国があるということも、また確かなことである。そして、アメリカ合衆国がそうした存在になっていったのは、二十世紀の初頭以来、二つの世界大戦を勝ち抜く中でもたらされたものであり、今後、アメリカ合衆国が世界の中でどういった存在になってゆくかは不確定であるにせよ、この特殊な国家が世界的権力として確立した二十世紀を「アメリカの世紀」と把握することは妥当なことであるように思われる。

しかし、このようにアメリカ合衆国という巨大な国家が成立して維持され、大統領制度・議会制度に表象される政治システム、莫大な富をアメリカに集中させる近代資本主義という経済システム、さらには自由と民主主義という政治的価値観までふくめて、この特殊な国家がある種の模範的形態と目されるようになった根源には、かつてH・G・ウェルズがA Short History of the Worldの中で指摘していたように、蒸気船と電信の発達が不可欠であったというべきである。この情報と移動手段の革新こそが、アメリカ大陸という広大な地域を統合せしめ、資源の有効利用を可能とし、巨大な生産システムの運用を可能ならしめたのである。

いうなれば、アメリカ合衆国というこの巨大国家の出現自体も「極端の時代」の一事例でもあるわけであるが、こうした二十世紀の諸現象に共通しているのは、すべてその基盤には工業技術の分野での爆発的ともいえる革新が存在していることである。そして、それにともなって兵器や実験装置などはもちろんのこと、政治制度にしても経済システムにしても、さらには、文化や思想のあり方までもが、非常に強烈な影響を受けてきているという点である。したがって、同時代の社会の原理的な把握方法が必要とされるのであれば、それはこの点にこそ置かれなければならず、もし現代人が持つべき社会的な一般教養があるとするならば、ここを起点として構築されていかなければならないのは確実なことのように思われる。

五　文科系諸教科・科目はどうあるべきか

それでは、そういった現実の中で、普通教育を実施している高等学校においては、文科系諸教科・科目は具体的にはどうしていくべきなのであろうか。文科系の教科・科目といっても、国語や英語などの言語教育の場合はいささか状況が違うので、ここでは一応除外することとして、地理や歴史・公民といった分野に関与する科目においては、どういう対処をなすべきなのであろうか。

その際に、まず考えるべきことは、そもそも「知る」という行為は、人間にとっていかなる意味を持つものかという原点的な認識についてである。この点について、立花隆は知的欲求とは生物が自らの生命を維持するために環境の情報を知ろうとする行為であり、したがって、アメーバのような原生生物からヒトなどの高等生物に至るまでが共有して持っている機能であるとする。そして、自然科学というものは、それが人間の外部世界に向かって拡大していった形態であるという解釈を行っている。

確かに今日、ことに日本などにおいては、「理科離れ」といった現象も指摘され始めているおり、中学生や高校生の間に理科的なものへの関心が低下したということはいわれている。あるいは、一般の社会人にしても状況は似たようなものであるのかもしれない。しかし、これはあまりにも現代の社会において工業技術が肥大化して全体像が見えにくくなってしまったことの結果であり、その基礎的な部分を受け持っているはずの自然科学の存在意義が感じられにくくなってしまったことに最大の原因があるものと推測される。また、そうした状況に対して適切な処置を怠ってきた理科教育のあり方にも問題の一端はあろう。しかし、そういった理科教育においても、理科教育は何を目的としてなされるべきかといった議論はほとんど聞いたことがない。理科教育は、自然現象の物質的な理解を目的とするという点では、ほとんど全員の合意が形成されており、議論はそのための方法や手順に関して展開されているのが実情である。

ところが、こと地理や歴史などの文科系科目となると、まず、その最初の目的のところから論者の意見が異なってきてしまう。ある者はそれを国民的な自覚の涵養であるといい、また、別の者は主権者の育成であると説く。そして、最近ではにわかに公共的資質の育成という表現が盛んに使われ出している。こうして、教科や科目の目的のところでの見解の相違を残したまま、さらなる方法や手順の問題へと議論が広がっていくために、論点の所在はますますわかりづらいものとなってゆく。しかし、地理や歴史などの科目においても、第一原理として最初に措定されるべきなのは、人間があやなす社会の現象を対象化して理解するという、外部世界的な認識と同じものでなくてはいけないはずである。もっとも、人間社会の現象が自然現象と違う点は、それを理解する場合にも観察対象である人間の精神の内部にまで進まなければならないところであり、そこに方法上の困難さと価値観という不確定な要素が入り込んでいることは確かである。そういった相違点を十分に認識した上で、やはり、まずは社会現象を正確に対象化することこそが、本源的な人間の知的要求に適合しているというべきであろう。そういった操作なくして、国民とか公共性といった価値判断を性急に取り入れようとするところに、教科・科目としての問題性があり、混乱の原因があるのではないだろうか。

地理や歴史などの文科系科目において、もし、そうした認識の確立が優先的に掲げられるならば、それはまず社会現象を全体性として把握するものとしなければならないだろう。現象とは、たえず全体として人間の前にその姿を現してくるものである。それと同時に、これらの科目においては、理科系の科目と比較した場合に方法論が未成熟だからであり、したがって、効率的な訓練方法も十分に確立していないためでもある。そして、このことは、便宜的に地理や歴史に科目を区分したところで、やはり、それは現象を総合的に把握するところへと回帰せざるを得ないことを意味している。また、天文学（てんもんがく）や水文学（すいもんがく）ということばが、もともとは天体や流水が織り成す現象を読みとることに起源を持っているように、それと同様の意味で文科系諸科目というものは、人々がつくり出す社会現象を読みとる技法としての人文学（じんもんがく）に立ち戻らねばならないことを指し示していると考えられるのである。

しかし、ここで問題なのは、第二次大戦後の文科系諸科目の歴史は幾たびもの総合化の導入と失敗の歴史でもあったという点である。昭和二十年代の事例はいうに及ばず、一九八〇年から実施された「現代社会」もそうであった。また、いまだ結果は出ていないものの、二〇〇三年から始まった「総合的な学習の時間」や「情報」にも文字どおり教科枠を打破しようという意図が込められていることだけは確かである。そしてそれは、やがて始まるであろう教科・科目の大規模な再編成への前触れなのかもしれない。それにしても、かつての「現代社会」は、なぜ一〇年足らずで失速してしまったのか。少なくとも教員の一部には必修として残すことを強く希望する人々がいたことは確かである。しかし、その一部の授業における主題の選択方法は、教員の嗜好に非常に左右されていたし、教科書も現代ということを強調することのあまり、ほとんど「政治・経済」や「倫理」などと類似したものとなってしまったことは確かである。また、その一方で、社会科におけるそれ以外の科目を存続させたままの導入は、「現代社会」の中味を無味乾燥なものとしてしまったし、大学入学試験との関連でいえば、やはり受験科目の一種類にしてしまったために、きわめて性格の曖昧な科目となってしまったことは否定できない。今回の指導要領で初めて導入された「総合的な学習の時間」と「情報」も、このままでは似たような状況となる公算が非常に高いものと思われる。

それでは、こうした事例を省みて、地理や歴史などの文科系諸科目の総合化はいかにして推進されるべきなのであろうか。まず、もっとも制度的な部分からいうならば、地理・歴史科や公民科の中に既存の科目を存続させたままで、いくら総合的な科目を新設したところで、結局はかつての「現代社会」と同じ失敗の道をたどるであろう。やはり、本当に総合的なものを創ろうとするならば、科目を廃止した一つの教科として設定されねばならない。そしてそれは、かつて未発に終わった社会科の設置ときわめて類似したものとなるであろう。

また、かつての「現代社会」の場合は、それを社会現象の分析・理解の技法として把握しようとする観点があまりに弱かった。そして、科目を内容から規定しようとする傾向を持ってしまった結果、日本史や世界史・地理とも異なり、「政治経済」とも違うということで、たいへん不徹底な、あたかも「すき間産業」のごとき状態に追い込まれてしまったのである。したがって、文科系諸科目の総合化を行う場合には、それはどうしても技法の訓練を重視することと一体化して進められなければならないのである。

さらに、これまでの文科系諸教科・科目においては、内容の面で小学校・中学校・高等学校の間には相当に重複するところが多かった。そして、技法重視の授業形態を採用しようとする場合に必ず問題となってくるのが、基盤的な知識の習得をどのようにするのかということである。したがって、そういう点からするならば、それぞれの学校種の間、とくに中等学校教育の段階で、かなり徹底して内容の区分けを行ってしまうのが一つの方法であろうと思われる。

こうした諸点を総合的に考えるならば、高等学校段階では、あまりに対象枠を限定しすぎてしまったかつての「現代社会」のごときものというよりも、もっと包括的な二十世紀全体を取り扱うようなものとして教科を考えてゆく必要があろう。そして、そこでは当然のことながら、二十世紀を特徴づけるような自然科学と工業技術の問題が中心にすえられなければならない。こうした分野は、社会的に見て非常に重要であるにもかかわらず、これまでほとんど放置された状態のままであった。思えば同時代とは、まだ誰も十分に明確なイメージをもって描き切ってはいない領域でもある。そのことは、逆にいえば高校生一人ひとりが、自らのイメージを膨らませることを可能にしやすい場所でもあるということでもある。社会現象を読み解く技法とは、そういった場所でこそ本当に鍛えられていかなければいけない。そしてそれは、かつて社会科という教科が実現しようとしていたものと非常に類似したものであるはずである

もっとも、こうしたことが革命的な試みによって、一挙に飛翔して理想的なものが創り上げられるなどという幻想を懐いてはいけない。これまでの総合化への試みの失敗は、もう一つ、いかなる過渡的な状態を経て目標に近づいていくのかという方法論を欠落させていた点にも存在する。いま、現状において存しているのは、それぞれの具体的な科目である。その中に、改革への萌芽を見出せないとすれば、それは結局のところ失敗に帰せざるをえないのではないか。では、既存の科目のどこに注目すべきであろうか。いま、自分がもっとも注目したいのは、世界史A・日本史A・地理Aといった科目である。これらは、ある意味では授業時間数の減少という現実の中で構想されてきたというところもある

が、近代を中心対象としていること、現代世界の課題という部分に力点を置いていること、作業的・体験的な方法を重視していることなどにおいて、共通した性格を持っている。そして、こうした部分は、これらの科目におけるもっとも積極的な部分でもある。今後、ここのところがどれくらい工夫が施され、実践が積み重ねられるかが、成否を占う重要な点となっていくことであろう。このことは、公民科においても、似たような関係が存在しており、現在では選択科目となってしまった「現代社会」の中に、こうした性格は残存しているものと判断される。したがって、地理歴史科であれ、公民科であれ、ここの部分を育てていくことがいまの段階においてもっとも必要なことなのであり、もし、この実践が積み重ねられるようならば、その先には高等学校段階における本格的な社会系総合教科の出現を見るようになることであろう。その際には、何も社会科という名称に執着する必要はないし、もっと適切な名称がつけられるならば、その方が好ましいであろう。しかし、その場合にあっても、一番重要なことは、かつての社会科が求めようとしていた社会現象を総合的に見る視点であり、問題を多角的に分析する手法であり、それは人間の生活世界から出発するということにおいて、何ら違いはないのである。したがって、そうした意味を込めて、ここで自分は高等学校段階における社会科の復興を唱えるのである。

参考文献

・C・P・スノー『二つの文化と科学革命』松井巻之助訳、みすず書房、東京、一九六七年。
・井上光貞『神話から歴史へ』中央公論社、東京、一九六五年。
・土田直鎮『王朝の貴族』中央公論社、東京、一九六五年。
・坂上康俊『律令国家の転換と「日本」』講談社、東京、二〇〇一年。
・大津透『道長と宮廷文化』講談社、東京、二〇〇一年。
・鹿野政直『化生する歴史学』校倉書房、東京、一九九八年。

・『アメリカ教育使節団報告書』村井実訳・解説、講談社、東京、一九七九年。
・Hobsbawm, E. ,*The Age of extremes*, Michael Joseph and Pelham Books, London, UK, 1994.
・読売新聞社編『二〇世紀 どんな時代だったのか アメリカの世紀・総集編』読売新聞社、東京、二〇〇〇年。
・歴史学研究会編『二〇世紀のアメリカ体験』青木書店、東京、二〇〇一年。
・Wells, H.G. , *A Short History of the World*, Penguin Books, Middlesex, UK, 1922..
・立花隆「知的好奇心のすすめ」『ぼくはこんな本を読んできた』文藝春秋、東京、一九九五年。
・文部省『高等学校学習指導要領』大蔵省印刷局、東京、一九七八年・一九八九年・一九九九年。
・文部省『高等学校学習指導要領解説 社会編』一橋出版株式会社、東京、一九七九年。
・文部省『高等学校学習指導要領解説 地理歴史編』実教出版株式会社、東京、一九八九年・一九九九年。

〈付記〉 本稿は平成十六年五月十二日に執筆したものである。

モノを忘れた社会科教育――「総合的な学習の時間」と博学連携――

伊藤純郎

はじめに

日本考古学の黎明以来、あまたの学究が輩出した。すぐれた教育者もあった。が、その人々は考古学のためになにを教えたか。すくなくも真の精神として、誠の学統としての誇り得るものありや。残念ながら正直にいうと、正しい指導精神の上にこの学問は発展したことはない。かってこの学問には深い教養や伝統は不必要なものであった。二年ほど興味半分に熱中した人士がたちまちに一角の権威になれるのであった。三十年の伝統と十年の経験は、あわれにも結局はすぐれたる知性の一年のアルバイトにも価しないものであった。大学はなにを教えたか、そしていかなる学問の意義と目的を確立してくれたか、物も見せてくれたし、物をならべることも教えてくれた。がしかし、学の精神は要するにナッシングだった。

そうしたとぼしい学問の世界にあって、講座も教室も持たず、むしろその殿堂より追放された森本さんの生命の延長をいまに見て欲しいのだ。森本さんは学ぶ心を教えてくれた。それは無限の泉のように汲めども尽きないものであった。

これは、長野県諏訪で生まれ、弥生文化の研究や松本清張の小説「風雪断碑」（一九五四年）で知られる考古学者森本六爾に師事した在野の考古学者藤森栄一が、著書『かもしかみち』（一九四六年、葦牙書房）に、タイトルも「あの頃の考古学」と改めて再録した文章（「私の見た弥生式土器集成図録の生立ち（続）」『考古学』第十一巻第五号、一九四〇年五月）の一節である。昭和十一年（一九三六）、水田址はもちろん、一粒の炭化米すら発見されていなかった時代に、土器を手がかりにして日本農耕文化の始原を確信した森本の死の前後に及ぶ中で記されたことばとして知られる。

社会科教育の現状を一言でいうならば、あまりにも「学の精神」にこだわりすぎて「学ぶ心」を忘れ、モノを見せることも並べることもしない、本物のモノを見せようともしない、ということに尽きるのではあるまいか。学校現場では相変わらず教科書に対する依存度は高く、副教材もカラー版のヴィジュアルなものが多い。それゆえ教員は、ヴィジュアルな、いわば借りもののモノを児童・生徒に提示することによって、ひたすら「学の精神」を植えつけるのである。こうした「モノを忘れた社会科教育」の傾向は、日本社会科教育学会が社会科教育に関する調査・研究や授業実践を十年単位でまとめた、『社会科教育文献目録』の内容からもうかがえる。平成十二年（二〇〇〇）十月に刊行された『社会科教育文献目録』第四集に収録された、一九九〇年から一九九九年までの社会科教育に関する調査・研究や授業実践は七〇〇〇点に及ぶが、埋蔵文化財や考古学の成果、生活資料や民俗学の成果を活用した授業実践は二十数点しか数えることができないのである。

周知のように、平成十四年四月（高等学校は翌十五年四月）から、新しい学習指導要領（以下、新指導要領と略称）が施行された。新指導要領では、小学校第三学年から高等学校第三学年まで必修の学習領域として新たに設定された「総合的な学習の時間」が注目されているが、小・中学校の社会科、高等学校の地理・歴史科においても、「モノを忘れた社会科教育」の視点から、注目すべき改訂がいくつか見られる。

本稿では、右の問題意識をふまえ、「モノを忘れた社会科教育」からいかに脱却するかという課題を考察することを目的とする。具体的には、まず新指導要領で注目すべき事項を社会科教育の視点から整理し、ついで新指導要領や「総合的な学習の時間」に対する地域博物館、および教員、児童・生徒の反応をそれぞれ紹介しながら、標記の課題を考察するという手順ですすみたい。

一　新指導要領と社会科教育

新指導要領に関して、社会科、地理・歴史科の視点から、筆者が注目する事項は、以下の三点である。

第一点は、新指導要領の目玉ともいうべき「総合的な学習の時間」である。「総合的な学習の時間」は、「自ら課題を見付け、自ら学び、自ら考え、主体的に判断し、よりよく問題を解決する資質や能力を育てる」、「学び方やものの考え方を身に付け、問題の解決や探求活動に主体的、創造的に取り組む態度を育て、自己の在り方生き方を考えることができるようにすること」という二つのねらいをもって、「地域や学校、生徒の実態等に応じて、横断的・総合的な学習や生徒の興味・関心等に基づく学習など創意工夫を生かした教育活動」である。そして、「総合的な学習の時間」の学習活動にあたっては、「観察・実験・実習、調査・研究、発表や討論、ものづくりや生産活動など体験的な学習、問題解決的な学習」に加え、「地域の人々の協力も得つつ全教師が一体となって指導に当たる」ことや「地域の教材や学習環境」を積極的に活用することと明記されている。こうした点に着目すれば、「総合的な学習の時間」は、地域へのまなざし、横断的・体験的・問題解決的な学習、地域の人材や教材の活用などの諸点で、社会科教育、とりわけ郷土教育運動の精神を継承したものであることがわかる。

ところで、「総合的な学習の時間」に関しては、「総合的な学習の時間」が平成十二年四月から部分的に実施されたこともあり、「総合的な学習の時間」の理論的背景、教科・科目や特別活動との横断的な連携とカリキュラムの開発、児童・生徒の興味・関心に着目した具体的な活動・実践例などの理論書・入門書・実践記録・雑誌が、平成十四年四月の新指導要領の施行以前から、教育ジャーナリズムを中心に華々しく出版されている。

ところが、「総合的な学習の時間」の歴史に関しては、大正期に奈良女子高等師範学校附属小学校で実践された合科教育、一九三〇年代の郷土教育、さらには戦後のコア・カリキュラムに代表されるように、教科や科目の枠をこえた、横断的・総合的な学習内容を指導するためのカリキュラムの導入が、近代学校教育の中で繰り返し説かれ、実践されてきたとの指摘にとどまり、これら戦前・戦後の教育実践や教育運動の成果と課題を「総合的な学習の時間」にいかに継承するかという提言は意外と少ない。とりわけ郷土教育運動については、戦後の「社会科」学説史の中で、「ファシズム」の精神的基盤である愛国心や愛郷心の涵養を目的としたイデオロギー的な教育として、「皇国史観」のことばとともに、郷土教育を全面的に否定するという風潮が強かったこともあいまって、郷土教育運動の成果を「総合的な学習の時間」に活かすという観点はほとんど見られなかった（拙稿「郷土教育運動と総合的な学習」『野外文化教育』第一号、野外文化教育学会、二〇〇一年）。事実、「総合的な学習の時間」に関する一連の著作・論文・実践報告は、文部科学省が学習活動の一つの事例として掲げたにすぎない「国際理解、情報、環境、福祉・健康などの横断的・総合的な課題」に関するものが中心であった。

しかし、「総合的な学習の時間」の全面的な実施から二年が過ぎ、近年は地域にまなざしをむけ、地域資料の発掘や地域教材の活用といった体験的な活動により、横断的・問題解決的な学習活動を展開する、まさに郷土教育運動の精神を継承した「総合的な学習の時間」に関する実践報告が増えている。こうした「総合的な学習の時間」は、「総合的な学習の時間」という教育関係者以外にはなじみの薄い名称ではなく、地域や学校所在地の名称を掲げた「〇〇学」と称するものが多く、地域との連携や地域の人々の協力を得て実施されることから、新聞報道でも紹介されることが多い。

次頁の新聞報道は、千葉県佐倉市の小・中学校三四校で四月から実施された、「佐倉学」という名称の「郷土の歴史や自然を教材に採り入れた」総合的な学習に関するものである（二〇〇四年六月三日付『朝日新聞』千葉県版）。報道で注目すべきは、「先生たちの工夫がすべて。まずは現場の先生に佐倉に愛着を持ってもらわないと」という、「佐倉学」に取り組む教師の相談役となる佐倉市教育センター所長の談話である。これは、郷土研究の方法を身につけた「地方事

第3種郵便物認可　　朝日

「佐倉学」が開講

印旛沼で算数・社会、史跡で英語…郷土が教材

市教育センターが相談役

小中学校で授業

「豊かな環境人づくりに」

印旛沼を算数の面積の教材とし、佐倉順天堂を通じて江戸時代の文化の発展を学び、名所・旧跡を巡るマラソンコースを走って地理にも詳しくなる。佐倉市の小、中学校34校で4月から、郷土の歴史や自然を教材に採り入れた授業が始まった。「佐倉学」と呼んでいるが、特別な時間を設けるのではなく、各教科の中にとけ込ませているのが特徴だ。郷土愛だけでなく、身近な教材が授業への興味を深めると期待されている。

03年度、印南小と佐倉中で先行して実践された。印南小の5年生は印旛沼の漁業について、社会科や総合学習で計10時間学んだ。「汚染」が問題となってきた沼でワカサギやシラウオがとれることを知り、その驚きを持ちながら、全国の漁獲量や環境問題を教科書で学んだ。

成田空港に近い佐倉市は、史跡を訪れる外国人も多い。同小の6年生は総合学習の時間に、英語で道案内をしてみた。

佐倉藩を治めていた堀田家は藩校を充実させ、「西の長崎、東の佐倉」と言われるほど蘭学が盛んだった。同市の高宮良一教育長は佐倉学の狙いについて、「藩校の精神に立ち返り、豊かな環境を人づくりに生かしたい」と語る。

佐倉学に取り組む教師の相談役になっているのは佐倉市教育センターだ。歴史資料や図録など約760点が収められ、退職した教師らが授業計画などをアドバイスしている。学校からは「子どもたちが通学路の史跡や自然について尋ねてきたり、発見したことを教えてくれたりするようになった」という声が寄せられているという。

同市教委は90年から「郷土の先覚者」という本を作り、佐倉に足跡を残した36人を紹介してきた。この蓄積も佐倉学として授業に生かされる。しかし、佐倉学に体系はない。

同センターの大野敬史所長は「先生たちの工夫がすべて。まずは現場の先生に佐倉に愛着を持ってもらわないと」と話す。現場の教師の6割以上が市外から通っているため、同市教委は7月、教師を対象に市内の史跡や自然を巡る散策会を予定している。

堀田家に招かれた佐藤泰然が開いた医院「順天堂」は、佐倉順天堂記念館として残る＝佐倉市本町で

「佐倉学」を紹介する朝日新聞の記事
（2004年6月3日付）

情」に詳しい優良な「村住み」の師範学校生徒を養成し、師範学校生徒が赴任先の小学校で地方の実際生活に適切な横断的・体験的・総合的な教育を実践して、児童に正しい郷土意識を付与することで、「明日の村落」の樹立を目的とした一九三〇年代の郷土教育運動の精神と共通するものである（拙著『郷土教育運動の研究』思文閣出版、一九九八年）。

以上のことから、「総合的な学習の時間」が新指導要領で明記された「ねらい」を達成するた

めには、社会科が中核となり、社会科教員が中心となって、「地域や学校、生徒の実態等に応じた」、教科の枠をこえた横断的・体験的な教育活動を実践することが不可欠であることがわかる。

第二点は、高等学校地理・歴史科日本史Bにおいて「モノを重視した」社会科教育の重要性が明記されたことである。日本史Bでは、内容(2)から(7)(「原始・古代の社会・文化と東アジア」「中世の社会・文化と東アジア」「近世の社会・文化と国際関係」「近代日本の形成とアジア」「両世界大戦期の日本と世界」「第二次世界大戦後の日本と世界」)の前に、「歴史を考察する基本的な方法を理解させるとともに、主題を設定して追究する学習、地域社会にかかわる学習を通して、歴史への関心を高め、歴史的な見方や考え方を身に付けさせる」ことを目的とした、内容(1)「歴史の考察」が新たに置かれたのである。

「歴史の考察」では、「歴史と資料」「歴史の追究」「地域社会の歴史と文化」の小項目が置かれたが、「歴史と資料」は、次のように記されている。

歴史と資料

歴史における資料の特性とその活用及び文化財保護の意義について理解させる。

ア　資料をよむ　様々な歴史的資料の特性に着目して、資料に基づいて歴史が叙述されていることを理解させる。

イ　資料にふれる　博物館などの施設や地域の文化遺産についての関心を高め、文化財保護の重要性について理解させる。

「様々な歴史的資料」とは具体的にどのようなものをさしているかは定かではないが、「資料にふれる」の一項から、「歴史における資料」が、史料と表記される文献・文字資料だけでなく、埋蔵文化財・考古学的資料、民俗学的資料などの非文献・非文字資料などをも含んだ資料として想定されていることがわかる。要するに歴史資料としての「モノ」

を重視した日本史学習が強調されているのである。

筆者は、「歴史の考察」が内容の(1)に置かれた意味は決して小さくないと考えている。周知のように高度経済成長期から発掘調査や民俗調査が増加し、考古学や民俗学の成果が蓄積されたことを受け、社会科、地理・歴史科の学習指導要領では、地域の文化財や生活文化に目を向けることが以前から強調されてきた（田澤直人「中学・高校における民俗学」『講座日本の民俗学一一　民俗学案内』雄山閣、二〇〇四年）。だが、こうした姿勢は、あくまでも学習指導要領においてのことで、教科書の記述にはほとんど反映されてこなかったのが実情であった。日本史教科書の記述は、旧来の学習指導要領内容(1)にあたる「原始・古代の社会・文化と東アジア」から始まっていたのである。

しかし、新指導要領では、内容(1)に「歴史の考察」が置かれ、「歴史と資料」「歴史の追究」「地域社会の歴史と文化」は、教科書にページを割いて記述することになった。このため、新指導要領に準拠した日本史B教科書の「歴史と資料」「歴史の追究」のページにおいては、「歴史を考察する基本的な方法」として、歴史的資料としての「モノ」を読み、ふれるという体験的・作業的な学習活動を盛り込んだ記述がなされている。

こうしたモノを重視した歴史学習の重要性は、中学校社会科歴史的分野においては、平成一年四月から施行された前回の学習指導要領〔以下、旧指導要領と略称〕で初めて明記され、新指導要領でもほぼそのまま継承されている。

旧指導要領　歴史的分野　目標(5)

具体的な事象の学習を通して歴史に対する興味や関心を高め、様々な資料を活用して歴史的事象を多角的に考察し公正に判断する能力と態度を育てる。

新指導要領　歴史的分野　目標(4)

身近な地域の歴史や具体的な事象の学習を通して歴史に対する興味や関心を高め、様々な資料を活用して歴史的事象を多面的・多角的に考察し公正に判断するとともに適切に表現する能力と態度を育てる。

文中の「様々な資料」には、歴史的資料としての「モノ」が含まれることはいうまでもない。むしろ、中学生と高校生という発達段階を考えれば、中学生にとっては、「資料を読む」という学習活動よりも、「資料にふれる」という学習活動の方が、「歴史を考察する」うえでインパクトが強いものと考えられる。おそらく、モノを見せ、モノを並べることで、歴史学の面白さを教えてくれるような歴史授業がいっそう増えるのではあるまいか。

第三点は、博物館や郷土資料館との連携がより重視されたことである。

まず、中学校社会科歴史的分野では、次の二つが指摘できる。

第一には、「内容の取扱い」において博物館、郷土資料館などの「見学・調査」がほぼそのまま継承されたことである。

旧指導要領　歴史的分野　内容の取扱い（ウ）

日本人の生活や生活に根ざした文化については、各時代の政治や社会の動き及び各地域の地理的条件、身近な地域の歴史とも関連付けて指導するとともに、民俗学などの成果の活用や博物館、郷土資料館などの文化財の見学・調査を通じて、生活文化の展開を具体的に学ぶことができるようにすること。

新指導要領　歴史的分野　内容の取扱い（オ）

日本人の生活や生活に根ざした文化については、各時代の政治や社会の動き及び各地域の地理的条件、身近な地域の歴史とも関連付けて指導するとともに、民俗学などの成果の活用や博物館、郷土資料館などの見学・調査を通じて、生活文化の展開を具体的に学ぶことができるようにすること。

第二には、内容が従来の九項目から、「古代までの日本」「中世の日本」「近世の日本」「近現代の日本と世界」の四項目に精選される一方で、日本史Bの内容(1)「歴史の考察」と同様に、次の二項からなる内容(1)「歴史の流れと地域の歴史」が、新たに置かれたことである。

ア　我が国の歴史について、関心ある主題を設定しまとめる作業的な活動を通して、時代の移り変わりに気付かせるとともに、歴史を学ぶ意欲を高める。

イ　身近な地域の歴史を調べる活動を通して、地域への関心を高め、地域の具体的な事柄とのかかわりの中で我が国の歴史を理解させるとともに、歴史の学び方を身に付けさせる。

そして、この「歴史の流れと地域の歴史」の取扱いに関しては、次の二点に配慮するものとされた。

ア　アについては、小学校における学習を踏まえ、中学校の歴史学習の導入として実施することを原則とすること。取り上げる主題はいくつかの時代にまたがるものとし、各時代ごとの細かな事象への深入りを避けるようにすること。

イ　イについては、内容の(2)以下とかかわらせて計画的に実施し、地域の特性に応じた時代を取り上げるようにするとともに、人々の生活や生活に根ざした文化に着目した取扱いを工夫すること。その際、博物館、郷土資料館などの活用も考慮すること（傍点は筆者）。

中学校歴史的分野の新指導要領においては、博物館、郷土資料館などの「見学・調査」に加えて、博物館、郷土資料館などの「活用」ということばが追記されたのである。ここから、新指導要領においては、総合的学習に象徴される体験的・作業的活動や歴史的分野における地域史学習の重視を背景に、博物館、郷土資料館が単なる見学・調査の施設ではなく、「身近な地域の歴史を調べる活動」や「歴史の学び方を身に付けさせる」ための施設、社会科にとって積極的に「活用すべき」施設として位置づけられていることがわかる。

続いて、日本史Bでは、前述したように、内容(1)「歴史の考察」の中の「資料にふれる」の項で「博物館などの施設や地域の文化遺産についての関心を高め、文化財保護の重要性について理解させる」と、「博物館」という語句が、新指導要領で初めて明記されたことが注目される。

博物館の活用に関しては教科書の記述にも反映され、たとえば、採択数がもっとも多い山川出版社『詳説日本史B』

と筆者が代表著作者である清水書院『日本史B』の「資料にふれる」のページでは、それぞれ次のように記されている。

山川出版社『詳説日本史B』

歴史館・博物館・資料館・埋蔵文化センターをたずね、人びとの残した遺物にふれよう。（中略）歴史の現場に立ち、多くの資料にふれ、さまざまな体験を積み上げることで、私たちの歴史認識をより豊かなものにしていきたい（Ⅷ頁）。

清水書院『日本史B』

博物館の中には「ハンド-オフ（触るな！）」から「ハンズ-オン（触ろう！）」へと、その運営の仕方をかえている館もある。収蔵品を展示するだけの「見る博物館」から「体験する博物館」への脱皮といえよう。歴史の追究にあたっては、史料などの読解のほかに、「物」をとおして事実にせまる方法も有効である。ここでは、こうした「物」を調査するときに欠かせない博物館の利用法について考えてみよう（一二頁）。

ちなみに、この二つの教科書の記述に関しては、日本学術会議歴史学研究連絡委員会主催・日本歴史学協会共催、歴史教育シンポジウム「変化する東アジアの歴史教科書」（二〇〇三年十月十一日）の中で、以下のように評価された（鈴木哲雄「変化する日本の歴史教科書―高校・日本史の場合」『日本歴史学協会年報』第一九号、日本歴史学協会、二〇〇四年）

山川『詳説日本史』の場合は、「歴史と資料」に八頁を充てている。「資料を読む……長屋王の変を探る」に四頁、「資料にふれる……長家王の変の舞台をたずねる」に四頁を割いている。「……を探る」も「……をたずねる」も、なかなか充実した内容であり、資料を読み、そしてふれることの事例としてすぐれていると考える。しかし、高校の日本史担当の教師のなかで、歴史学の方法を専門的に学んだ者はそう多くはないのである。文献史料の扱い方についてある程度学んだ教師でなければ、山川『詳説日本史』が取り上げた「長屋王の変……」レベルの教材を他に作成することはもちろん、「長屋王の変……」をそのまま授業で扱うことさえ困難がともなうであろう。

清水『高等学校　日本史B』の場合は、「歴史と資料」に九頁を割いており、調べ学習の方法が丁寧に説明されている。この教科書の特徴は、「歴史と資料」よりも「歴史の追究」や「地域社会の歴史と文化」さらに「女性の社会史」というテーマ学習が充実している点にある。

「総合的な学習の時間」や「モノを重視した」新指導要領を受け、社会科や地理・歴史科においては、博物館や地域資料館との連携が、旧指導要領にも増して重視され、日本史教科書の記述にも反映されたのである。

二　博物館、地域資料館の動向

博物館と学校との連携である「博学連携」がいっそう重視された新指導要領のもとで、博物館や地域資料館は、どのような反応を示したのだろうか。

次頁の表1「長野県立歴史館運営」は、長野県立歴史館における教育普及活動を、新指導要領が施行された前後を中心にまとめたものである。「長野県立歴史館条例」（平成六年七月十一日発布、長野県条例第二四号）によると、長野県立歴史館は、「考古資料、歴史的価値を有する文書、その他歴史資料等を収集し、広く県民の利用に供し、その教養及び文化の振興に寄与する」（第二条）ため、平成六年十一月に更埴市（現千曲市）に設置された「展示、保存、研究等機能を備えた施設」である。

表1から、次の四点を指摘することができる。

第一点は、新指導要領の施行にあわせ、「博学連携」が従来よりも重視されたことである。小・中学校との連携では、平成十四年度から「総合的な学習支援」が始められている。同年度は、「総合的な学習の時間」の一環として近隣の更埴市立東小学校と同屋代中学校に対して学校教育支援活動が行われた。

表1　長野県立歴史館運営

	中　項　目	小　項　目	平成13年までの概要	平成14年度	平成15年度
2教育普及	展示 （展示室）	**常設展**	・年２回以上ローテーション展示変え	・年２回以上ローテーション展示変え	・年２回以上ローテーション展示変え ***・解説シートをおく***
		企画展 ・夏季企画展	（考古担当）	（文献担当）	（考古担当）
		・秋季企画展	（総合情報担当）	（総合情報担当）	（総合情報担当）
		その他 ・埋文速報展	埋文センター主催 （平成10年～）	埋文センター主催	埋文センター主催
		・各種臨時展	（年度途中に立案、年度により回数等異なる）	***・テーマ展 春季（考古） 冬季(雛人形展・総情)***	*・テーマ展 春季（文献） 冬季(雛人形展・総情)* ***・原爆展***
	展示 （展示室外）	**エントランス**	原則として資料は展示せず	原則として資料は展示せず	**企画展で資料展示 原爆展開催 簡易展示コーナー設置**
		屋外展示	各時代の植生を展示	***五輪塔展示 蕎麦栽培***	***茶・楢・和林檎など追加 綿花栽培***
		その他			
	視聴覚	**展示室映像**	赤沢自然休養林 積石塚古墳 江戸時代農家	赤沢自然休養林 積石塚古墳 江戸時代農家	赤沢自然休養林 積石塚古墳 江戸時代農家
		講堂	団体見学歴史館の概要映像 親子映画会	団体見学歴史館の概要映像 親子映画会	団体見学歴史館の概要映像 親子映画会
		研修室	ビデオ・スライド上映	ビデオ・スライド上映	***プロジェクター追加***
		映像情報室	ビデオ貸し出し	ビデオ貸し出し	ビデオ貸し出し
		図書閲覧室			
		その他			
	講習・研修	**考古**	考古資料保存処理講習会	考古資料保存処理講習会	考古資料保存処理講習会
		文献	文献史料保存活用講習会	文献史料保存活用講習会	文献史料保存活用講習会
		その他			
	講座	**やさしい信濃**	秋～冬６回	秋～冬６回	秋～冬６回
		考古学講座	春～秋６回	春～秋６回	春～秋６回
		古文書講座	春～秋12回	春～秋12回	春～秋12回
		手前味噌講座		***冬期６回***	***冬期11回***
		その他			
	講座 （親子）	**企画展体験講座**	各企画展期間中２回程度実施	各企画展期間中２回程度実施	各企画展期間中２回程度実施

	中　項　目	小　項　目	平成13年までの概要	平成14年度	平成15年度
2 教育普及	講座（親子）	**企画展バスツアー**		***秋季企画展で実施***	*秋季企画展で実施*
		石のアクセサリー	夏２日	夏３日（うち１日ちゃれん児サイエンスパーク参加）	***夏休み期間　７月19日～８月24日***
		親子映画会	春５日	春５日	春５日
		その他			***赤外線観察***
	講演	**企画展**	企画展ごと１回	企画展ごと１回	企画展ごと１回
		館セミナー	年２回（館長）	年２回（館長）	年２回（館長）
		地域セミナー	年１回　平成13年諏訪	北安曇	上伊那
		その他			
	博学連携（児童・生徒向け）	**展示解説**	年間200～300校	年間200～300校	年間200～300校
		小学校		***総合的な学習支援*** （実践報告書作成）	
		中学校		***総合的な学習支援*** （文化祭発表）	*総合的な学習支援* （公開授業協力）
		高等学校	***出前授業***	***来館体験授業***	*来館体験授業*
	博学連携（教師向け）	**生徒引率**	教員下見会（年４回）	教員下見会（年４回）	教員下見会（年４回）
		教員研修		***教育センター研修*** ***高校初任者研修***	*高校初任者研修*
		教員研究会			
	出版	**冊子**	館案内·常設展図録·企画展図録・ブックレット 年報・研究紀要	館案内·常設展図録·企画展図録・ブックレット 年報・研究紀要	館案内·常設展図録·企画展図録・ブックレット 年報・研究紀要
		その他	パンフ・ちらし・たより・ポスター	パンフ・ちらし・たより・ポスター	パンフ・ちらし・たより・ポスター
	市民参加	**友の会**	なし	なし	なし
		古文書愛好会	**設立**	活動中	活動中
		ボランティア			**導入**
		その他			
	情報発信	**広報**	・地元商店·旅館·駅などに依頼 ・新聞·ラジオ·テレビ·雑誌など	・地元商店·旅館·駅などに依頼 ・新聞·ラジオ·テレビ·雑誌など	・地元商店·旅館·駅などに依頼 ・新聞·ラジオ·テレビ·雑誌など ・***学校訪問***
		照会回答	来館・手紙・電話 年平均300件	来館・手紙・電話 年平均300件	来館・手紙・電話 年平均300件
		コンピュータ	ホームページ、メール	ホームページ、メール	ホームページ、メール
		その他			

（長野県立歴史館「長野県立歴史館運営評価表」をもとに作成）

東小学校は、六年生の歴史学習を「歴史館を中心とした歴史学習」と設定し、五年時の三月から翌年四月までの六回にわたり児童が歴史館を訪問して、縄文時代の生活、平安時代の衣服と遊び、戦いのときの道具など、道具にこだわりながら歴史を追体験する歴史学習を展開した。こうした年間を通じての歴史学習に対し、歴史館は、「児童が学校以外の施設で学習することには抵抗があるため、楽しくできること、調べ方がわかること、問題意識を持続できることなど」に配慮しながら、次のような方針で児童に接したという。

ア　歴史に親しめるように、時代や展示資料のやさしい解説を心がける。

イ　質問されてもすぐに答えを言わず、考えたり調べたりする方法を示す。

ウ　課題を解決するためには、どんな観点から資料を観察すればよいか、的確なポイントを指摘する。

エ　答えは一つではなく、さまざまな答え（仮説）を考え出すよう促す。

オ　以上の作業の後に、考えたことを確認するため、もう一度資料に戻り観察したり、または書籍で確かめるように指導する。

歴史館との連携で歴史学習を実践した担任教諭は一年間の活動を振り返って、歴史館を見学することで、「個々の課題が明確になり追求できる」「個々にテーマを持ちやすく追求を支える意欲を持ち継続することができる」「歴史館は子どもたちにとってすばらしい学びの場である」と総括している。

屋代中学校では、「更埴の歴史と文化」と題して実施した二年生の「総合的な学習の時間」に対する学習教育支援活動を行った。具体的には、更埴市立森将軍塚古墳館と連携しながら、六テーマ（グループ）に対して、次のような指導を行ったという。

①　竪穴住居模型づくり……常設展示室内の竪穴住居の実物大復元模型の寸法を測り、梁や柱の組み方や屋根の葺き方、住居の材料などについて話をした。

② 勾玉づくり……素材の入手の仕方から加工の仕方とコツについて指導した。

③ 腕輪づくり……青銅の腕輪を製作したいとのことであったが、鋳造には危険が伴うことや素材や道具の入手が難しいことなどを話した。

④ 蚕の飼育……養蚕と製糸の歴史について常設展示室で解説し、道具や糸取りの方法について指導した。自分の手でやるには実際にやったことのある地域の方に直接教わることを勧めた。

⑤ 土器づくり……土器の作り方の概略と、文様の付け方やその工具について実際に施文用の縄をなうやり方を指導した。

⑥ むしろづくり……むしろの編み方は、縄文時代の布（アンギン）と同じやり方のため、藁ではなく麻でアンギンの編み方を実際に道具を使って指導した。

こうした活動に対し、指導を担当した歴史館の職員は、「時間が短かったこともあり、当館では十分な指導ができたとはいえない」「さまざまなテーマに一度に対応することは非常に難しかった」としながらも、「中学生ともなると地域に広く働きかけ、テーマに即した指導者を捜して課題の解決に取り組んでいった」と述べている（長野県立歴史館編・発行『平成一四年度　長野県立歴史館における学校教育支援活動の実践』二〇〇三年）。

一方、高等学校に対しては、従来の「出前授業」に代わり、「来館体験授業」を実施している。これは、「総合的な学習の時間」により、横断的・総合的・体験的な学習活動が増加したことによるもので、博物館展示・所蔵資料を可能な範囲内で積極的に活用するためのものという。

さらに、平成十四年度から高等学校初任者研修を担当している。初任者研修の中で筆者が注目するのは、以下のような資料が配布され、「歴史学習等における博物館の活用」が積極的に説かれるとともに、教員が博物館を知ることの重要性が強調されていることである。

歴史学習等における博物館の活用　長野県立歴史館

館内施設の見学……〝下見〟の意識で

下見のポイント

・どんな学習活動を想定するか……遠足・社会見学、社会科・歴史の授業、総合的な学習の時間、クラブ、自主的な調査研究など。

・正門から学習活動への導入……どの程度の場所・時間を必要とするか導線の想定、集合場所、トイレ等の確認。

・目的にあった行動をとらせるには……博物館に来た学習目的に合致する展示・施設・資料・学芸員等を活用して、効果的な学習を行うためにどうするか。子どもの発達段階に見合った利用の仕方はどんなやり方が最適か。

・事前に博物館で確認しておくことは何か……展示の意図、活用できる施設・設備と利用上の注意、開館時間、雨天時の対応、申込書類、催し物など。

・事前に博物館と協議しておくことは何か……学習の目的・方法・時間・人数、博物館に対応してもらいたい具体的な活動内容、生徒指導の役割分担（集団引率は先生、学習指導は学芸員など）

◎大切なのは、何を学び取らせるかという目的が明確であること、教員が施設＝博物館を知ること、博物館との事前協議である（長野県立歴史館編・発行『平成一四年度　長野県立歴史館における学校教育支援活動の実践』二〇〇三年）。

第二点は、「モノを重視した社会科教育」を背景に、「資料を読む、資料にふれる」「ハンズ - オン」を意識した展示が行われていることである。展示においては、常設展・企画展に加え、展示室内で春季・冬季の二回にわたりテーマ展が新たに開催され、従来は「原則として資料は展示せず」という方針であったエントランスでは、企画展の資料展示が行われ、簡易展示コーナーが設置されたことが注目される。これは、歴史館を訪れる児童・生徒になるべく多くの資料を展示することで、展示資料であるモノを通して学習活動をより活発化させたいという歴史館の考えを示したものである。事実、東筑摩郡明科町北村遺跡から出土した縄文人骨・土偶・土器・石器などを資料として行った春季テーマ展「北村縄文人の時代」では、「まず思い切って、取り上げた人骨を一堂に展示」し「つぎに、当時の食生活の一端を示す『水さらし場』(中野市栗林遺跡)、精神生活の一端を示す仮面土偶(茅野市中ツ原遺跡)をはじめ、同時代の遺跡の出土品も展示」、「北村縄文人の気持ちになり、当時の生活の様子を感じて」もらえるよう配慮したという(長野県立歴史館通信『歴史館漫文』Ⅱ—八・通巻四六号、二〇〇二年五月二十四日)。

前述した東小学校の歴史学習は、新たに開催されたテーマ展と連動しながら行われたものである。同校は、平成十三年度に歴史館に寄贈された「二代目田中平八コレクション」の雛人形・雛道具と、松代藩の旧家に江戸時代より伝わる体高六〇センチの享保雛四体を展示した冬季テーマ展「雛人形と雛道具」の会期中に歴史館を訪問し、雛道具のキャプションづくりと設置を行ったという。

第三点は、横断的・体験的・作業的な学習活動や地域の人材の活用をふまえ、社会科教員だけではなく、他教科の教員や児童・生徒の父兄、地域の人びとを対象にした講習・研修会、講座が新たに開設されたことである。歴史館職員が講師をつとめ各人の専門領域を文字どおり手前味噌に語る「手前味噌講座」をはじめ、「親子講座」の一環として「企画展バスツアー」や「赤外線観察」、「市民参加」として古文書愛好会の結成やボランティアの導入などが始まっている。

第四点は、歴史館案内・図録・ブックレット・年報・紀要といった冊子、パンフレット、ちらし、たより、ポスターなどに加え、広報・照会回答・コンピュータなどの方法により、「情報発信」が積極的に図られていることである。中でも、週刊『歴史館漫文』は、難関なイメージが強い「ちらし」の常識を打ち破り、展示や教育普及活動を面白く解説した広報紙で、歴史館との距離が身近に感じられるものである。

以上のような教育普及活動は、長野県立歴史館独自のものでなく、各地の博物館や郷土資料館で行われているもので、新指導要領の施行により「博学連携」はよりいっそう推進されるものと思われる。近年では、学校教育への援助を明文化した博物館法・図書館法にもとづき教育普及活動を積極的に行う博物館、地域資料館、図書館と比べて、同じ社会教育施設でありながら、条例・規則まで含めても学校教育へのかかわりについて明確な規定は見られない文書館、埋蔵文化財センター、美術館でも、解決すべき課題が残されているとはいえ、展示をはじめとした教育普及活動や教育支援活動の気運が高まっていることは、社会科教育として歓迎すべきことと考えられる（永井博「社会科における文書館の意義」『社会科教育研究』第九一号、日本社会科教育学会、二〇〇四年）。

こうした博物館を始めとする諸施設の教育普及活動に対する筆者の注文は、「博学連携」もさることながら、諸施設相互の連絡・連携である。

たとえば、群馬県内の埋蔵文化財の発掘・調査と埋蔵文化財の保護・普及を目的に設立された群馬県埋蔵文化財調査事業財団は、平成八年四月に開館した群馬県埋蔵文化財調査センター「情報発掘館」を中核に、全国の埋蔵文化財事業財団の中でも最先端の教育普及活動を行っていることで知られる。平成十六年度は、調査遺跡発表会、埋蔵文化財専門講座、夏休み親子宿題教室、最新情報展、公開考古学講座、親子体験講座「おもしろ古代体験」、教職員向け講座「授業に役立つ考古学」、考古学ファン向け体験「こだわり古代体験」、考古学ファン向け講座「ギャラリートーク」、埋蔵文化財講座と、群馬県教育委員会からの委託事業である地域教材開発研究・研修などの教育普及活動を行っている。平成十三年十月十四日には、「総合的な学習の時間」や「モノを重視した社会科教育」のために、第一六回国民文化祭ぐんま二〇〇一の記念事業として、群馬県総合教育センターを会場に「国際シンポジウム—埋蔵文化財と学校教育」を開催した。シンポジウムに招かれた筆者も講演の中で、こうした群馬県埋蔵文化財調査事業団の教育普及活動を高く評価したものである（拙稿「記念講演　モノが語る歴史学習」群馬県文化財調査事業団編・発行、国際シンポジウム報告書『国際シンポジウム　埋蔵文化財と学校教育』二〇〇三年）。

しかし、周知のように、群馬県には、群馬県文化財調査事業団のほかに、群馬県立博物館と群馬県立文書館が存在し、それぞれ教育普及活動を行っている（『群馬県立博物館年報』『群馬県立文書館年報』）。この三つの施設による教育普及活動には、企画展示、各種講習会・研修会・講座、各種冊子の発行を始め、出前授業・来館体験授業・歴史教室といった学校、児童・生徒・学校教員を対象にした学校教育支援活動など、重なり合うものが多い。今後は、埋蔵文化財調査事業団・博物館・文書館が「競合」して、類似した教育普及活動を実施するのではなく、市町村立の博物館・地域資料館などの諸施設との連絡・連携も視野に入れながら、博物館の特徴を活かして教育普及活動を促進する「共生」「協生」が必要となってこよう。「博学連携」は、博物館と学校教育だけでなく、博物館相互の連携も必要とするのである。

三 「総合的な学習の時間」と教員

前節で述べたような、博物館サイドからの積極的な「博学連携」の中で新指導要領や「総合的な学習の時間」に対して、学校や教員はどのような反応を示しているのだろうか。このことを、文部科学省が行った「学校教育に関する意識調査」から考えてみたい。この調査は、同省初等中等教育局教育課程課が、国公私立の小学校三・五年生、中学校二年生、高等学校一年生と保護者、教員を対象に、平成十五年六・七月（小・中学校）、翌十六年二・三月（高等学校）に実施したもので、回答学校数は小・中・高校あわせて二一三校、回答人数は児童・生徒が八八〇三人、保護者が八四一四人、教員が三〇一〇人に及ぶ。

調査報告書は、全部で一四二頁に及ぶ詳細なものであるから、ここでは、紙面の関係から、本稿の課題にとって興味深い調査結果と解説を五点紹介するにとどめたい（文部科学省初等中等教育局教育課程課編・発行『平成一五年六月（小学校・中学校）調査・平成一六年二月（高等学校）調査　学校教育に関する意識調査　調査報告書』二〇〇四年）。

1　新しい学習指導要領についての説明を受けたか（保護者）

これは、「新しい学習指導要領について、学校・教員から説明を受けたか」について、保護者に聞いたものである（単一回答）。保護者全体で、「趣旨やねらい及び、ねらいを踏まえて学校としてどのように取り組んでいくのか説明を受けた」は二〇・六％、「趣旨やねらいについては、説明を受けた」は二三・七％で、合わせた「説明を受けた」割合は四四・三％となっている。「特に説明を受けていない」は五一・五％、無回答が四・二％である。児童・生徒の学校段階別で見ると、「説明を受けた」は小学生保護者（五〇・一％）、中学生保護者（四五・六％）に比べ、高校生保護者（二二・六％）で低くなっている。

筆者が注目するのは、新指導要領に関して学校が保護者に説明を行っている事実と、「趣旨やねらい及び、ねらいを踏まえて学校としてどのように取り組んでいくのか説明を受けた」が小・中・高校でそれぞれ二五・〇％、二〇・八・一％に及んでいることである。筆者が中高一貫校に在職していた一一年間、学習指導要領は二回改訂されたが、学校や筆者が新指導要領に関して保護者に対し、ねらいや学校としての取組みを説明した経験がないからである（ちなみに、今回の指導要領改訂に際して筆者の娘たちが通学する中・高校から説明を受けた記憶もない）。

2　「総合的な学習の時間」の満足感（児童生徒）

これは、児童・生徒（小学校五年生、中学校二年生、「総合的な学習の時間」の授業を受けている高校一年生）に、「総合的な学習の時間」についての満足度を聞いたものである（単一回答）。小・中・高校の学校段階で、それぞれ次のような割合となった。

小学校……好き　三九・六％　どちらかといえば好き　四九・五％　どちらかといえば嫌い　七・一％
嫌い　一・七％　無回答　二・一％

中学生……好き　一九・八％　どちらかといえば好き　五七・八％　どちらかといえば嫌い　一六・四％

嫌い　五・六％　無回答 〇・五％

高校生……好き　九・四％　どちらかといえば好き 四三・四％　どちらかといえば嫌い 三五・八％

嫌い 一一・三％　無回答 〇・二％

「好き」（「好き」と「どちらかといえば好き」の計）の割合は、小学生で八九・一％、中学生で七七・六％を占めている。学校段階が上がるにつれて満足度は下がり、高校一年生では「好き」は五二・七％で、「嫌い」（「嫌い」と「どちらかといえば嫌い」の計）の四七・一％と同程度となっている。

この数字は、ある程度予想されるものである。「総合的な学習の時間」の実施に関して文部科学省は、前述した「ねらい」と年間あたり七〇時間をめやすにという「時間」を規定しただけで、それぞれの地域や学校、生徒の実態に応じて、独自のカリキュラムで実施することとしたからである。それゆえに、高等学校では、進学校を中心に「総合的な学習の時間」の名目で実際には受験指導を行うことが早くから予想されていたのである。

むしろ筆者が注目したのは、「総合的な学習の時間」が「好き」と答えた児童・生徒にその理由を聞いたもので（複数回答）、「総合的な学習の時間」が好きな理由の上位四項目は、以下のようなものとなった。

小学校五年生

①　ふだん体験できないようなことが体験できるから　七九・四％

②　自分が興味や疑問を持った点を自分のやり方でとことん学習できるから　五三・一％

③　他のクラスの人と話しあったり、活動したりできるから　五一・九％

④　地域の歴史や文化に直接触れることができるから　三八・六％

中学校二年生

①　ふだん体験できないようなことが体験できるから　七二・〇％

② 他のクラスの人と話しあったり、活動したりできるから　四八・九％
③ 自分が興味や疑問を持った点を自分のやり方でとことん学習できるから　四三・四％
④ 地域の歴史や文化に直接触れることができるから　二四・八％

高校一年生

① 普段体験できないようなことが体験できるから　五二・二％
② 将来の進路や職業など自分の在り方生き方について、真剣に考えたり学習したりできるから　四一・〇％
③ 自分が興味や疑問を持った点を自分のやり方でとことん学習できるから　二六・六％
④ 学校の勉強が普段の自分の生活や将来自分が就きたい職業にも関係があるとわかるから　二一・九％

「普段体験できないようなことが体験できるから」と答えた児童・生徒が、小・中・高校でそれぞれ七九・四％、七二・〇％、五二・二％にも及んでいることに象徴されるように、「総合的な学習の時間」が好きな児童・生徒にとって、「総合的な学習の時間」は、「自分が興味を持った点を自分のやり方で学習できる」「ふだん体験できないような」問題解決的・横断的・体験的な学習活動であることがわかる。

3 「総合的な学習の時間」実施上の重点（教員）

これは、教員（高等学校教員は「総合的な学習の時間」の授業を「行っている」教員）に、「総合的な学習の時間」実施にあたって重要だと思う点を聞いたものである（複数回答）。回答の多かった上位五項目は、「学校としてこの時間を通して身に付けさせたい資質や能力の明確化」（五八・七％）、「年間を通じた系統的な指導計画の作成」（五七・〇％）、「すべての学年を見通した発展性や系統性の構築」（五三・八％）、「体験学習にあたっての事前・事後指導の充実」（四五・六％）、「外部の関係機関等との連携」（四二・一％）となった。

勤務学校別に見ると、学校段階が上がるにつれて比率の下がるものが多く、「すべての学年を見通した発展性や系統性の構築」（小学校教員五三・八％、中学校教員五六・八％、高等学校教員四五・〇％）、「外部の関係機関等との連携」（同四三・七％、四二・四％、三五・三％）、「家庭、地域社会への説明・協力」（同四五・八％、三五・六％、一七・二％）では、小・中学校教員に比べて高等学校教員の比率が低くなっている。

4　「総合的な学習の時間」で心がけている授業（教員・勤務学校別）

これは、「総合的な学習の時間」で心がけている授業（教員）を次の九項目の観点で、勤務学校別に調査したものである。

①　観察・実験、見学や調査などによる情報の集め方、まとめ方、調べ方が身に付くような授業
②　自分の考えたことを発表したり、討論したりする力が身に付くような授業
③　児童生徒の興味・関心を最大限に引き出し、児童生徒の自発性や主体性を大切にする授業
④　教科で勉強していることと実生活で必要なことの関係を実感できるような授業（たとえば、身近な環境の問題と理科や社会科の学習内容との関係に気づかせるなど）
⑤　課題を明確にした深まりのある授業（たとえば、お年寄りとの交流体験から福祉やこれからの社会について考えさせるなど）
⑥　実社会で働く様々な人とふれあう中で、自分の生き方について考えられるような授業
⑦　地域の様子やくらしなどについて自分の考えを出したり、ボランティア活動をしたりするなど、地域の一員としての自覚を育成するような授業
⑧　国際的な課題を取り上げるなど国際社会の一員としての資質や能力をはぐくむような授業
⑨　いろいろな課題を取り上げて調べたり、まとめたり、直接体験したりする中で、児童生徒が自分で課題を見付け主体的に探求活動に取り組めるような授業

回答を勤務学校別に見ると、学校段階が上がるほど「そう思う」（「そう思う」と「どちらかといえばそう思う」の計）が少なくなるものが多い。中でも①・④については、小学校教員の割合が中学校・高等学校教員を大きく上回っている（④については、小学校教員七六・一％、中学校教員六四・二％、高等学校教員六二・五％）。また、⑤・⑦については、小・中学校教員に比べて高等学校教員で低くなっている（⑦については、同六七・〇％、六五・二％、四八・九％）。さらに中学校教員では、小学校・高等学校教員に比べて、③の「そう思う」の割合が低く、⑥が高くなっている。⑥の結果は、おそらく中学校の「総合的な学習の時間」の一環として実施される職場体験によるものと思われる。

5　「総合的な学習の時間」実施上の問題点（教員）

これは、教員に、「総合的な学習の時間」を実施する上で問題となっていると思う点を聞いたものである（複数回答）。回答の多かった上位五項目は、「教員の打合わせ時間の確保」（六八・七％）がもっとも多く、「学年全体を見通した発展性や系統性の構築」（四九・九％）、「体験的な活動等の実施のための経費」（四七・七％）、「外部機関等との連携」（四一・六％）、「校内の指導体制の構築」（三四・五％）となった。

勤務学校別に見ると、高等学校教員では小・中学校教員に比べて「教員の打合わせ時間の確保」（小学校教員六九・〇％、中学校教員七三・二％、高等学校教員五三・七％）の比率が低く、「校内の指導体制の構築」（同二八・〇％、三五・三％、五六・六％）がもっとも多くなっている。

3～5の回答結果から、次の三つを指摘することができる。一つは、「総合的な学習の時間」が教科の枠をこえた横断的・体験的な学習活動であるがため、当然のことながら「総合的な学習の時間」の実施においては教員相互の打合わせが必要となるが、この打合わせの時間の確保が意外と難しい状況であることである。とりわけ、教科・科目の独立志向が強い高等学校教員にその意識が強い。二つは、「総合的な学習の時間」の実施にあたっては、年間や学年を通じた系統性や発展性を重視しながらも、「総合的な学習の時間」と教科との関係が、問題解決と系統性、統合と分化（分科）

など、明確でないことである。「総合的な学習の時間」では「総合的な学習の時間」をカリキュラムの中核にし、教科をその周辺に配置するタイプと、「総合的な学習の時間」と教科が対等な立場で両者の相互補完がはかられるタイプと、「総合的な学習の時間」と教科が独立の関係におかれているタイプが考えられるが、そうした両者の関係性については、学校・教員内で必ずしも意志の統一がはかられていないようだ。三つは、前節の長野県立歴史館の事例から明らかなように、下見や博物館職員との事前協議の時間の確保、「丸投げ」「ほったらかし」という博物館サイドの批判など、「博学連携」にともなう諸問題である。

2～5の調査結果から、教員が、「総合的な学習の時間」の重要性を認めつつも、その実施に際しては解決すべき課題をいくつも抱えていることがうかがえる。博物館サイドの積極的な反応とはうらはらに、教員サイドにとって「総合的な学習の時間」における「博学連携」は、意外と難しい状況であることがうかがえるのである。

おわりに

前節での考察から、多忙な学校生活の中で「総合的な学習の時間」にばかり時間を割いてはいられない教員の苦悩が浮彫りとなった。現状のままでは、一部の学校を除いて「総合的な学習の時間」はカリキュラムから名実ともに消滅する可能性が高い。

こうした状況に対し、現在、社会科教員養成にかかわる筆者としてはどうすべきか。月並みではあるが、地域の生活や文化に積極的にまなざしをむけ、体験的・作業的・問題解決的な学習活動をいとわない学生を養成したいと考えている。

筆者は、平成十二年度から大学院修士課程教育研究科教科教育専攻社会科教育コースを兼任し、主に高等学校や中学校の社会科教員を志望する学生の養成にも携わるようになった。現在、比較文化学類地域研究分野日本研究コースと大学院博士課程人文社会科学研究科歴史人類学専攻の講義・演習・実習に加え、教育研究科では、隔年に開講する講義・演習

（日本史特講、日本史演習、各三単位）、毎年実施する民俗学実習、修士論文指導である歴史教育法Ⅰを担当している。

平成五年四月に筑波大学に赴任以来、筆者が心がけてきたことは、大学・教室における講義だけではなく、巡検・フィールドワークという方法で積極的に地域を歩き、地域の人々との交流をはかることであった。このため、教育研究科でも、講義の一環として春に茨城県外巡検、秋に茨城県内巡検を設定した。平成十六年度の春季巡検は、六月初旬に学生の希望にもとづいて足利学校・桐生・岩宿遺跡を歩いた。巡検には、日本史特講を受講していない学生や内地留学の現職教員も参加した。四泊五日の日程で毎年十月下旬、長野県南佐久郡臼田町で実施している民俗学実習では、現地指導員をお願いしている田澤直人氏の勤務校である長野県小海高等学校を訪問する「大学高校交流」を一日設定している（民俗学実習や小海高等学校との「大学高校交流」については、本書所収の田澤直人論文を参照）。

学群時代に『山びこ学校』について学習し、実際に山元村にいったことは強く印象に残っています。学群生のときは、けっしてまじめな学生でなかったので、そのときにはこの授業自体の意味を深く考えることもせず、よくわかっていなかったのですが、大学院に入り、あらためて授業・実習等で伊藤先生と触れる中で、この記憶はその時々で想起され、あらためて考えなおす経験でありました。

右の文章は、日本研究コース・社会科教育コースを修了して大阪市の高等学校日本史教員となった一大学院生が修士論文の「あとがき」に記したものである。右の一節に勇気を得ながら、今後も巡検やフィールドワークを継続したいと考えている。

〈付記〉　本稿執筆にあたっては、長野県立歴史館学芸部長郷道哲章氏、同総合情報課専門主事市川包雄氏、群馬県埋蔵文化財調査事業団普及情報課長山田烈氏、文部科学省初等中等教育局教育課程課企画室調査係のみなさまにたいへんお世話になりました。末筆ながらお礼申し上げます（二〇〇四年十一月一日）。

写真資料をどう読み解くか——中学「地理」教科書を素材に——

永野　みどり

一　中学生が教科書写真批判

「先生、この写真へんだよ。わざとらしい」
「東京の人はみんなこんなふうに暮らしていると思われちゃう」
地理の授業中に中学一年生から出た発言である。帝国書院版地理教科書[1]の第二部第二章「都道府県を調べよう」には、「東京都に住む家族の生活から都の生活を読みとろう」（六一頁）という折込みがあり、東京都日野市に住む「すみとさんの生活」が十数枚の写真で紹介されている。生徒が「へんだ」といい出したのは「朝ごはんは、家族そろってとります」というキャプションのついた写真である。
生徒「朝ごはんは家族そろってなんて普通は無理」
教師「普通っていうけど、あなたの家だけなのかもしれないよ」
ということで、すぐに挙手によって調べたところでは「朝ごはんは家族そろわない」が大多数であった。[2]
生徒「ほらね。それにすみとさんとお父さんは午前七時前の電車に乗るって書いてあるでしょ。それで家族そろっての朝ごはんは無理っぽいよ」
教師「朝、早く出る人がいると家族そろわない？」

生徒「そう。学校が遠いとか部活動で朝早いとかで早く出る人もいれば、うちの弟みたいには地元の小学校にいく人は遅いし」

生徒「説明を読むと、このすみとさんって通学に一時間半かかっているでしょ。そういう子供がいる家は朝ごはん、そろわないよ」

教師「教科書としては、家族そろって食事をする一家団欒がよいってことなのだろうね」(3)

このように生徒とやりとりしつつ、どのようにタイトルの「都の特色」に結びつけて展開しようかと思案していると、生徒からまた発言があった。

「これ学校に行く日じゃないですよ、きっと。このすみとさんていう中学生、パジャマでもなければ制服でもなくふつうの私服で朝ごはん食べてる」

「この写真わざとらしいですよ。いつもは違うんだと思いますよ。だって朝ごはんを食べてるっていうのにお母さんが座っているのはパソコン用みたいな椅子。わざわざ別の部屋から持ってきたのでは」

これには、教室中が大笑い。教科書制作過程の真相はさておき、生徒たちは「いつもは朝ごはんは家族そろわないのだが、教科書の写真撮影用に、家族四人そろっての朝食となった。いつもとは違うので、あわててパソコン用の椅子をもってきた」という話を思い描いたようである。(4)家族そろっての朝食に対する不自然だという指摘から、関心は「撮影する作為」に変わったのである。また、朝食だけではなく、「ベランダで家族そろって花の手入れをしているところは、すみとさんがカメラ目線でわざとらしい」「ジーパンで正座して将棋をしているのが不自然」と、「演出」が気になるという指摘もあった。(5)

「日曜日には、お父さんとお母さんはそろって買い物にいきます」とキャプションのついたスーパーマーケットでの写真については「東京の家族がみんなそうってわけではない」「家の近くにスーパーがなくて車で行っているからお母さんとお父さんが一緒なのかもしれない」などと意見交換が続き、「すみとさんの学校は、男子校です」「昼ごはんは、学校の食堂で好きなものを注文できます」というキャプションに対しては「私立校だという説明がないので、他県の人が見たら東京には男子だけの公立中があるって誤解するのでは」「東京の学校にはみんな食堂があると思われてしまうのでは」という指摘が出てきた。そして「写真を説明する文が足りない。もっとくわしい説明をつけてほしい」「すみとさんの家の例だけではなく、せめてもう一つ他の家の例を載せ、『これだけが東京の生活ではない』と知らせたい」という声があった。後に生徒が書いた感想の中には「これらの写真でどんな特色を読みとれと言うのだろう」というものもあった。

こうして、学校の所在地である東京都のことが教科書に載っているのを見て、中学生たちは自らの生活と教科書の写真を比べ、教科書の写真を批判し始めたのであった(6)。

さて、この教科書は平成十四年（二〇〇二）からのものである。この年は、完全学校週五日制のもと、「ゆとり教育」「生きる力」が強調された学習指導要領(7)実施の年である。とくに社会科地理的分野は、従来の日本と世界の諸地域学習に関する項目が見直され、日本については「二つ又は三つの都道府県」（学校所在地の都道府県を含める）、世界については、「二つ又は三つの国」（近隣の国を含める）を事例として取り上げるようになる(8)という大きな変化があった。一方、筆者が受け持った中学生にとっては、上級生が使っていた教科書と違い、サイズが大きくなり、全頁がカラーにな(9)ったことが大きな変化だったようである。

この変化を筆者も強く意識した。それは、写真の与える印象が強い(10)だけに、カラーの大きな写真が一国につき一枚ずつ提示されれば、いままで以上にその国についての生徒のイメージが固定され理解が停止してしまうことを予想したからである。そこで、第一部第二章「世界の国々の姿をとらえよう」の二十余枚の写真を授業で扱ったときに、次のようなコメントを加えた。「ひとつの国のことを一枚だけの写真で紹介するのは無理があるのです。たとえば、タイの写真は野菜や果物が水路を移動する船の上で売られている様子ですが、タイの都市には日系企業のスーパーもあり、写真のような売り方ばかりではありません」「ケニアの写真には象二頭が写っていますが、ケニアにいるのは野生動物だけではありません。この写真を見るだけだと人の生活がわかりませんね」

このように写真の「無理」を説明することでステレオタイプな異文化理解(11)を避けようと試み始めたものの、教科書にある約五八〇枚すべての写真に注釈をつけていくわけにもいかず、授業で写真をどのように扱っていくべきか気になっていたのである。

それゆえ、生徒たちが教科書の東京都の写真について、気づいたことを思い思いに語り出し批評を始めてしまったことは、喜ぶべき予想外の展開であった。本稿は、自らの力で写真を批評する生徒の姿に触発されて、地理教科書の写真を見直し、文化についてのステレオタイプや偏見・誤解(12)について考えてみたことの報告である。

二　地理教科書写真のまなざし

1　生活・文化の「典型」を設定する写真―本文では多様性、写真では一つに固定―

学習指導要領は地理的分野の目標として、「各地域の特色には地方的特殊性と一般的共通性があること」(13)を理解させると示し、「学習指導要領解説」には『特色』と示しているからといって地方的特殊性のみを対象にしているわけではない点に十分留意」（一九頁）と記されている。

しかしながら、教科書の記述や写真の多くは特色という場合に、地方的特殊性を強調し、地域による違いを伝えることを意図している。たとえば、帝国書院版の「はじめに」には「地理の学習では、自然や人々の生活について、地域によるちがいや変化などをみる『地理の眼』を身につけることがたいせつです」と述べられている。そして写真は「地域」でなく「国」による違いを示している。第一部第二章「世界の国々の姿をとらえよう」（一五～一八頁）には、一二ヵ国の国名とそれぞれの国の写真二三枚が載っており、これらは前述のタイの水上マーケット、ケニアのゾウのほか、フランスのエッフェル塔、エジプトのピラミッド、ブラジルのカーニバル、オーストラリアのカンガルーの写真などで、一国一枚の写真で国の様子を紹介している。このような傾向は他社の教科書にも見られ、とくに食事については、「一国一写真」の組合わせで特色を示そうとしているものが多い。具体的には次のようなものがある。

東京書籍版の「世界のおもな農産物と食事」（裏表紙見返し）には、食事の写真が八枚あり「パンとジャガイモ（イギリス）」「スパゲッティやマカロニなどのパスタ（イタリア）」「ナンやごはんと食べるカレー（インド）」「タロいもを使った料理（フィジー）」「とうもろこしからつくるトルティーヤ（メキシコ）」「ステーキ（ブラジル）」「さまざまなキムチとごはん（韓国）」「小麦粉から作るマントウ（中国）」というキャプションがついている。教育出版の「食べる」のページ（表紙見返し）には「食事は、人々の生活にとって最も身近なものですね。それだけに、世界各地にはさまざまな食生活が見られます。それぞれにどんな特色があるか、気づいたことを出し合ってみましょう」という文と食事の様子の写真があり、写真には短い説明がついている。これも一国一写真で「ナイフとフォークを使った食事（イギリス）」「ハンバーガーショップでの食事（アメリカ合衆国）」「牛肉料理を楽しむ（ブラジル）」「小麦粉のパンを焼く（チュニジア）」「右手の指を使った食事（インド）」「ヤムイモを主食とした食事（トンガ）」「はしを使った食事（中国）」「テントの中での食事（サウジアラビア）」の八枚である。日本書籍版は、「世界はどのような国と地域から成り立っているのだろう」の「東アジア・東南アジア　食べる」（口絵六頁）でモンゴル、ベトナム、タイ、インドネシア・バリ島の四枚の食事場面の写真を掲載、日本文教出版は、「世界の料理が食べられる国、日本」（一九八頁）で日本にある世界の料理店ということでイタリア、ロシア、タイ、インドの料理店の写真四枚と、パスタ、ボルシチ、トムヤンクン、カレーの四枚の写真を載せている。大阪書籍版は「世界の食事」（折込み）で、ナンやチャパティとよばれるパンを焼いている写真（チュニジア）、屋台（中国）、チゲとよばれる鍋料理（韓国）、忙しいビジネスマンのハンバーガーなどの昼食

（アメリカ）、川魚をバナナの葉につつんで蒸し焼きにした料理（ペルー）、米やカレーを素手の右手で（インド）、ボルシチ（ロシア）、いも類をつぶし煮ている様子（ケニア）、ソーセージ（ドイツ）、パエリヤ（スペイン）の一〇枚の写真を示す。このうち八枚は写真に添えられた説明も国単位である。

その一方で、これらの教科書の別のページでは、食生活の多様さや変容を扱っている。たとえば、大阪書籍版は「世界から見た日本」の第四章「生活・文化からみた日本の特色」で日本の食生活について「五〇年ほど前から、ヨーロッパやアメリカなどの食文化の影響を受け、肉類・卵・乳製品を食べることが多くなりました。輸入される食材も増えて、食生活も多様になりました。今では、朝食は、ごはんにみそ汁という人もいれば、トーストとミルクという人もいます。お昼にも、中国風やインド・イタリア・アメリカ風などの食事をとることができます」「海外との交流が盛んになるにつれて、外国のいろいろな主食を含めて、さまざまな食材と調理法が取り入れられるようになっています」（一七三頁）と述べ、「くらべてみよう、全国の雑煮」（一八二頁）では、各地にさまざまな雑煮があると説明している。この教科書は、「地域を調べる」の第三章「世界の国について調べてみよう」の「中華人民共和国を調べる」で、都市でのハンバーガーに代表されるファーストフードの広まりにもふれている（九六頁）。このように、ある部分では国内の多様性を語りながら、食事の写真が並べられるページでは一国に一イメージを固定し、あたかもその一枚の写真がその国を表しているかのように扱っているのである。[14]

このような地理教科書の写真の扱い方は、その国の食事に「典型」があるのだという考え方が前提になっているということができるだろう。それは、「ある種のティピカルなものを抽出しようとする」「モンゴルに行けばみんなやっている生活のタイプがあるはずだという還元主義的な考え方」[15]を補助し強化するための写真の使われ方の系譜である。十九世紀の人類学的写真集のタイポロジー[16]と変わらない文化の提示の仕方が地理教科書に表れているといっていいだろう。

学習指導要領や教科書では、地域の多様性や生活・文化の変容が語られながら、他方で、教科書の写真とそのキャプションによって一つの国に一つのイメージが固定されている。[17] そして、教科書の写真は、他との違いが明確にわかるものが選ばれ「他とは違う特色」が視覚化されているのである。教科書には「どこだか見分けがつかない、各地で見られるもの」の写真はない。たとえば、世界の諸地域で見かけられるTシャツ姿の人々や世界の諸都市の中華料理店、あるいは日本各地のコンビニエンスストアで売られているサンドイッチ、都市の駅ビルのテナントなどのような「他地域にも共通にみられる性質」を示す写真ではなく、各地域の独特であることを示す写真が使われているのである。「根本的に他とは異なった住民がすむ地域などありえない」[18] にもかかわらず、差が強調され、国ごとの境界線を意識させるのである。

2　不変であるかのような写真―本文で変容、写真で不変―

「地域は相互に関係し合っていること」と「各地域の特色には地方的特殊性と一般的共通性があること」は「諸条件の変化などに伴って変容していることを理解させる」と学習指導要領〔地理的分野〕目標（3）は定める。実際に、教科書には、「日本の人口の変化」「工業地域の変化」「日本の農業の変化」「現代日本の新しい商業」「橋の開通と地域の変化」「日本の生活・文化の変化」「世界に広がる日本の生活・文化」などのタイトルが並び、本文で変容が語られている。

しかし、その半面、地理教科書の写真は、そこに写っているものがあたかも不変であるような印象を与えているといっていいだろう。それは、写真がある瞬間を切り取っているという性質によるものではなくて、撮影された時期の記載のある写真が少ないからである。[19] 撮影年が示されている写真ならば、「これは、撮影時点の様子を示しているのであり、これ以前や以後は違う様相であるかもしれない」というように「写真の情報が条件つきである」と読みとることができる。たとえば、「若者のファッション（二〇〇〇年東京都）」（教育出版、一九八頁）というキャプションのついた写真には「茶髪」「厚底のブーツ」「白いアイシャドウ」の若者が写っている。この組合わせは、現在ではほとんど見かけられない過去の流行であるから、年号が記されて「この時だけかもしれない」と示されているのだと中学生は受け取る。しかし、撮影年がないということは、「条件つきではない」ことを示しており、「この時だけ」という見方をしなくていいことが暗黙の了解となる。このように、一方で変容が語られ、他方で写真によって時間の変化の条件を捨象した世界を提示しているのである。この不変を示している写真は、とくに生活・文化の分野に多く見られる。帝国書院版の場合、全体で五八〇枚以上の写真が掲載されており、そのうちの一〇〇枚以上に撮影年が付されているのだが、第三部第一章の5.「生活・文化の特色をとらえよう」という日本の生活・文化を扱う内容の一九六～二〇九頁までのすべての写真に撮影年が付記されていない。このような写真によって、生活・文化は「変化しない固定したもの」として示されているのである。[20]

このような状態を、地理教科書だから写真の撮影年が不要である、と単純にあきらめるわけにはいかない。学習指導要領の「諸資料に基づいて多面的・多角的に考察」[21]「変容していることを理解」[22]ということを意識するならば、写真によって固定化されてしまった生活・文化の扱いは見直されていかなければならないだろう。

その生活・文化の中でも、とくに「祭」や「町並みの保存」については、教科書本文の説明までもが大昔から不変であるかのような印象を与えている。エリック・ホブズボウムらによって『創られた伝統』[23]（英文では**THE INVENTION OF TRADITION**と表現されている）が一九八三年に出されて以来、「伝統は比較的新しく発明され、創られた」という視点が人文社会科学のさまざまな分野に影響を与えてきたといえるだろう。ところが、中学地理教科書にはこれがほとんど反映されず、伝統は変わらずにずっと続いているかのような扱いになっている。

たとえば、京都の祇園祭がそのように扱われている。祇園祭の写真を載せている教科書は四社（東京書籍、教育出版、日本書籍、日本文教出版）あり、写真はなく本文で祇園祭にふれている一社（大阪書籍）を加えると、七社中五社が祇園祭を扱っている。[24] このうち四社（東京書籍、日本書籍、日本文教出版、大阪書籍）が「平安時代から」などという表現とともに「古来から続く伝統的な文化」と受け取れる文脈で祇園祭を紹介している。生活・文化の変容が語られている教科書であっても、祇園祭の写真は変容の文脈では示されない。あたかも変化することなく平安時代から続いてきたかのように提示され、「保存」される対象として示されているのである。

また、さんごを使った石垣と赤瓦の屋根の「伝統的な」沖縄の竹富島などの民家の写真も五社（帝国書院、教育出版、日本書籍、日本文教出版、清水書院）の教科書に載っており、[25] 一社の教科書を除いては、「伝統」が示され、保存の対象として説明されている。[26] 写真は、伝統が語られる文脈に置かれているので、ずっと昔からこの町並みが存在し、保存運動によりこのまま変わらずに続いていくように示されている。

例外は日本文教出版の教科書で、「つくられる伝統文化」というタイトルで竹富島を取り上げている。本文の説明は、「赤瓦を使うのは、大正時代より前は、裕福な家に限られていた。しかし、この島にくる多くの観光客が、赤瓦の家を伝統的な家として見てくれるので、島の人は、過去には存在しなかった、赤瓦の屋根の家が多くつらなる町なみをつくり、保存することにした」（二〇八頁）となっている。ここでは「伝統」も「創られるもの」「変容するもの」という文脈に写真がある。[27] 今後の教科書ではこのような説明の中に「伝統」の写真も置かれるようになっていくべきであろう。

3　典型を読みとれない写真とその比較

地理教科書の写真の多くが「典型」を示し、他地域との違いを際だたせ、極端な場合は「一国一写真」のイメージを提示して、その生活・文化が不変であるかのように固定するような世界をつくり出してきている。これに対し、本稿冒頭でふれた帝国書院版の「すみとさんの生活」の写真は、中学生が「これらの写真でどんな特色を読みとれというのだろう」と指摘したように、典型を読みとることができない写真の提示、ととらえることができるのではないだろうか。

これは、地理教科書の写真としては画期的といってもいいだろう。そして、東京都のすみとさんに限らず、山形県のこずえさん、福岡県のみわさん、中国（シャンハイ、チャンチョウ）のジンジンさんとフェイさん、アメリカ合衆国（ミネソタ州レンビル）のメーガンさん、ドイツ（フライブルク）のフランチスカさんの生活の写真についても同様の解釈ができる。

多くの地理教科書がタイポロジーの系譜の写真を載せ、そこに典型を見出して理解するような思考の筋道を示してきたのに対し、帝国書院版には、そのような意図のない写真が掲載されているといえよう。その写真を示し「東京都に住む家族の生活から都の特色を読みとろう」と指示しているのであるが、ここでいう特色は「学習指導要領解説」の示す『特色』と示しているからといって地方的特殊性のみを対象にしているわけではない」（一九頁）という意味の「特色」であると考えるならば、何か特別な他地域との違いを読みとらなくてもいいのである。ところが、生徒も教師もそのような思考に慣れていないので、典型を示そうとしていない写真から典型を見出せるものだという思い込みゆえに「この写真、へんだ」ということばを発するのである。

しかしながら、この教科書自体が、新しいタイプの写真に対して、従来と変わらない写真の扱いと「特色は地方的特殊性だけではない」という考え方での扱いを混在させているという問題がある。

典型を示さない、新しいタイプの写真に関連する教科書の指示を見てみると「比べてみましょう」という指示が出てくる。比べるということは、その写真が「典型」であることを前提としてしまうのである。

たとえば、「（東京・山形・福岡の）それぞれの家の部屋のようすや広さを比べてみましょう」（六七頁）、「（アメリカ合衆国の）食事の写真を見て、私たちの食生活と比べてみましょう」（一一三頁）、「「写真8から、ドイツのスーパーマーケットのようすは、日本とどのようにちがうか考えてみましょう」（一一五頁）、「（東京・山形・福岡・中国・合衆国・ドイツの）それぞれの家のようすを比べてみましょう」（一九七頁）「（日本・韓国の食事について）中国の家庭の食事のようすを比べてみましょう」（一九九頁）、「（東京・山形・福岡の）日本の家庭の食事のようすを比べてみましょう」（二〇一頁）、「アメリカ合衆国のスーパーマーケットのようすを見て、身近にあるスーパーマーケットと似ている点がないかを、考えてみましょう」（二〇一頁）などのような指示がある。

「それぞれの家のようすを比べてみましょう」という指示は、「いろいろな面から生活を比べてみよう」（一九七頁）という学習で、「東京都に住む家族の生活」「山形県に住む家族の生活」「福岡県に住む家族の生活」「中国に住む家族の生活」「アメリカ合衆国に住む家族の生活」「ドイツに住む家族の生活」の写真を用いて比較せよというものである。階層・階級・居住地域などの条件を意識させることなく比較させるので、写真がその国の家の様子の典型であり、写真から読みとれる「違い」は、「住んでいる都道府県あるいは国による違い」と理解させることになってしまう。

「日本の生活・文化の変化」（二〇一頁）では、資料を示し「和食の伝統を残しながらも、肉料理やなま野菜のサラダなど、洋食の影響が強まっていています」と説明し、本文で「パンや肉料理が広まるなど、生活の洋風化が急速にすすんできました」「とくに一九六〇年代以後の大きな特色は、おもにアメリカ合衆国の影響を受けた生活文化が、日常生活のさまざまな場面に広まったことです」「日本だけではなく、世界的にも生活・文化の画一化がすすんできているといえます」という説明を行っているページで、すでに学習に使った「東京都」「山形県」「福岡県」の家族の生活の写真を使って、「日本の家庭の食事のようすを比べてみましょう」という指示がある。地域が異なること、同じ中学生がいる家庭だという共通点があること、家族構成や父あるいは両親の仕事の種類だけは示されていても、それ以外の条件はわからない。この東京のすみとさん、山形のこずえさん、福岡のみわさんの家族の食事の写真のうち、すみとさんの家は朝食、その他は夕食である。しかも、どのような日の食事なのかというような説明もないので、共通すること・異なることを見つけ出させても理解の深まりは期待できないだろう。こずえさんの家族の食事写真には、生野菜のサラダがなく「洋食」もないが、その指摘だけにとどまるしかない。無理な比較の指示は、「山形の家庭は生野菜を食べない」

「山形県の食事には洋食の影響が少ない」と中学生に思わせる可能性すらある。

これらの「比べてみましょう」という指示についての教師用「指導書」[28]の解説を見てみよう。

まず、「地方的特殊性ではない特色」の解答例があることに注目したい。個別の家庭の写真を国の代表として比較させてはいるが、国の特殊性を読みとらせようというわけではない。アメリカ合衆国の食事との比較の答の例として「ハンバーガー・コーンフレーク・牛乳といった、日本でもよく食べているものが中心である」（二四三頁）、中国と日本・韓国の食事の比較は、「日本や韓国と同じく、はしを使って食事をしている」（四〇一頁）、東京・山形・福岡の食事の様子の比較では、「朝食にパンを、夕食にハンバーグを食べているなど、食事の洋風化がわかる」（四〇五頁）、アメリカのスーパーマーケットと日本の身近なスーパーマーケットは「売り場のようすやカートに品物を入れることなどが似ている」（四〇五頁）とある。

一方、違いを指摘すべき解答例もあり、個別の家庭の写真を地域の典型として想定させ、比較して特殊性を意識させる。住宅については、「東京都に住む家族の家よりも福岡県や山形県に住む家族の家のほうが広いことを読み取らせ」「その理由が住宅地の平均価格の高さにあることを理解させる」（一五六頁）。ドイツのスーパーマーケットと日本の違いについて「日本ではお客様が最優先だが、ドイツでは店員の身体への負担が最も少なくなる形を工夫している。環境への配慮としては、レジにはかりをおき野菜や果物を量り売りしたり、チーズやソーセージ類も対面販売するなど、包装材をできるだけ使わない工夫がいろいろなされている（二六九頁）」。家の様子の比較の指示に対する解答例は示されず「外国と比べることにより日本の生活の特色を明らかにする。そのなかで、国内の地域差について気づかせたい」（三九七頁）と記されている。

以上のように、階層にはふれず、経済的な問題をほとんど扱わない地理教科書では、経済状況はほぼ同じという暗黙の前提で、中学生に比較だけさせようとしていたり、食事が国単位で語られ、写真に写っているのが典型であることを前提にしていたりする。スーパーマーケットは、指導書の解答例だと、日本とアメリカは似ているところがあり、ドイツと日本では接客と環境への配慮が異なるということになるのだが、教科書に載っている小さな写真からそれらを読みとるのは無理といっていいだろう。

こうして見ると、教科書の「比べてみよう」は、かえって中学生の理解をゆがめているのではないだろうか。[29]いまのままの教科書写真を使うのならば、写真を資料として「比べてみましょう」と指示するのはやめてしまった方がいいのかもしれない。せめて、比べさせる前に「比べることができるだろうか」という問いかけが必要なのではないだろうか。そして、何よりも写真に適切で十分な説明をつけることが大切だろう。

現状では、典型を提示する教科書写真の流れから、生徒たちに無理に写真から何かを読みとらせたり比べさせたりしようとする傾向がある。このため自分たちの住む都道府県の写真については「誤解される不満」が出てくる。冒頭に記した中学生たちの「東京都に住む家族の生活から都の特色を読みとろう」の写真に対する「おかしい」「へん」は、教科書を見た他県の人に東京を誤解されたくないという思いの表れでもあった。「誤解されるといやだ」というのは「これが自分たちだと思われるといやだ」ということである。この、誤解されてしまうという心配は、教科書写真から誰しも典型を見出そうとするものだという思いに呪縛されているからであろう。

三　写真を読みとる試み

1　制作者の意図を考える

山形県寒河江市のこずえさんの家の夕食の写真が教科書に載っている。こたつでの食事で「家族そろっての夕食。2匹のねこもいっしょです」というキャプションがついている。これについて「こたつの手前側に誰も座っていないのはなぜか」ということをいい出した生徒がいた。四角形のこたつの三辺しか使っていない。これについて「手前側には実はテレビがあるからいつも誰も座らないのでは」という解釈が出された。これをきっかけに東京、福岡のページを見ていた生徒から「東京、山形、福岡のどの食事中の写真にもテレビがないけど、食事中にテレビを見ていないのは不自然」という意見が出た。中学一年生約一二〇人に尋ねたところ「食事中はテレビを見ない」という家庭は一割程度であった。たいていの家庭は食事をする部屋にテレビがあり、食事中にテレビがついているという。

そこで、この食事中のテレビの話題に「撮影する人の意図や写真を選択する人の意図を考える」ということを結びつける展開を試みた。

「いつもは食事中にテレビをつけているんだけど、教科書に載せる写真だからってことで食事中のテレビはよくないからテレビが入っている写真は撮らなかったのでは」「写真を撮った人が、食事中にテレビを見ることをどう思っているかによる。やっぱりよくないと思っているんじゃないの」「よくないからって、いつもと違う生活を教科書に載せたのでは、そこの生活がわからないよ」。撮影者や著者の意図(30)という視点を設けたところ、こんなふうに生徒たちはすぐに反応してきた。そして「この家庭はどうやって選んだの？　山形の人はみんなこういう生活をしているの？　そんなことないよね」「こんなカメラ目線の写真でいったいどんな生活を伝えようとしているのか」という疑問も出された。

一般に、社会科の授業で「写真から読みとる」という場合、その写真は景観写真であり(31)、写真に写っているものを読みとる。ここから一歩踏み込み、「諸資料に基づいて多面的・多角的に考察」（学習指導要領）ということで、教科書をメディアの一つとしてとらえるならば、中学生が教科書を批判的に読み解く過程もメディアリテラシー教育(32)の一環と考えられるだろう。

中学一年生の地理学習で、写真資料によって制作側の意図を意識する機会をメディアリテラシー教育の観点からつくっていくことができるのではないだろうか。そして、写真を撮る側はどんな人であるのかということを意識できるようになっていれば、それは、歴史的分野の学習での写真の扱いにつなげていくことができる。たとえば、歴史的分野の学習で出会う植民地時代の写真について、それらが植民地宗主国の視点でつくられた写真なのだということを意識しながら見ていくことができるだろう。(33)

2　経験があれば類推できる

福岡県福岡市のみわさんの家族の生活の写真には、テレビを見ているシーンがある。この写真にはテレビそのものは写っていない。また「夕食のあとは、居間でくつろぎます」というキャプションがついているが、テレビを見ているという解説はない。けれども和室で六人がくつろいだ格好で同じ方向を見ているこの写真をほとんどの生徒が「テレビを見ているに違いない」と解釈した。

また、みわさんの学校での給食の様子の写真から、女子生徒の制服が二種類あることに気づいた生徒がいる。始めは「へんだ」「なぜなんだ」というつぶやきが多かったが「夏服冬服併用期間なのではないか」という解釈で全員が納得した。

一方、疑問が残ったままだったのは山形のこずえさんの登校する姿と福岡のみわさんの家の夕食である。長ズボンとオーバーコート姿の中学生の写真に「雪のなかを友だちと登校するこずえさん」というキャプション。これには「制服がズボンなの？」「体育のジャージで通学する学校もあるから、これもジャージかな。でも色が体育用ではないような感じ」という疑問が出た。みわさんの家庭での夕食の様子や献立の写真を見て「この家はいつもこんな感じの夕食なのかな。テーブルにコーラやファンタの缶があってコップもあるね。特別な日って感じもするし」「福岡名物のがめ煮(34)って書いてあるけど、これをよく食べるのかな。それとも写真撮影用かな」という疑問はそのままであった。

これらをもとに「家族そろってテレビを見る経験があるから、テレビが写っていない写真でもテレビを見ているところだと理解できるし、自分たちの学校に夏服冬服併用期間があるから二種類の制服を見て、併用期間中なのだと理解できる」というようにまとめた。そして後に生徒自身が身近な地域を調べて報告する際に写真を扱うときの留意点をあげさせたところ、「経験がない人が誤解しないように写真には説明を十分つけることが大事だと思った」というようなことを書く生徒が多かった。「特別な例なのか、よくあることなのかということの説明をしないと誤解されてしまう」という指摘も多く見られた。

こうして中学生たちは、制作側の意図だけではなく、受け取る側の状態を意識することがすることができた。そして、受け手が送り手の意思とは違う受け取り方をしてしまうことがあることや、自らの文化に存在しないことは読みとれないかもしれないのだ(35)ということを理解できたようである。「見たら真実が必ず伝わると思っていたら、そうではないこと」(36)を学ぶこともできたようだ。

3　自ら写真を選び説明をつける

生徒たちは、教科書の写真を批判的に見る過程で、写真を撮る人の意識、撮られる人の意識、写真を選ぶ人の意識、そして写真を読み解くのに必要な説明や見る側の知識などに考えが及ぶようになった。これらには、教科書に設定されている「景観写真の読み取り」とは別の視点を含むことができた。写真に親しみ、写真を過信せずに批評的な態度で見ることができるようになることは「日本や世界の各地のようすについて、自分の力で調べたり考えたりすることができるようになる」(37)ための重要な能力の一つといっていいだろう。写真の限界を学ぶうちに、中学生は写真による情報伝達を毛嫌いするようになるかもしれない。しかし、毛嫌いして思考を止めるのではなく、限界を知った上で写真を使いこなし楽しむという方向に授業を組み立てたいと思い、「写真による地域の説明」を課題として設定してみた。生徒の身近な地域を写真によって説明せよというものである。

この課題に取り組む前に、生徒たちが自ら留意点として挙げたのは次のようなことである。

・空中写真で全体を示してから、具体的な場所の写真を載せる。

・ある場所だけの写真だと「全部がこのようなのか」と思われてしまうからいろいろな写真を使う。

・写真は一つのことをだけではなく、何種類か写す。
・普段の日常の生活風景をそのまま写真にする。
・写真は、都会なところも田舎なところも両方載せる。
・同じようなタイプの写真を選ばない。
・写真の説明には、「これだけではない」「他のもある」ということも入れる。
・説明の文は、写真だけでは伝えられないことをできるだけ詳しく書く。
・初めて見る人も納得できるような説明を書いてあげる。

多くの生徒は、多様であることを示すために、複数の写真を使うことと、文章による説明を工夫することを意識した。実際に生徒が作成したものは、どちらかといえば拙いものであったが、取りかかる前の意気込みは「教科書よりも上手に他の人に伝える」というものであった。

こうしてできあがった報告を互いに交換し批評し合う時間を設けた。他の人のレポートを見ての感想を挙げてみよう。「有名な所だけ取り上げているのはよくない」「他の人のレポートを見て、どうしてそのことを取り上げて写真に撮ったのかわからないものがあった。そういう他の人のを見て自分のレポートも、他の人にはわかりにくいことがあると思った。もっと場所の説明をちゃんと書けばよかった」「都会的な所もあるケド、畑もあるということが書いてあるレポートはいいと思った」「住宅地の路地とか広い道路に面したスーパーとかその場所のいろいろな面をバランスよく載せていたのは、いい」「写真に写したい部分がそれぞれ違うから、それぞれの人の『伝えたい』という気持ちがわかった」「知らない場所のことだと、写真の選び方がいいのかどうか、説明がいいのかどうかよくわからない」「自分が休日と平日とで違う様子を書いたから、他の人が、平日と休日の違いについて何も書いていないのは不思議」「たいてい人が多いところなら、人が多いときに写した写真を示して『人が少ない時もある』ということを書いたほうがいいのではないか」

　このような感想から、自ら写真を扱ったことで、たとえ限られた枚数の写真であっても、そこから何かを読みとり、楽しむ素地ができたことがうかがえる。

四　誤解と偏見を理解する

1　「統計的中流家庭」の写真を読み解く

　中学地理教科書には、地域の中の多様性や他の地域との共通点、地域の変容などにふれる一方で、地域があたかも均一であり、典型を示すことができるかのように写真を使っているという問題がある。しかし、だからといって、「典型」扱いを避けるために、写真で何かを比べるという学習をなくしてしまい、一例だけではよくないと、一枚の写真から地域の様子を読みとる学習を排除してしまっていいとは思えない。そこで、現在の教科書を使いながら、限られた情報から何かを学びとっていく学習指導を考える必要がある。

　そのためには、まず身近な地域や学校が所在する都道府県、または日本の、教科書や各種メディアでの取上げられ方を生徒に示し、生徒の違和感を手がかりとしていくことになるのではないだろうか。教科書やメディアに載った「自文化」を教材とすることによって、中学生自身はそれに違和感を持ち、「これがすべてではない」と留保し、写真や安易な比較の限界を意識できるようになる。そのような意識を持った中学生は、さまざまな地域の写真を見ることを楽しみ、文章による説明も大事にしていくことができるだろう。

　なじみのある身近な地域や学校所在地の都道府県または日本について、「自分たちはよくわかっているのか」とか、教科書をはじめメディアにはどのように紹介されているのかとか、比べるとはどういうことなのかなどと、中学生がふと疑問に思うことに出会えれば、学び方を学ぶことができる。知っているつもりの地域のことをよく知らないことに気づき、自己の知識の限界を意識したり、自分がよく知っていることについて、自己の知識とメディアに載っている紹介の仕方を比較し、教科書を始めとするメディアの限界に気づいたりすることが、中学生にとって大切なことであろう。比較はむずかしい、一例ではわからないと後退するのではなく、生徒自身が実際に写真を見ながら比較の難しさや限界を意識することが大事なのではないだろうか。とくに自己の国がどのような「一例」によって描かれているのかを知ることで、自分たちが他国の写真を見るときにも「これは一例にすぎない」と条件つきであることを意識できるだろう。

教科書の第二部第三章「世界の国々を調べよう」では、中国・アメリカ合衆国・ドイツの例が取り上げられており、都道府県の場合と同じようにそれぞれにカラー写真があり「中国に住む家族の生活から国の特色を読みとろう」というようになっている。中国の場合、シャンハイに住むジンジンさんとシャンハイから一八〇キロ北西のチャンチョウに住むフェイさんの写真が掲載されている。学校での様子や家での食事の様子の写真などから具体的な生活の様子を知ることはできるが「国の特色」は読みとりにくい。前述したように「典型が読みとれない写真」なのである。案の定、生徒から「これは日本です、っていわれたらそう思っちゃうんじゃないの」という声が出る。

そこで、生活を示した写真で国の特色を伝えようと意図した写真集『地球家族』(38)を教材として準備し、写真で国の特色を読みとることの楽しさとむずかしさの両方が感じられる授業づくりを試みた。

授業に向けて、ドイツ・エチオピア・クウェート・日本の「統計的中流家庭」の持ち物を家から出して並べた写真をカラーコピーで準備し、数名のグループごとに一国ずつ順に配布した。写真を見せながら写真の横につけられた説明を読み上げた。五〇分の授業で扱える分量として、欧米の生活を一例、開発途上国の貧しい生活を一例、非欧米での経済的に豊かな生活を一例、そして日本の家族の合計四例に絞った。欧米の写真がいくつかある中でドイツの家庭の写真を選んだのは、教科書にドイツの事例があったからというだけではなく、ドイツの人々の多くが「家財の公開をいやがる」という解説がついていたので、同様の傾向のある日本での事例との対照の面白さを予想したからである。

生徒たちは、家財一式の写真と家族の生活を紹介する写真を見ながら、読み上げられた解説を聞き、わかったこと・気づいたことをメモしていった。

「これで日本の生活を理解されてしまうのか」

日本の家庭としては、東京郊外に住むウキタさん一家が紹介されている。実は、このウキタさん一家の家財道具一式写真を取り上げている地理教科書もあり、(39)そこには、物が豊かな国として説明されているのだが、気がついたことを挙げさせたところ、「いらない物が多すぎる」「細かいものがいっぱいある」「物がいっぱいありすぎてゴチャゴチャしている」というように、物の多さには否定的な感想が目立った。そのほか「ウキタさんの朝食がペプシ二本とタバコというのは健康に悪すぎ」「この一〇年前の生活と今の日本の生活はあまり変わりがない」「他の国の子供より日本の子供の方がいそがしい」「ウキタさんはとても時間厳守」「男の人がスーツでこたつに入っているのはへん」「家具が多いが広げられるスペースがない」などということが挙げられた。

この家族が日本の生活を代表していることについて生徒の意見は分かれた。

「教科書に載っていた写真は少しうそをついている感じがして、何だか、うそまでついてマジメに見せている感じがするけど、今回のウキタさんの家は私たちの生活とかなり近いから紹介としてはいいと思う」「物の多さが日本の家らしさが出ている」「あまりきれいですごい家を撮っても『こんなのありえない』『うちはこうではない』ってなるから、ウキタさんの家を取り上げたのでいいと思う。でも、もう少しきれいな家の方がよかったかもしれない（失礼？）」「教科書と違ってテレビを見ながらの食事風景なので自然な感じがする」という意見の一方で、「みんなこうだと思われるといやだ」という意見も多かった。「ウキタさんの生活の説明は、日本の生活がみんなこうだと思われるといや」「説明はとてもわかりやすくてよいが、ウキタさんの家族を取り上げたのはダメだと思う。物が多すぎる」「日本の家がみんなこうだと思われるのがいやだ」「家具とか物が多いのが日本の家だって思われるのがいや」「ウキタさんの朝食は不健康すぎ。みんなこうではない」というようなものである。より詳しい説明や、他の家庭の様子にふれることを求める意見もあった。「毎朝、電車に乗る四五秒前に駅に着くという説明があったが、日本の人がみんなこうだと思われると困る。時間については『ピッタリ家』と『ルーズ家』みたいな紹介があればいい」「なぜ郊外に住んでいるのか説明があったほうがいい」「こたつなど、どこの家庭にもあるわけではないから、そういう説明をつけて欲しかった」「日本の生活といってもみんなが同じ生活じゃないからむずかしいと思う。マンションに住んでいる人もいるなどと説明が書いてあればいいと思う。『違う所もあります』という説明がつくといい」「何であの家を選んだのだろう」「昔のだから仕方ないけれど、『真ん中』は年によって変わるから、こんな感じの本は、シリーズ化（二〇〇三、二〇〇四とか）したほうがいい」

ウキタさん一家の例で日本の家庭を知ることについて不満が多かったので、自分の家がこのプロジェクトの取材を申し込まれたらどうするかを尋ねてみたところ、「絶対にいや」「うちは無理」「お母さんが嫌だっていう」というように取材に応じそうな家庭は一軒もなく、中学生たちはこのプロジェクトのたいへんさや「ウキタさんの思い切りのよさ」を意識したのだった。

違いを知る驚き

ウキタさんの例で、一例で知ることのむずかしさを意識した上で、ドイツ・エチオピア・クウェートの家庭の様子を見た。生徒たちは、写真だけではなく説明にも耳を傾け、気づいたことを記していった。その一部を挙げてみよう。日ごろの授業に比べ、短時間で多くのことを生徒がメモしていたのが印象的だった。

ドイツの家庭

家具がたくさんある。SONYやHONDAがある。なんだか家族の仲がいい。子供にあまりテレビを見せないというのがすごい。市場での野菜の売り方が日本と違う。

エチオピアの家庭

電器製品がない。家具が少ない。家は自分でつくる。水をくみにいかなければならない。学校に行けない子がいる。男は楽そう。けっこうな大家族。

クウェートの家庭

召使いがいる。車四台、うち日本車三台。ソファーがいっぱい。家具が大きい。家具がたくさんありすぎ。同じものがいくつもある（ソファー・ドレッサーなど）。こんなにお金持ちで中流というのがすごい。

ドイツ・エチオピア・クウェートの写真を比べて

クウェートの家が大きい。エチオピアの中流とクウェートの中流では全然違う。日本と似ていることもある。中流家族でも国によってかなり差があるが、日本とドイツは同じくらいかなと思った。

楽しさとむずかしさ

身近な地域の写真による紹介と『地球家族』の授業を終えて、写真によって各地の生活を知ることについて、どんなことがむずかしいのかを尋ねてみた。

「その家ならではのことなのか、その地域のことなのか区別がつかない」「各地ごとに生活が違うところがいっぱいあるから、日本の紹介で一つの地域を紹介するのはよくないと思う」「撮影する場所を選ぶのがむずかしい」「一つの国（あるいは都市）を説明するのがこれほど難しいとは思わなかった」「写真一枚と軽い説明では『ここはすべてこうなのか』と思われてしまうため、どうしたらうまく説明できるかよく考えた」「自分たちの生活を勘違いされないように説明するのはむずかしい」「教科書の写真を見て話し合ったときは、ダメなところなどを指摘していたが、自分で自分の地元を紹介するとき、すごく苦労した。ほかの人に説明するのは難しいと思った」

授業でどんな力がついたと思うかという問いへの答えを挙げてみる。

「他の人たちが撮った写真は、いろいろといえるけど、自分がやってみたらむずかしかった」「写真を楽しく見る力がついた気がします。前まで『ふうーん』だけで楽しく見る感じがなくて。この勉強をして『お～！　こうなんだ！』と思える見方ができるようになりました」「写真の見方が変わった。写真を見て少しは考えるようになった。全部が全部こうではないと考えるようになった」「人によって写真の解釈のしかたがちがうのが面白い」「写真だけでは説明できない。→よい説明を書くのはむずかしい。→よい説明を書こうと」「『地球家族』の授業では、写真を見て説明の文章を読むと、なるほどわかりやすかった。あらためて、世界にはいろいろな国があるんだなと思いました。ガスも電気もない国があると、私たちの生活はゆたかな生活だと思いました。貧富の差がはげしいことがわかった」「私たちが知らない所を写真と説明で紹介されたとき、『写真や説明が全部ではない』ということがわかった」「自分で考え写真を選ぶ力がつきました。写真一つ選ぶにも工夫がいることがわかりました。写真を撮ることを仕事にしている人のたいへんさが少しだけわかりました。一枚の写真からいろんなことが感じられるようにしたいです」「写真をただ見るだけではなくて、何かを見つけるようになった」「写真だけでその場所を把握してはいけない」「いままでは説明をよく読まなかったけど、いまは説明をよく読み写真をよく見るようになった」「日常の写真をとるのはむずかしいと思った」「一枚の写真を見ただけで、それがその国の文化や様子だと思いこむのはやめようと思った」「各地を紹介する写真でも、その写真でちゃんと伝えていないことやわざとかくしていることがあることがわかった」「前は写真のまん中へんしか見なかったが、細かいところまで見るようになった」

興味深いのは、「一枚の写真ではわからない」「「これだけではない」と認識する一方で写真をよく見るようになったと答えていることである。異文化の紹介の中に同じ次元で自文化（と思われる）の紹介を見たときに、それが全体の一部であり、切り取られたものであることを強く意識するのである。一枚ではわからないといい、限界を承知しつつ写真をよく見るように変化している。写真の限界を意識し、文章による説明を大事にするようになったことも収穫であった。

2　誤解や偏見の自覚

一連の写真に関する学習活動で、中学生は、「誤解されてしまう」「自分たちのことは誤解されないように」というようなことをことあるごとに発言したり書いたりしていた。そして、自分たちが誤解されているかもしれないということは、自らが他の地域を誤解するかもしれないと自覚し始めたのだった。

このような生徒の活動を改めて振り返ってみると、それらは「誤解や偏見についての学習」だったのではないかと思われる。

ところで、地理教科書の中には日本が「誤解」される場合を想定し、「日本が正しく理解されない恐れ」があるので「正しく」伝える必要があると述べているものもある。

帝国書院版には、「外国の教科書を通して国際理解について考えよう」というページ（二一四頁）があり、アメリカ合衆国、中国、ドイツの中学生用地理教科書の一部が紹介されている。「なるほどと思わせられる点や誤解しているのではないかと思われる点もあるかもしれません」ということで、教科書の訳文や写真とともに「誤解されていると思われる点がないか、考えてみましょう」という指示と「日本についてもっと知ってほしいと思うことを考えて、これらの国の中学生に手紙を書くようなつもりでレポートに書いてみましょう」という指示が載っている。ドイツ地理教科書には畳の部屋に火鉢、箪笥、炬燵、テレビがある写真については「火鉢を使う家は少ない」、「典型」として紹介されている木村さんの生活は「典型」ではないというような中学生の反応が予想される。東京の中学生が、教科書に載っている「東京の生活」に抱いた違和感と同種のものであろう。

ここにも「典型」があるかのような前提に問題を見出すことができよう（ドイツ地理教科書では「典型」に引用符がついており典型の意味を限定しているようであるが）。

多くの中学生が「これが日本の生活だと思われたら困る」というであろう。けれども、このようなとらえ方はよくあることだ。ある国に「典型」的な生活があるような思いこみがあるからこその「誤解」であり「誤解の心配」ということになる。

典型があることを前提にしているがゆえに、受けとる方は過度に一般化して「典型」だととらえ、受けとられる側は「これは一例にすぎない」と断りを入れたくなるのである。したがって、「誤解も理解の一形態であると捉える」(41)とまではいかなくても、誤解の恐れを心配し「正しい理解」のために詳しく説明することばかりに気をとられずに、どのような仕組みで人は異文化をとらえるのかということを中学生が理解することが必要なのではないだろうか。誤解やステレオタイプの徹底排除ではなく、異文化理解は、典型があるかのような誤解や一部の体験の過度の一般化に満ちたものなのだという、「誤解の仕組みに対する理解」が大切なのである。「誤解することもある」「誤解されることもある」というように、「自覚ある誤解」意識を考えていく必要があろう。

たとえば都道府県単位の学習で、自分たちの住んでいる県の様子はメディアでどのような写真と文で説明されているのかを見ることで、説明や写真の限界を知ることができるだろう。外国の教科書に載った日本についても同様のことがいえる。したがって、「正しい理解」を伝達するという考え方ではなくて、写真や説明にはどのような限界があり、どの程度不十分なのかを理解できると、自分が住んでいるのとは違う地域・国家について地理的に学ぶときにも、扱う資料の限界を意識(42)し、誤解や理解ということに自覚的になれる。単に、景観写真、空中写真、衛星画像の活用を指導するのではなく、教科書に載っている写真全般について写真の特性を意識して活用することが大切であるといえよう。

東京書籍版には「外国人旅行者に日本をわかってもらおう」というタイトル（一七八頁）で「短い滞在は、日本の一部しか見なかったり、たまたまのできごとに出くわしたりするため、さまざまな誤解や思いこみを生み出す可能性があります。それをそのままにしておいたのでは、日本が正しく理解してもらえない恐れがあります」とある。「正しい理解」というう正解があるような前提である。この前提こそが異文化理解の妨げかもしれない。「誤解」や「思いこみ」は外国人旅行者に限ったことではなく、誰でもいつでも、そのように偏った理解をする可能性がある、という認識が必要なのではないだろうか。[43][44]

そして、できることならば、「旅行者の眼を意識して、伝統が創り出されたり、町並みが整えられたりすることがある」[45]ということを理解させることができれば、「学び方を学ぶ」という意味で効果的であるといえるだろう。[46]

現行の学習指導要領になって、「学び方を学ぶ」ことが強調されるようになったが、地図や統計資料を活用し、インターネットで何かを調べる経験を積むことばかりが、学び方を学ぶということではないだろう。「自明であるとされていることを疑う」という思考に接することも社会科の学習として中学生に経験させていきたいものである

〔註〕

(1)『社会科　中学生の地理　世界のなかの日本　最新版』(帝国書院、二〇〇一年三月文部科学省検定済、二〇〇三年一月発行)。この帝国書院版は、二〇〇三年度、全国で約三三パーセントの中学生が使用している(前年度の文部科学省の集計による。四一万六〇〇〇部)。二〇〇二年度使用予定数での「占有率」は次のとおり。東京書籍四四・五、帝国書院三二・八、大阪書籍一〇・二、教育出版八・四、日本書籍三・二、日本文教出版〇・八、清水書院〇・二、すべてパーセント(『内外教育』二〇〇一年十一月二十日)。東京都内の公立学校の場合、二三区のうち二二区、二六市のうち二三市が帝国書院版を使用している(二〇〇四年度文理のまとめ)。

(2)朝食に家族がそろわないのは、この中学生たちの家庭に限らない。岩村暢子『変わる家族　変わる食卓』(勁草書房、二〇〇三年)の報告を参照すると、中学生たちの指摘が的確であることがわかる。家庭の食卓の実態と教科書が伝える家庭の食事のギャップは大きい。

(3)家族がそろって食事をするのは近代になってからである。そして、「一家団欒」思想は明治以降、堺利彦らによって主張されたものである。ところが、この教科書に載っている家庭の食事場面は、七例(東京、山形、福岡、中国のシャンハイ、チャンチョウ、

アメリカ合衆国のレンビル、ドイツのフライブルグ）すべて、家族そろっての写真である。現実の日本ではそろって食事をする家庭は減ってきているにもかかわらず、教科書は「一家団欒があるのがよき家庭」という近代になってつくられた「幻想」にしばられた写真を提示しているといえるだろう。なお、一家団欒の思想については、堺利彦『家庭の新風味』（明治三十四～三十五年、第二冊第五章・第五冊第二章。『堺利彦全集』第二巻、法律文化社、一九七二年による）、大濱徹也・熊倉功夫『近代日本の生活と社会』（放送大学教育振興会、一九八九年、一〇七～一一〇頁）、西川祐子「日本型近代家族と住いの変遷」『幕末・明治期の国民国家形成と文化変容』（新曜社、一九九五年、一九五～一九八頁）など参照。実際の授業では、この話題での制作者の意識にはこれ以上ふれず、本文で後述するように、「食事中のテレビ」の話題で生徒たちは教科書制作者の意図を考えた。

（4）教師用「指導書」の「すみとさんに聞きました」「すみとさんのお父さん・お母さんに聞きました」（一四八頁）によれば、すみとさんの母親は五時四十五分起床、父親は六時四十分に家を出る。この家庭が朝食をそろってとるということは事実であろうが、ここでは、真偽よりも生徒たちの着眼点を重視した。なお、「指導書」は帝国書院編集部『社会科中学生の地理 世界のなかの日本 最新版 指導書』（二〇〇二年三月）。

（5）中学生が「わざとらしい」と指摘するのは、写真を撮られる側の写真を撮られることを強く意識しての視線やポーズのことである。このような中学生による指摘を、かつてミードやベイトソンら著名な人類学者がバリのトランス儀礼をフィルムに収めるためにバリの人々に演技を注文していたことなどを念頭におきながら聞くと、たいへん興味深い。ミードらの取材については『女として人類学者として：マーガレット・ミード自伝』、平凡社、一九七五年）など参照。

（6）筆者の勤務校は東京都北区にある私立共学校。生徒は、都内、埼玉、千葉から通学。このときの生徒は二〇〇三年入学の一年生である。

（7）中学校学習指導要領、文部省、平成十年改訂、平成十四年実施。本稿での学習指導要領はすべてこの平成十年（一九九八）改訂のもの。

（8）「学習指導要領」社会科〔地理的分野〕内容の取扱い（4）ウ、エ。

（9）平成十四年（二〇〇二）に地理の教科書は七社から出ているが、どの出版社のものもB5判で、全ページがカラーとなった。カラー化に関しては、学習指導要領にとくに指示はない。出版社の判断と思われる。

(10) 落合一泰「映像の中のラテンアメリカ　《まなざし》の人類学にむけて」(『二〇世紀における諸民族文化の伝統と変容2　映像文化』ドメス出版　二〇〇〇年、一五二頁)

(11) 小中学校教科書に見られる「ステレオタイプな理解の問題点」や「国民国家形成過程の差異の扱われ方に通底する問題点」について、筆者はかつて「高校生の文化のとらえ方――異文化へのまなざしを考える」(大濱徹也編『歴史教育の新地平』同成社、一九九七年)で報告した。

(12) 近年の異文化理解教育をめぐる検討は、馬渕仁『「異文化理解」のディスコース―文化本質主義の落とし穴―』(京都大学学術出版会、二〇〇二年)など参照。日本の異文化理解・国際理解教育の場での「日本」「外国」というように区分して文化が語られる現状と問題点が検討されている。

各々の文化は、その「真なる性質」を決定する根源的な、固定され、不変の本質を持っていて、他の文化と明確に区別されるという文化本質主義的な考え方は、「たとえ現在のアカデミズムにおいてほとんど信頼性を持たないと考えられていても、本質主義の議論はアカデミズムの外部では強力で声高な存在である。すなわち、男の子らしさ／女の子らしさ・男性らしさ／女性らしさの通念や、民族的・人種的類型についてのステレオタイプなどだ」とピーター・ブルッカーが『文化理論用語集』(有元健ほか訳、新曜社、二〇〇三年)の「本質主義」の項で述べているように、中学生のまわりは、本質主義的な考え方が強力な存在である。このような状況で、次のような著作は、これからの社会科教育考える上でたいへん参考になる。吉野耕作『文化ナショナリズムの社会学』(名古屋大学出版会、一九九七年)、酒井直樹『日本思想という問題　翻訳と主体』(岩波書店、一九九七年)。

また、かつての「日本人論」の方法への批判、たとえば「特殊によって一般を推定するエピソード主義や、概念規定のあいまいさや、対象の客観的属性(たとえば、性・年齢・学歴・職業・階層・階級など)の無視や、不完全なサンプリングや、比較研究の不足や、歴史的変化に無関心」という指摘(杉本良夫、ロス・マオア編著『日本人論に関する一二章』学陽書房、一九八二年)がなされて久しいように思えるが、中学教科書には、かつて批判されたような視点を中学生になぞらせるような指示がいまだに見受けられる。

(13)　学習指導要領〔地理的分野〕目標（3）。大小さまざまな地域から成り立っている日本や世界の諸地域を比較し関連付けて考察し、それらの地域は相互に関係し合っていることや各地域の特色には地方的特殊性と一般的共通性があること、また、それらは諸条件の変化などにともなって変容していることを理解させる。

(14)　食事のほか、住居・衣服も同じ傾向である。地図帳に載っている写真についても、教科書の写真の問題点と類似のことを指摘することができる。たとえば「新編中学校社会科地図―最新版―」（帝国書院）の「世界の生活文化」（九～一〇頁）では、「世界各地の食事」で九種の料理の写真が「一国一品」で示され、八枚の写真で「イタリア　小麦粉をめんにしたパスタ料理を食べています」「アメリカ合衆国　ナイフとフォークやスプーンで料理を食べています」というようなキャプションがつき、「一国一食事」が提示されている。また、「世界各地の住居」が写真六枚で示されているが、キャプションは「動物の毛皮でつくられた家（モンゴル）」というような表現になっており、一国一例で示されている。「衣服」については、一〇例あり、「オランダの民族衣装」「インドのサリー」「大韓民国のチマ・チョゴリ」「アメリカのジーンズ」というように民族衣装と日常の衣服が混在していながら、一国一例の写真である。一国一例なので、女性の衣服の写真で示されている国もあれば男性の衣服の写真の国もある。ただし、ここには「日本のきもの」という例が示されているので、これを手がかりに中学生は、これらの写真は一例にすぎないのだということが理解できるかもしれない。「新しい社会科地図」（東京書籍）の世界の人々（九～一〇頁）では、エクアドル、ナイジェリアという国名だけがついた写真があり、そこに写っている三名がその国の人として提示されており、典型であるかのような扱いである。また、「エスキモー」とキャプションのついた写真には、毛皮の衣服を着た数名が写っている。これを見れば、エスキモーの衣服といったら毛皮の衣服しかないという印象を中学生に与えることになる。

(15)　シンポジウム「映像文化」での落合一泰の発言。『二〇世紀における諸民族文化の伝統と変容2　映像文化』（ドメス出版　二〇〇〇年、一七六頁）

(16)　落合一泰「被写体以前―十九世紀の人類学的写真アルバム」『映像人類学の冒険』（せりか書房、一九九九年、一二一～一四三頁）

(17)　「変容」や「多様性」を示す写真がまったくないわけではない。たとえば、「中学社会地理　地域に学ぶ」（教育出版）の第三編第四章では、本文での変化や地域差の説明に合わせて、写真を二枚ずつ組み合わせて提示している。サモアの家庭での食事と街のマクドナルドハンバーガー店の写真を並べ、伝統的なウム料理の説明とともに「西欧の食事が多くなっているそうです」という説明がある（一九四頁）。日本人の食事についても「家庭での食事（日本）」と「ファミリーレストランでの食事（日本）」（一九五頁）、マレーシアの伝統的な家であるロングハウスの写真と首都クアラルンプールの高層ビルの写真（一九七頁）という組合わせがある。衣服については「暮らし方の西洋化にともない、日常生活のなかではしだいに洋服に取ってかわられてきている」という説明があり、「日本の着物」（初詣の女性三名が写っている）と「若者のファッション」（洋服・茶髪・厚底靴の若い女性二名とその他若者数名が写っている）の二枚の写真のほか、「韓国のチマチョゴリ」と「インドのサリー」「パプアニューギニアの伝統的な装束」という写真の下にそれぞれの国の「現代の衣装」の写真を組み合わせて載せている（伝統的な衣装の写真四枚のうち三枚は女性だけが写っており、ジェンダーの視点からの検討なしに写真が選ばれているのが気になる）。サモアの人々の写真も二枚示され、上に首都や空港のあるウポル島の街の様子の写真、その下には、より伝統的な生活や文化が残るサバイ島の写真が載せてある（二〇八頁）。

また、帝国書院版は、カナダ北部の人々の防寒のための衣服ということでは、一枚の写真に「伝統的」な毛皮の衣服を身につけた人と「現代の衣服」の人が写っているものを掲載している（一四一頁）。清水書院版は、中国に関する事例学習でシャンハイの新旧二枚の写真が例示され、「本や雑誌、あるいはパンフレットなどから新旧二枚の写真をさがす」という作業が指示されている（九九頁）（中国に関して同じ場所の新旧の写真を中学生が探すというのは、難しそうな課題であるが）。

(18)　エドワード・W・サイードは「これまで私が議論してきたのは、（中略）ある地理的空間に固有の宗教・文化・民族的本質にもとづいて定義しうるような、土着の、根本的に他と『異なった』住民が住む地理的空間というものが存在するということが、やはりきわめて議論の余地のある観念であるということであった」（『オリエンタリズム』第三章四。原著は一九七八年。今沢紀子訳、平凡社、一九九三年）と述べている。

(19)　帝国書院版は、五八〇枚以上の写真のうち、撮影年が示されているのが一〇〇枚以上あるが、これは例外で、他社版の場合、撮影年記載の写真はごくわずかである。東京書籍版は、旧学習指導要領の教科書では、四〇枚の写真に撮影年が記されていたのに、新教科書では撮影年の記載がほとんどなくなってしまった。

(20)　山下晋司『バリ観光人類学のレッスン』（東京大学出版会、一九九九年）には、文化人類学者マーガレット・ミードの手紙（『フィールドからの手紙』畑中幸子訳、岩波書店、一九八四年）をもとにしたテセル・ポルマンによるミード批判が紹介されている。曰く「ミードはこうして、バリの人々を時間を欠いた存在、変化することもまた変化する必要もない存在として描き出し、それによって師ボアズが好んだような人類学、つまり慣習の人類学にうまく適合するようにした。ここでは変化の問題は、表層の現象として切り捨てられてしまう」（四九頁）、「ミードが人類学という科学の名において権威づけようとしたバリ文化は、かならずしも当時のバリの実態を反映していない、無時間的でスタティックなものだった。あるバリ人は、人類学者はただ文化に興味を持つだけで、政治関係には興味を示さなかったと述べている」（六〇頁）。このような文化人類学の問題点を地理教科書の写真の問題点と重ね合わせると興味深い。

(21) 現行の学習指導要領に示されている社会科の目標の中の「社会に対する関心を高め、諸資料に基づいて多面的・多角的に考察」の部分は、今回新たに付加されたものである。中学校社会科改訂の趣旨として「学び方を学ぶ学習の充実を図り、自ら学び、自ら考える力を育成することが重要」とある（『中学校学習指導要領《平成十年十二月》解説―社会編―』二頁）。

(22) 前掲註(13)

(23) ホブズボウム、レンジャー編『創られた伝統』（前川啓治、梶原景昭他訳、紀伊國屋書店、一九九二年、原著は一九八三年）。

(24) 祇園祭の写真や説明の記載があるのは、東京書籍一一四頁、日本書籍一七一頁、大阪書籍一七八頁、日本文教出版二〇四頁、教育出版二〇二頁。

(25) 竹富島などの赤瓦の屋根の家の写真やイラストがあるのは、帝国書院二〇四頁、教育出版二〇六・二一三頁、日本書籍一七二頁、日本文教出版二〇八・二二九頁、清水書院一五二頁。

(26) この部分は、学習指導要領〔地理的分野〕内容（３）ア（エ）の「国内では生活・文化の地域による差異が次第になくなりつつあるが、一方で各地に特色ある生活・文化があることを大観させる」に関連する。

(27) 『創られた伝統』前掲註(23)の翻訳の出版は一九九二年である。「伝統文化の創造」という視点は、二〇〇一年検定の日本文教出版の教科書の竹富島の記載には表れているので、創られた伝統という視点が教科書にないのは時間的制約によるものではないだろう。日本文教出版の記述には、一九九六年の山下晋司編『観光人類学』、福田珠己「赤瓦は何を語るか―沖縄県八重山諸島竹富島における町並み保存運動―」（『地理学評論』六九巻第九号、一九九六年）、森田真也「観光と『伝統文化』の意識化―沖縄県竹富島の事例から―」（『日本民俗学』第二〇九号、一九九七年）などの問題意識が反映されていると考えられる。

(28)「……に住む家族の生活」のページについて、指導書（前掲註(2)には、「家の空撮、家族、家の一日、家の間取り、各国・県のトピック、学校というように、同じ構成にし、家の間取りも同じ縮尺なので「他の県や国と比較させて地域の特色をつかませるとよい」（二三六頁など）と書かれている。

(29) 帝国書院版の地理教科書の第三部「世界と比べてみた日本」には写真での比較が困難と思われる例がいくつかある。「外国と比べてみた日本の生活」の「食生活を比べてみよう」では、資料を示し、本文で「アジアやアフリカの国々と、日本とを比べてみると、日本は一人あたりカロリー摂取量が多いこと、そして、穀物・いも類などのでんぷん質食料の割合が低く、肉・魚などの動物性食料の割合が高いことがわかります。これらは日本が食料にめぐまれていることをしめしています」と記しているページに二枚の写真を載せている。一枚は、「給食センターでミルクの配給を受ける子どもたち（バングラデシュ）」というキャプションで、ミルクの入った器を持つ数名の子どもの写真で、もう一枚は「たくさんの料理が出されるパーティ（日本）」というキャプションでビュッフェ形式のパーティでの成人四名と子ども二名の写真である（一九六頁）。この写真について、比較せよという指示はないが、写真の横には「私たちって、食べ物にめぐまれているのねえ」という挿絵の少女の言葉が書かれている。階層・年齢などの条件を意識させることなく二枚の写真を並べている。中学生がこれを見れば、一方をバングラデシュの貧しい食生活、もう一方を日本のめぐまれた食生活を代表する例として比較対照するであろう。

「東アジアのなかの日本文化」（一九九頁）では、そのページに「韓国の家庭の食事　韓国のはしは、日本のはしよりも細くて、おもに金属製です。また、食卓では、はしは、縦におきます」というキャプションがついた写真があり、すで学習で使った「中国に住む家族の生活」の、シャンハイのジンジンさんの家の食事の写真やチャンチョウのフェイさんの家の食事の写真と比べるようにという指示がある。ジンジンさんの家の写真でもフェイさんの家の写真から、食事にはしをつかっていることは見てわかるが、材質や置き方がわかる写真ではなく説明もない。特別な日の食事なのかそうではないのかなどの説明もない。

(30) スーザン・ソンダグは、戦争に関する写真を論じている中で、写真の映像について「それは、常に誰かが選びとった映像である。写真を撮ることは枠をつけること、枠をつけることは排除することである。さらに写真をいじることは、デジタル写真術と写真店によりずっと前からおこなわれており、写真が偽りの映像を作ることは、常に可能だった」（『他者の苦痛へのまなざし』北條文緒訳、みすず書房、二〇〇三年、四四頁）としている。

(31) 地理教科書には、写真の読みとり方の記載があるが、それは「景観写真」の場合がほとんどである。学習指導要領〔地理的分野〕「内容の取り扱い」に「景観写真の読み取り」の指導が示されていることを受けてのものである。たとえば、帝国書院版は「身近な地域を調べよう」の中に空中写真の例示（四五頁）や「景観写真の読み方」（五一頁）の説明がある。東京書籍版にも「景観写真に見る地域とくらし」（表紙見返し）「景観写真を読み取ろう」（六五頁）「景観写真から見た地域的特色」（一二四頁）、日本書籍版「写真がとらえた噴火災害」（七〇頁）「古い写真とポストから」（一〇六頁）、清水書院版には「空中写真を使って地域を調べよう」（七六〜七七頁）、オーストラリアを取り上げた部分では「風景写真から地域を調べよう」という説明と写真が四頁にわたっている。この中には、「風景写真を見ると、植物のはえかたや都市のようす、あるいは人間活動や産業のようすなどがわかる」という説明のほか、「風景写真でオーストラリアの紹介ポスターをつくってみましょう」という課題も示されている。中国についても「景観写真で地域を調べる」が六頁あり、たとえば、「食の風景の違い」で自然環境の差と食の風景の差の説明とともに写真が載っている（九六頁）。説明では「北京料理　饅頭やめん類・餃子が食事の中心」「広東料理は、かに玉、すぶたなど淡泊な味の料理」などとなっているが、写真が説明に対応していない。「写真から見た中国の民族」（九八頁）では、写真は、中国の民族について文献で調べるきっかけとして説明されているものの、「一民族に一枚」写真が五枚載っていて、あたかも民族が顔や衣装でわかるもので、しかも一枚の写真で典型を示すことができるかのようである。オランダについても「風景写真で地域を調べる」が二頁ある。

(32) 『メディア・リテラシー——マスメディアを読み解く』（カナダ・オンタリオ州教育省編、FCT《市民のテレビの会》訳、リベルタ出版、一九九二年）、『メディアリテラシー——メディアと市民をつなぐ回路』（メディアリテラシー研究会　Nipporo文庫、一九九七年）、菅谷明子『メディア・リテラシー——世界の現場から』（岩波文庫、岩波書店、二〇〇〇年）、斉藤俊則『メディア・リテラシー』（共立出版、二〇〇二年）など参照。

(33) 港千尋は「オリエンタリズムの強みは、イメージの再生産にある」として「少なくとも二〇世紀前半の社会において、ポストカードによるイメージの伝播は絶大な影響力を持っていた。ポストカードに印刷された風物は、それ自体が「類型」として、無数のバリエーションを生み出していった。そこから「典型」すなわちピクトリアルなイメージ、言い換えればステレオタイプが浸透してゆくことになる」と述べている。そして、そのような時代の写真は「カメラの背後にいたのは、圧倒的に植民地宗主国であった」という事実が、今日、インターネットなり電子図書館なりで、デジタル化されたストック写真を利用される際に忘れられており、「その写真が撮影されたときの状況や条件を考慮することはむしろ少ない」と指摘し、また、沖縄県公文書館の「アメリカの記録した沖縄」の写真アーカイブの例を挙げている（「敵の眼──イメージの再生産と変容」『アジア新世紀6　メディア』岩波書店、二〇〇三年）。　写真アーカイブズが増えていくであろうこれからを思うと、中学生が「写真を撮る側」「写真を選ぶ側」の意図を意識する体験は、「学び方を学ぶ学習」として重要になるだろう。

(34)　他地域では筑前煮と呼ぶ。筑前煮は、筆者の勤務校の生徒にとっては「小学校の給食メニューの一つ」である。食文化の地域差がなくなってきている中で、教科書に「がめ煮」をとりあげることで無理に地域性を出していると考えられる。

(35)　シンポジウム「映像文化」での石毛直道の発言から。『二〇世紀における諸民族文化の伝統と変容2　映像文化』（ドメス出版、二〇〇〇年、一八三頁）

(36)　シンポジウム「映像文化」での小長谷有紀の発言から。「二〇世紀は視覚の時代だったということです」「その視覚の時代は、実は誤解の時代でもあるわけです」とも述べている。『二〇世紀における諸民族文化の伝統と変容2　映像文化』（ドメス出版、二〇〇〇年、一七二頁）

(37)　帝国書院地理教科書「はじめに」

(38)　写真集『地球家族　世界三〇ヶ国のふつうの暮らし』（マテリアルワールド・プロジェクト編、TOTO出版、一九九四年。原題Material World)。「あとがき」に、この写真集のプロジェクトの発起人は「わたしたちは、皆、自分たちの生活がだいたいどのようなものであるかについては一定の理解を持っている。だが、世界が狭くなったとはいえ、ほかの国の人々の生活についてはほとんど知らない。このような無理解の扉を開くために、世界中の中流家庭の家の外にその持ち物を全部ならべて家族の写真を撮り、その生活を見てもらうより良い方法があるだろうか?」と記している。

(39) 『地球家族』からの写真を使っているのは、清水書院、日本書籍、教育出版の三種である。日本の生活と文化に関連するところで、日本の「ウキタさん一家」の写真が使われている。このうち清水書院版は「アフリカのマリと日本の平均的な家庭にある家財道具を一部をのぞいて撮影したもの」と説明し「ものの豊かななかでくらす日本の人々」を示している（一四四〜一四五頁）。教育出版版は、日本のウキタさん一家とサモアのラガバレさん一家の家財道具を並べた写真を使っている（一九二頁）。日本書籍版は、「ある日本人家族の家財道具一式　マイカーもあるしペットの犬もいる」というキャプションがついた日本の写真だけを使い、「上の写真のように日本の家庭にはカラーテレビ、電子レンジなど、便利な家庭用電気製品がゆきわたっている」と本文で説明されている（一六四頁）。教育出版と日本書籍の教科書には、写真の家庭がその国の「統計的中流」であるという説明はない。

(40) アメリカの教科書が日本の工業化・工業製品に言及、中国の教科書が「埋立地や人工島に工場・港湾・空港を建設し、工業と都市の発展に役立てている」と説明、ドイツの教科書が東京郊外の生活を扱っているので、帝国書院版教科書の想定している「誤解」とは、「工業、都市だけだ」と思うことなのだろう。そして、「工業以外、都市以外の日本を知ってほしい」と中学生に意識させるのが教科書の意図であろう。はたして外国の教科書が、「工業」「都市」で日本を描くことは誤りであろうか。

(41) 落合一泰「映像の中のラテンアメリカ　《まなざし》の人類学にむけて」（『二〇世紀における諸民族文化の伝統と変容2　映像文化』ドメス出版　二〇〇〇年、一二九頁）。「誤解も理解の一形態と捉え、外部の視線まで積極的に視野に収めた地域文化研究」「ステレオタイプや誤解を排除せず」、「対象と外部の接触の中から生まれてくるインターフェーシャルな文化像をまなざしの問題としてとらえていくこと」などの主張は異文化理解教育を考える上で参考になる。

(42) これに関連する学習指導要領の記載。〔地理的分野〕目標（4）、地域調査など具体的な調査を通して地理的事象に対する関心を高め、さまざまな資料を適切に選択、活用して地理的事象を多面的・多角的に考察し公正に判断するとともに適切に表現する能力や態度を育てる。「指導計画の作成と内容の取り扱い2」、指導の全般にわたって、資料を選択し活用する学習活動を重視するとともに作業的、体験的な学習の充実を図るようにする。

(43) 「外国人の目」を通して見ることに関する記述は、ほかにもある。たとえば、オーストラリアから日本にホームステイにきた中学生（大阪書籍、表紙見返し）、外国人が見た日本の自然（教育出版、一三四頁）、サモアから日本にホームステイにきたティナさん（教育出版、一九三頁）、海外から日本に来た人の気候に関する話（帝国書院、一四〇〜一四一頁）、日本に住む外国人留学生の日本の生活に関する話（帝国書院、一九七頁）。

(44) 社会科教育では「客観的事実」「正しい理解」が求められることが多い。しかしながら、どの人も自分の眼で見たことから他を理解するのであり、どんな人にも偏見があるのだということを忘れてはならない。自己の眼で認識することは偏っているのだと自覚することで、他者からの偏見を理解することができ、それが相互理解につながっていくのではないだろうか。

(45) デヴィッド・モーレーは、イギリスにやってくる日本からの観光客についてこう語っている。「『イギリスとは何か』を見に一週間旅行するときは、バッキンガム宮殿、ストラトフォード・アポン・エイヴォン、湖水地方、ブロンテ姉妹の舞台、そういった象徴的なところを訪れるのだということが、まず私にわかりました。それに対して、直ちに私は『そういうところは非常に誤解を招く』あるいは『部分的な表象にすぎない』と言いたいのです。そういったものは、実際には、イギリスの遺産産業とでもいうべきものがせっせと発明した伝統なのです」（『カルチュラル・スタディーズとの対話』花田達朗、吉見俊哉、コリン・スパークス編、新曜社、一九九九年、五四二頁）

(46) 地理学習と歴史学習と組み合わせて、中学生が住んでいる地域のよさこい祭りのような、町おこしのイベントとしての祭りなどを「過去の文化を思いおこして、町おこしのために新しくつくり出したもの」として教材化していくことが今後の課題である。これによって、「伝統」や「歴史」はいまの視点でつくられているのだということを中学生が学びとることができるだろう。

追記

本稿は、二〇〇三年度に担当した中学一年生の授業をもとに、二〇〇四年に執筆したものである。執筆時から本書の発行までの間に、本稿で言及した各社の教科書は改訂され、二〇〇五年文部科学省検定済の教科書が、二〇〇六年に発行されている。学習指導要領の改訂ではないので、教科書の内容が大幅に変わったわけではないが、本稿に関連する変更事項に少しふれておきたい。

帝国書院版は、折込みの「東京都のすみとさん」「山形県のこずえさん」「福岡県のみわさん」が、別の中学生の写真になり、中国・アメリカ合衆国・ドイツに関しても別の人物の写真になった。これらの写真を使っての「（東京・山形・福岡の）日本の家庭の食事のようすを比べてみましょう」（二〇一頁）という指示はなくなったが、それぞれの写真の傾向に変化はなく、「家族そろっての食事」「テレビを見ていない食事風景」というような写真であることにも変わりはない。また、「外国の教科書を通して国際理解について考えよう」（二一四頁）はなくなり、「世界を比べてまとめた日本の特色を世界の人々に伝えるエアメールを書こう」（二一六頁）という作業になった。そして本文で「日本の特色を世界の人々に正しく伝えるには、どうすればよいでしょうか」（二一七頁）と問いかけている。

東京書籍版の「外国人旅行者に日本をわかってもらおう」（一七八〜一七九頁）は、二〇〇六年の教科書には載っておらず、第三編第二章の「さまざまな視点から見た日本」には「外国人の目」に関する記述はない。

大阪書籍版については、本稿で「国内の多様性が説明されている一方で、一国に一イメージを固定する写真が使われている」例として挙げたが、二〇〇六年の教科書では折込みの「世界の食事」はなくなり、写真の扱いが小さくなった。他社については、二〇〇六年版でもほとんどの教科書が、食事に関しては「一国一写真」で示している。

なお、本稿で写真の撮影時期が記載されていないことが多いと指摘したが、二〇〇六年の教科書では、各社とも撮影年の付記されている写真が増えている。ただし、「生活」「文化」に関する写真の場合には、撮影年の記載がないことが多く、以前と変わらず、「生活」「文化」が、あたかも不変であるかのように示されている。

高校生の自己認識と歴史学習

熊谷明彦

一　青年期の課題としての自己認識

一般に高校に就学する年齢段階にあたる青年期は、生物的また社会的に子どもから大人へ移行する過渡期であり、人格の再構成が行われるという意味で、「心理的離乳」や「第二の誕生」ともいい表される。青年期には、自己意識が強まり、自己の基礎づけを、親や教師ではなく自分自身の中に求めるようになり、そうした主体性が社会や文化の創造にもつながっていく。しかし、周囲の依存関係を脱して、同一性が保たれていた自己の連続性を断ち切って、古い自己の代わりに新しい自己を構築するためには、「自分が何者であるか」という答えを、まず見つけ出さなくてはならない。こうした自己認識の様式を、Ｅ・Ｈ・エリクソンは「アイデンティティ」という言葉で表現した。

エリクソンは、人生に対する意志決定の期間として、この青年期の「モラトリアム」に積極的な意味を与えた。しかし、日本において、高校の進学率が昭和三十年(一九五五)には五〇%を、昭和三十六年(一九六一)には六〇%を越え、一九七〇年代半ばに高校進学率が八〇%を越えて、高校卒業者の就職率が五〇%を下回り、青年期の「モラトリアム」が大衆化して大学卒業にまで延長していく中で、エリクソンが唱えた当時の「古典的モラトリアム」とは性質の異なる、「現代的モラトリアム」へと大きく変容していったといわれる。(1)

このような青年期延長の動向とも関連して、「アイデンティティ」確立の苦悩や「危機」意識を持たない青年が広く存在するにいたったといわれている。精神科医の笠原嘉は、青年期の自立の失敗を後々まで引きずって生きている人を「万年青年」と呼び、「万年青年」の多くは、意図的には成人たらんとしているが、何らかの困難に出くわすと、容易に青年期心性が再現して不安定になってしまい、精神病の症状こそ呈しはしないが、その一歩手前ぐらいの精神構造を伏在させていると診断した。そして、「万年青年」化を阻止するためとして、「達成すべき課題は達成すべき年齢で」という処方箋を提出している。(2) 現在の高校生の実態に眼を向けてみても、問題行動を引き起こしている高校生群も、また一見、まじめで家庭や学校生活でも満足しているように見える高校生群も、表面的様相はまったく異なるものの「自分くずしと自分つくり」を渇望して止まない心理状態にある。

二　自己認識と社会認識――「存在被拘束性」の認識

現代の青年は、社会とのかかわりを積極的に求めなくなったとよくいわれる。加藤隆勝の調査によれば(3)、青年層の「現在の社会」に対するイメージは、各項目とも肯定と否定との中間程度の評定が多く、また、「現在の社会」と「将来の社会」のイメージがほとんど重なり合っており、昭和二十年代から三十年代の青年層が、現実の社会に対してきわめて批判的で、将来の社会に希望をつなぐのが特徴であったのに対して、現代の青年は、現実の社会をある程度肯定的に受けとめ、その分、将来の社会に夢を託さなくなっている傾向にあるという。加藤は、そうした傾向に、社会発展の担い手とならざるを得なかった世代と、繁栄の中で生まれそれを享受してきた世代との違いとともに、現代の青年に、自己と社会との相互規定的な関係性の認識が欠如している点を指摘し、さらに自己概念と社会的環境との相関関係に関する調査を行った。すると、現代の青年には、自己概念と身近な人に対する態度や共感性とは相関関係が認められたものの、社会認知や社会イメージと自己概念との有意な相関関係は見出すことができなかったという。

こうした調査結果からは、一見、人は社会に対して独立して存在し、社会からの制約を被らず、まったく自己の主体的な意志によって存在しうるということが可能であるかに思えてしまう。調査にあたった加藤自身も、当初はその結果に戸惑いを示したが、このような傾向こそが、まさに現代の青年の特徴であると結論づけた。

戦後間もない状況下において、大塚久雄は、ロビンソンクルーソー的な一人で物事を判断し生きていけるような主体的人間像を理想として掲げ、また、J・P・サルトルは、何よりも「実存は本質に先立(4)ち、「人生は先験的には意味を持た」ず、「人生に意味を与えるのは諸君の仕事であり、価値とは諸君の選ぶこの意味以外のものではない」として、自己の主体的な決断によって生きる実存主義的な人間観を示した。しかし、それは、彼らの同時代に生きた人々の生き方が、あまりに社会のあり方の制約を受けていたことに対する警鐘であったのであり、決して両者とも、人間の生に対しての社会の制約性を否定するものではなかった。

文化人類学者のG・H・ミードは、かつて自己は他者との人間関係によって形成されるとして、自己の社会的形成論を主張した。それは、精神分析学的手法によって、さまざまな部族や民族を対象に、子ども時代の離乳やトイレット・トレーニングのあり方と成人のパーソナリティとの関係を明らかにした「文化とパーソナリティ論」の知見によるものであった。「文化とパーソナリティ論」によれば、そこに生きる人々を取り囲む文化（ここでは、人と人との組織のされ方といった意味での社会構造などを含む人間にとっての外的環境）は、人間がそこで生きていくべき物理的・社会的環境の大枠を決めるとともに、そこではどう振る舞うのがよいのかなどといった個々人の行動指針をも与え、人は、特定の文化の中で育つうちに、その文化で適切とされている行動の図式を取り込んでいくという結論を導き出した。(5)つまり、文化とよばれるような外在する意味空間が個々人の中に摂取され、その人なりの意味空間を構成し、それが自己を形づくることになると考えられた。それぞれの文化における意味空間の摂取のされ方は、家庭でのしつけや身近な仲間の言動のほか、社会制度などによる社会的訓練によってなされ、一度訓練によって人格の基本的な枠組みが形成されると、それは、その人格に沈潜し内的な規範となっていくという。

このようにして見ると、私たちの自己の中には、実は、外在的な価値が無意識の間に忍び込んでおり、自己という概念は、文化や社会といった外的環境によって大きく規定されているということがわかる。

すなわち、基本的に人間は、ある特定の世の中に投げ出された存在であり、その時代と社会の中で、ある家庭に生まれ育ち、男として女として、またそれぞれなりの体力や資質を抱えて、自分に贈られた特定のあり方に従って生きていかなければならないのである。しかし、人間はそうした「被投」的な境遇の中で、それだけにはとどまらず、たえず、より理想的な自己像を求めて、自己の中にあり自己を規定するところの社会的な制約をつくりかえようと、主体的に社会に対して投げ企てているような「投企」的存在でもある。

こうした、いわば「被投的投企」の中で、人間は、ともすれば世の中の出来事に引きずり回されるうちに自分らしさを見失い、世間の出来事に翻弄されることを避けて、いつしか長いものには巻かれろ式の事なかれ主義に陥り、主体性を喪失してしまいがちである。前述の加藤の指摘によれば、現代の青年の多くがそうした傾向性を多分に持っており、社会への働きかけを敬遠しているのかもしれない。

ここで、そうした人間の生き方にとっての社会の制約的な条件をK・マンハイムの知識社会学におけることばを借りて、「存在被拘束性」とよぶなら、これから先、自分がどう生きていくべきかという問いは、自分という存在を取り囲んでいる「存在被拘束性」を把握することによって、答えが求められるものであろう。従来、青年期の「アイデンティティ」の確立という場合、それは、主に内面的な自己像である「自我アイデンティティ」の確立として語られてきた感が強い。しかし、「アイデンティティ」は「自我アイデンティティ」のみならず、その社会における自らの位置やあり方といった、社会的自己像としての「自己アイデンティティ」との摺り合わせによって獲得されるものであり[(6)]、自己認識という課題も、自らにとっての「存在被拘束性」を認識することが不可欠であり、その摺り合わせを通じ、人間は初めて社会に対して「投企」的存在として主体的に振る舞うことができるのではないだろうか。

三　「存在被拘束性」としての「近代」

ところで、歴史学習の内容を編むにあたって、生徒たちが認識すべき「存在被拘束性」とは、何を想定することが妥当なのであろうか。このことに示唆を与えてくれるのが、インド史家の小谷汪之の発言である。小谷は、「我々自身を拘束しているものが具体的には近代とよばれる時代である以上、発展する歴史の構造を認識するという課題は、なによりも近代という時代を歴史の発展過程の中に、どのように位置づけるのか、という課題に収斂することになる」[7]といい、現代を「近代」的価値においてとらえようとしている。

確かに、生徒たちが日常生活において自らの制約条件として実感している「家族」「性」「子ども・青年」「学校」「地域」といった直接的な「存在被拘束性」も、すべて「近代」的な産物、また「近代」によって変質させられたものと見ることができる。たとえば、現代の「家族」は、分業にもとづく資本制の進展によって、前近代の「家族」が保持していたさまざまな機能を外部に引き出させられ、諸機能が組織していた人間的関係性に裏づけられない親密さだけを頼りにしているといえる。同様に、「性」役割の思想の固定化も、上野千鶴子が詳細に論じているように[8]、「近代」的な生産様式の浸透と密接な関係を持っている。また、現在の「子ども・青年」のあり方は、P・アリエスが『〈子供〉の誕生』において明らかにしたように、「近代」において成立したものであるということがいえ、それを制度的に支えたのが「近代」の学校制度であった。さらに、「地域」という概念はもともと固有の意義を持っていたが、「近代」国民国家による中央への機能集中によって「地方」化し、中央に従属する立場におかれているのが現状である。

しかし、「近代」という概念はあまりに漠然としすぎており、学習内容の焦点化がはかれない。そこで「近代」を、「民主主義」「資本主義」「ナショナリズム」「近代的自我」の四つの価値を指標としてとらえたいと思う[9]。たとえば、生徒たちが日々生活を送っている学校を見ても、そこには、これら「近代」の四つの価値が縮図的に埋め込まれている。

すなわち、生徒たちは、近代国家が整えた学校制度のもとで、その国家の意図に沿うような教育を受けている。しかし、それは決して生徒たちが諸手を挙げて賛意を示すことができるような実態ではなく、民主主義的な建前とは裏腹に、管理主義の集中放射をあび、産業社会の下請け機関として競争を生徒たちに強い、そこでに教室の仰間は常にライバルで、それぞれが「弧」としてしか存在しようがない面すらある。もちろん、これが実態のすべてではないが、確かに生徒たちは、そうした「近代」的諸価値が充満している学校の雰囲気を嗅ぎ分けている。

ところで、現在の歴史学の潮流は、これら「近代」的諸価値の見直しにあるといえる。とりわけ、その「近代」の問い直しの転機になったのは、日本においては、高度経済成長の終焉と時期的に重なってくる。鹿野政直は、「豊かさとしての『近代』は、一九八〇年代に頂点に達した。それとともに、大国意識も頂点に達した。日本の無限の肥大への幻想さえ、人々をとらえた。しかし、その瞬間から、そうした達成の揺らぎ、それへの懐疑が始まった。『発展』という文字にかわって、『生き残り』＝『サバイバル』という文字が、頻りに現れるようになった(10)」という。七〇年代以降の社会史の隆盛がその一つの予兆であったが、八〇年代の半ばには、さらにそうした動向は「西欧的近代」批判という形で顕著なものになっていった。

鶴見和子・市井三郎編の『思想の冒険』（筑摩書房、一九七四年）も、そうした「近代」批判の試みの書でもあるといえるが、その中で色川大吉は、「近代的自我」への懐疑を表明し、「人は地域共同体なしには生きることができるだろうか。人間が自然のなかで人と人との関係を結んで生きざるをえないかぎり、そうした最小限の協力の場を否認することはできまい。いわんや歴史的に強靱な個我の伝統をもたない日本の大衆が、現代の流沙のような個的情況のなかで、『人間』らしい誇り高い生の条件を保ちうるとは到底信じられない」というのである(11)。それは、かつて「自我」の確立、「個」の自立としてプラスの価値を附与されたものが、「個」の孤立・アトム化、「個」の全体性からの疎外としてネガティブに評価され、逆に、「個」の全体性への埋没、「個」としての意志の欠如としてマイナスの評価を与えられていたものが、「個」と全体性との調和としてポジティブに評価されるようになってきている現代の状況を物語っている。

このように「近代」的諸価値の是非を吟味するにあたっては、それに先行する「近世」という時代が学習内容としてあらためて重要な位置を占めてくることになる。「近世」の見方に関しては、私たちが「近代」をどのように見るかによって、その時代像が変わってくる。従来、学校教育の場では、「近代」の持つ正の部分が評価され、明るい「近代」と暗い「近世」という時代像が流布してきた。しかし、学界で支配的であったのは、「近代」の負の部分を強調し、その源泉を「近世」に見出して、この見解に沿って「封建遺制」という言葉が多用された。いずれにしても「近世」は、これまで暗い時代として描かれるのが常であったが、近年では、各種の技術水準や識字率の高さなどに注目して、明るい「近代」とこれと連続する明るい「近世」像が市民権を得てきた。しかし、論理的にはもう一つの組合わせとして、暗い「近代」と明るい「近世」という時代像もある。

社会科歴史の創設に尽力した和歌森太郎は、歴史学習の目的を「現存するものの成立した歴史的因縁をたどってその今日における是非を決める」[12]ことにあるととらえるとともに、歴史の歩みは「宿題の連続過程」であると考えていた。それは、前の時代の宿題を後世の人々は解決をするが、また、その解決はその後の時代の人々に宿題を残すことになる、という弁証法的な歴史における光と闇の連続の過程をいい表していた。科学の進歩は、当初、人々を多くの労苦から解放したプラスの価値であった。しかし、それは後に、多くの問題を引き起こすマイナスの価値の側面を露呈するようにもなってきた。「近代」という価値についても同様に、その成立の段階においては、ある一定の積極的意義を持ったのであろう。もちろん、「未発の可能性」の方がより積極的な意義を持ち、実現した「近代」が当初から矛盾を抱えていたとも考えられるのではあるが、いずれにせよ、それを検証するためには、その価値の本質が集約して現れる価値成立期を重点的に考察することが必要となってくるであろう[13]。

溝口和宏が紹介した米の中等教育における『アメリカ史における対立する諸見解』のカリキュラムでは、特定の価値

の成立期において、その価値の是非が問われた社会的論争場面が学習内容として設定されている。(14)

このカリキュラムは、伝達される政治的規範を、子どもが自らいったんは対象化し、批判的吟味にかける必要があるという「対抗政治的社会化」の実現をめざしており、「現在の社会の政治的規範が、政策として形づくられた過去の時代に立ち返り、発生的にその形成過程をたどり、別の実現可能性との摺り合わせをおこない反省的に吟味することによって、現在の社会の政治的規範の正当性を吟味することができる」と考えられている。これは、まさに和歌森がいうところの「歴史的因縁」をたどる発想と似たものだが、ここではとくに「社会的論争が生じたような状況においては、特定の政治的規範が選択され、問題解決のための政策として実態化されてきた」との考えから、他の実現可能性との比較において、その規範の是非を判断させようとしている。具体的には、政教分離政策については「ピューリタニズム」の場面が、行政権の拡大については「アメリカ革命」の場面などが用意されている。こうした学習方法を手がかりにしながら、「近世」から「近代」への移行期、つまりは「近代」諸価値の成立期に社会的論争場面を設定することで、生徒たちは、当時の民衆がそれらをどのような期待、または批判を持ちながら迎えたのかを考察し、そのことを通して、同じ現代に生きる民衆である自らにとっての「存在被拘束性」の持つ意味を吟味することができるのではないだろうか。

四　「異文化」の提示――「存在被拘束性」の相対化

まず、エリクソンの次のことばに注目したい。「この地上におけるアイデンティティは、おしなべて排他的にならざるを得ない(15)」。

人間は、生きるために「アイデンティティ」を必要とし、それなしには生きられない、と繰り返し語り続けてきたエリクソンが、まさにその「アイデンティティ」こそ、差別や偏見を産み、憎悪や敵対を産み出すものであるということを告白しているのである。彼は、それを「アイデンティティ」の「疑似種化」とよび、自らの種のみを正統と見なし、肌の色、習俗、信仰、イデオロギーの差異に対しては、たとえそれがごくわずかな差異であったとしても、自分の慣れ親しんでいるものと違うというだけで、「唯一の〈純粋種〉の人間のアイデンティティから逸脱したもの」と見なすような偏見を生み出すと考えた。しかし、その一方で、実はこうした差別の感覚や偏見が、自分の「アイデンティティ」を補強することと表裏一体をなしてきたとも言及するのである。[16]

こうして見ると、「アイデンティティ」の確立とは、ある特定の立場を選択し、その立場に応じたパースペクティヴ、つまり、対象世界を見る眼を獲得することである。しかし、それは同時に、他の立場、他のパースペクティヴを捨て去ることでもあるといえる。人間は、「アイデンティティ」なしには生きられず、パースペクティヴを持たずには世界を見ることができないが、「アイデンティティ」を確立し、パースペクティヴを持つことによって偏見なり差別の感覚も生まれる。この矛盾に対して、エリクソンは、青年期において「アイデンティティ」の確立が決定的に重要な意味を持っていることを強調した上で、その排他性や独善性を避けるには、自らの「アイデンティティ」をも「疑似種化」し、あくまで「仮囲い」として理解すべきことを主張した。

「アイデンティティ」を「疑似種化」し「仮囲い」として見なすべきであるということは、すなわち、自らにとっての「存在被拘束性」自体が、相対的なものであるという認識を要求することになる。そしてそのためには、自らの「存在被拘束性」にとっての「異質な他者」を認識することが必要となってくる。

このことにも関連して坂井俊樹は、中学校社会科の総合化をはかるにあたって「異文化」理解を視点とすることを提起している。[17]そこにおける坂井の意図は、「異文化」を理解することにより、「自己」理解を深めようとするものであったろう。歴史的分野では、文化的差異を時間軸の中に設け、「自文化」としての現在に、「異文化」としての過去を対置させ、地理的分野では、文化的差異を空間軸の中に設けて、生活台である「自文化」としての地域に「異文化」としての諸地域を対置させている。また、こうした「異文化」の提示による内容編成の原理は、高校の吉田和子の実践においても見られる。

「家族文化」の実践において吉田は、「自分と異なる文化をもった人間と出会ったとき、その人がもっている異なる文化を自分のなかに取り込み、その相手の立場にたってものごとを考えることができるかどうか(18)」といった他者理解にもとづいて、自己への認識を深めさせようとしている。そして、一般的には「異質」ととらえられている「家族文化」を形成しているケースを内容として設定するのである。

まずは、職場の同僚であり、夫婦別姓を選択していた川村律子先生（仮称）を授業に登場させ、生徒と川村先生との対話という形で授業を組み、次には、事実婚を二度経験している木村正子さん（仮称）を教室に招き、二度にわたるパートナーとの共同生活の話を語ってもらっている。さらに、木村さんの後には、十九歳の頃からアフリカなどで野生動物の保護官になりたいという夢を持ち、結婚することにより自分の夢は実現できないと考え、シングルとしての生き方を選んだ山村通博さん（仮称）に登場してもらっている。

このように、吉田は、授業テーマとして「夫婦別姓」「事実婚」「確信犯シングル」を設定し、これらのテーマを語るにふさわしい外部からの「異質な他者」を教室の中に登場させている。そして、その大人たちの三者三様の「自分探し」と異質な「家族文化」づくりの試みと、生徒たちとを出会わせた意義を吉田は、次のように語っている。

この他者としての大人との出会いは、生徒たちが十七年間の生活経験のなかで積み上げてきた生活文化とはまったく異なる文化であるゆえに、衝突・葛藤を起こさざるをえなかった。……この衝突・葛藤なくして、生徒の多様な生活現実は内にも外にも浮かんでこない。それは自分へ向けられた自分への〝問〟を生み出さないからではないだろうか。自分へ向けられた自分への〝問〟が生じないところで、学びは成立しないし、学びを介した生徒たちの「自分探し」もできないように私には思えたのである(19)。

このように、吉田は、「異文化」を学習内容として提示することによって、無自覚のうちに自分の身についてしまっているものに疑いの眼差しを向けさせ、生徒たちに既存の価値観＝「存在被拘束性」を相対化させようとしているのである。つまり、「異文化」を認識するということは、自らの文化、ここでは自らにとっての「存在被拘束性」を「異文化」との関係性においてとらえることであり、そこにおける意味づけによって、「異文化」との共生・共同の可能性も開けてくるとともに、「存在被拘束性」を超克することにもつながってくる。

五　社会史の視角――「異文化」としての「過去」

歴史学習は「これを勉強して何の役に立つの?」という生徒の学習への根本的な疑問を引き起こす不安を多分に抱えている。各教科書のまえがきの部分には、それぞれ表現は異なるものの、その回答が用意されており、ほとんどが歴史を学ぶ意義を「温故知新」に求めている。しかし、多くの生徒たちには、「戦争を二度と繰り返さない」といったもの以外にはなかなか実感が湧いてはこない。

E・H・カーは、歴史とは「現在と過去との間の尽きることを知らぬ対話なのである」という有名な文句を残した。また、それを邦訳した清水幾太郎は、そのはしがきにおいて「過去は、過去ゆえに問題になるのではなく、私たちが生きている現在にとっての意味ゆえに問題になるのであり、他方、現在というものの意味は、孤立した現在においてではなく、過去との関係を通じて明らかになるものである」と加えた。[20]ここでいう「現在」とは、今の私たちを取り囲んでいる社会制度や社会集団の習俗や価値観であり、それら「存在被拘束性」を認識するためにこそ、「過去」を学ぶ意義があるといえる。

前述の小谷は、「歴史における発展とは、時系列を通しての『実在の文化』の蓄積であると同時に、他面では、『価値の文化』の絶えざる破壊の過程なのである」と考える立場から、過去を「独自の個性と価値を持った社会すなわち『異文化』として捉えなお」すこと、が必要であると強調する。[21]それは、「近代社会の持つ『負性』や『病理』、いいかえれば、現代という時代を生きている我々をとらえている『負性』や『病理』を剔抉したいと思うからであり、そのことは、近代社会の変革の方向を展望しようとする試みにかかわっている」として、そうした認識を可能にさせるのが、社会史が持っている視角であると説明する。つまり、小谷は、現代文明を批判する手だてを、社会史の認識方法の中に見出しているのである。

七〇年代の中頃から、わが国でもフランスのアナール派など新しい社会史の成果が広く紹介されるようになっていたが、これに関し文化人類学者の山口昌男は、「日本の歴史学が陥っている知的停滞と退廃からの脱出の方向はこうした衝撃療法によってしか見いだされそうにない」といいきり、戦後歴史学には破産宣告を下した。これに対して、遅塚忠躬や津田秀夫らがただちに反論を行ったが、(22)そこで津田は、発展概念が生まれないこの社会史の方法論では、歴史の創造にかかわる認識主体の実践的課題は生まれてこないという形で批判した。また、阿部謹也や網野善彦の著作が世に問われ、社会史は一種の流行的風潮を呈する中で、吉岡昭彦は「『身辺雑事』の研究をいくら積み重ねても、『天下国家』の、従って歴史の把握にいたることはないであろう」と批判し、(23)また、その吉岡批判に同調した佐々木潤之介は、「歴史学は変革の学問」であり、「現代の社会や政治・国家に対する批判的立場」に立つべきであるのに、流行の社会史は「知識供給の面白さ」に偏り、「その知識にもとづいて何をなすべきかという指針・方向性」を持っていない。この限りでは、「『社会史』は歴史学からほど遠いと言わなくてはなるまい」と糾弾した。(24)

このように、社会史に対する当初の批判は、もっぱら、それが「身辺雑事」の面白さに偏しており、「歴史の創造」「変革」「批判的立場」とは無縁のものであるという内容であった。もし、「歴史の創造」「変革」「批判的立場」と無縁であるなら、それは、小谷のいうように現代文明批判とはなりえない。はたしてそうであったか。

社会史の隆盛を、「『空間』の視点への人々の関心の傾斜」ととらえる鹿野は、「空間」型の社会史を「エコロジー型」と「コミューン型」の二つの類型に分類し、それぞれについてコメントしている。(25)鹿野によれば、前者を代表するのが、角山栄・川北稔編の『路地裏の大英帝国』（平凡社、一九八二年）や川添登の『裏側からみた都市』（日本放送出版協会、一九八二年）などで、そこでは人間も自然界の中の一種の生物との見方があり、その意味では「人間を『生理』の次元で（つまり『理念』の次元においてではなく）捉えようとする性格を顕著にもっている。つまりそれは、エリートではなく庶民の、政治ではなく生活の、理想でなく実態の報告というかたち」をとり、「さまざまな文化的装飾をとりのけ、人間を生理の次元で捉えようとする方法は、ゆきつくところ、その生理がもっとも仮借なくむき出しになる排泄を直視することになる。その時、それらの書名が示すとおり、文明はその『裏』を露出する」ことになるとしている。このように、この型の社会史が「倦みもせず、糞尿譚を繰り広げる傾向をも」つことによって、「主としてヨーロッパに「場」をとり、人間がいかに愚考を重ねてきたか、いかに汚物まみれで暮らしてきたかを、生態史としてとらえる視点をうち立て、「日本人にとっては近代化以来培われてきた西欧＝先進という、ほとんど抜きがたいコムプレックスへの一種の解毒剤として」作用することになるというのである。

他方、「コミューン型」の社会史については、「自立した個」という西欧近代的人間像が、実態から遊離した理念的な人間像であることを告発しようとしていると見る。たとえば、「ある農村家族の肖像」（『社会史研究』（三）、一九八三年）を著した二宮宏之は、「個人主義原理の成立というかたちで理解されてきた一六世紀以降の近代社会においても、多種多様な人的結合の紐帯が生き続けており、こうした人と人との結びつきのありようと、その変容の過程を十分に把握することなしには、ヨーロッパの『近代』そのものが正当に理解されえない」として、彼は、「さまざまなレヴェルで取り結ばれる人と人との絆のありようを押さえていく作業が不可欠」と主張する。鹿野は、こうした型の社会史を、「『個』に対する『集団』、『都市』に対する『村落』、『機能』に対する『習俗』の擁護が目立ち」、「近代」に対して「前近代」ないし「中世」に好んで場を求めようとする傾向が強く、それはすなわち、「『近代』万能史観へのアンチ・テーゼ」としてあると見ている。

つまり、鹿野は、「空間」型の社会史の思想的意味を「近代」の問い直しに求めており、その歴史変革の意志を積極的に承認している。また、鹿野と同様に、高度成長下の歴史意識の変容が社会史の隆盛をもたらしたと見る深谷克己は、社会史の方法的意識が「これまで無視されてきたか、軽視されてきた人々や集団の歴史を明らかにすることに向かた」っており、「概して、日本の社会史的民衆史研究は、現代告発の姿勢をもっているように思われる。それがあるかぎり、日本の社会史的民衆史研究は、変革の、あるいは変革へのイメージを歴史に即して提供する闘いに参加するものの一つであるだろう」と述べている。(26)

当初、社会史に浴びせられた批判は、その「歴史の創造」「変革」「批判的立場」の欠如に対してであったが、実は、社会史こそが戦後歴史学の主流の方法とは異なる仕方で、それを志向するものであったといえよう。次に、そのことを網野善彦の成果にもとづいて具体的に見てみたい。

網野の視点は、既存の「日本」像に鮮やかに切り込み、「日本」認識の再構成を迫る特徴を持っているが、その「日本」認識の再構成は、すなわち「近代」の問い直しの視角をも含んでいる。国民国家の相対化に関連して、網野は「日本」という国号について、次のようにいう。

(七世紀後半か八世紀初め)「天皇」の称号と切り離しがたく結びつきつつ、機内の小地域に基礎をおき、本州・四国・九州の大部分を支配した律令国家から出発し、その後の国家と列島の社会・地域とのきびしいせめぎ合いを通して、しだいに現在にいたった。……縄文人・弥生人はもとより、古墳時代の「倭人」も、さらには「聖徳太子」もまた決して「日本人」ではなく、邪馬台国も「日本」ではない。(27)

「日本」という国号が、いつ、誰によって、いかなる意味を持って定められたかを明らかにすることによって、網野は、「日本」や「日本人」が一見、先験的に存在するものであると考えがちな私たちに対して、「日本」という国民国家は、あくまで歴史的産物にすぎないということを語りかけている。

さらに、東国・西国史観を提唱した『東と西の語る日本の歴史』（そしえて、一九八二年）では、「日本人は同じ言語、同じ人種からなる単一の民族であるという通念に、あまりに慣れ親しみすぎているのではないだろうか」との問いを発し、日本列島の東と西の暮らしぶりを対照的に描き出すことによって、日本民族、つまりは国民国家という枠組みが作為的につくられ、その作為が同質化を進め、あたかも「日本」が、古い時代から天から降ってきたように存在していたという幻覚から、私たちをよび覚まそうとしている。

また、網野は、「近代」的な自由の観念についても、「無縁」「公界」「楽」の思想を提示することによって、「近代」的自由とは異なる自由が過去に存在したことを明らかにし、「近代」的自由への再考を迫っている。またそれは、網野にとって「失われたかにみえる人と人とのつながりを、もっとも深いところで回復する」意図を持った共同体論の再検討を促す作業でもあった。さらに網野は、農業以外の生業に主として携わり山野河海、市・津・泊、道などの場を生活の舞台としている非農業民に注目し、彼らを通して「無主」の世界の復権をはかり、生産力の発展こそが人類進歩の根本とする見方への強い疑念を呈した。

こうした社会史における「異文化」の提示は、歴史認識における視点の一八〇度転回を迫るものであり、いままで「歴史の落ちこぼれ」とされてきたものを歴史の闇の中からひろいあげ、弱者や少数者、また、中央に対して周縁から歴史を見ていこうとするものであった。

鹿野は、『「鳥島」は入っているか―歴史意識の現在と歴史学―』（岩波書店、一九八八年）において、ヴェトナム戦争が一つの契機となり、「強者」＝文明から、被害をこうむる側＝「される側」への視点の転回が促されるようになったとして、「それは文明の背負った力の論理が万能でないことを、文明のもつ残酷性ともども見せつけ、それゆえにヴェトナムを軸として文明を見るという視点を生んだ」という。(28) そして、こうした「弱者」＝「される側」への視点の転回が、日本社会の抱え込んでいるさまざまな矛盾を一つひとつ明るみに出すことにつながっていくとして、文明が生み出した加害としての公害の相貌を生々しく描き出した石牟礼道子の『苦海浄土』（講談社、一九六九年）や、経済大国日本を支えている東南アジアの実態を突きつけた鶴見良行『バナナと日本人』（岩波書店、一九八二年）を取り上げている。

これまで、少数民族や周辺の民、異端、狂人、障碍者、犯罪者、女性、貧民、民衆、地方などの歴史は、「正統」の歴史学からないがしろにされ、往々にして好事家的趣味の域にとどまっていた。しかし、安良城盛昭が、沖縄からは日本がよく見えるといったように、いま「内なる他者」や、「弱者」「される側」から歴史をとらえなおすことによって、私たちの中に無意識裡にしみ込んでいる現在の価値観を相対化することができよう。

このような周縁からのアプローチは、まさに社会史の方法意識とも重なるものであり、通史的編成の中にこうした社会史の視角を盛り込むことによって、「存在被拘束性」としての「近代」的諸価値を相対化し吟味することができるのではないかと考える。また、当初、「身辺雑事」と揶揄された社会史の取り扱う日常的なテーマは、生徒たちにとっては、「大きな歴史」を自らの生活に密接につながってくる「小さな歴史」へと架橋する上で重要な意義を持っている。[29]

グローバル化や地球環境の破壊が叫ばれるなか、歴史が対象とする「過去」もしだいにその範囲を拡げ、より「大きな歴史」が語られるようになってきた。しかし、その膨大な「過去」の拡がりは、かえって自己の存在そのものにかかわる切実な「過去」＝「小さな歴史」を希薄化させることになった。歴史教育に対し長年にわたり発言を続けてきた遠山茂樹も次のようにコメントしている。[30]

（歴史の動きを大きくつかむ）巨視的な判断だけでいいとするならば、歴史の認識はわれわれの生活に結びついてこない。平和の力は大きくなったということを教えられても、それが自分の日常生活の実感になってこない。あるいは日常生活の活動と結合してこない。……歴史の大きな判断として得られた知識は、単なる知識に終わってしまう。教養に終わってしまって、私たち個人個人が日常生活において何をなすべきかということと結びついてこない。

……歴史の巨視的な判断と、自分の身近な生活の中から引き出してくる判断とを結びつけてゆく、つまり歴史の流れの一コマ一コマを細かく見つめていく微視的な判断とがどんなふうに結びつきあうかが、われわれにとってわかりにくい、そこに今日の私どもの悩みがあるわけです。

社会史や生活文化史として括られる労作の多くは、いかに日常性から社会全体を展望できるかといった方法論的意識を一般に共有しており、これらの成果を歴史学習の内容として編むことが、巨視的な判断を要する「大きな歴史」の認識を、生徒たちにとってより身近な「小さな歴史」の認識へと架橋し、「学びからの逃走」(31)という現状を歯止めする方策につながってくると期待できる。

六　おわりに――歴史的自己認識

かつて上原専禄は、「歴史学とはどういう学問か」という問いに対して、歴史学の認識対象は、「人間の生活現実」であり、その「人間の生活現実をありのままに知ろうとする意欲」こそが歴史学における認識志向のあり方で、「現実の諸問題の構造や意味を解明していくこと」が歴史学の社会的職分であると答えた。(32)また、歴史学の認識方法について上原は、近代歴史学の認識方法として「個性化的認識」と「法則化的認識」をあげ、前者は、意味のない相対主義へ導いていく危険があり、後者は、公式化されると歴史的現実を法則にあてはめて説明するだけのものになってしまう危険をはらんでおり、それらの方法は、生活者としての国民大衆が直面している諸問題に基礎をおいた「課題化的認識」を媒介として初めて現代的意義を持ってくると考えた。(33)上原のいう「課題化的認識」とは、「現在」の生活現実における諸問題を出発点として「過去」を形象化していき、形象化された「過去」を媒介として、改めて生活現実における諸問題を認識していくことであり、ゆえに歴史的な事実や事態は、単に事実や事態そのものとして受けとめるのではなく、解決、克服、対決、実現などを要する課題として受けとることを意味している。

上原は、社会的な自己の認識とそれを通した社会の創造に歴史学の意義を見出していた。それと同様に、歴史学習の目的も、自分を取り囲んでいる世界を認識し、自分がどのような条件下、つまりは「存在被拘束性」のもとで生きているのかを自覚し、また、そこにおける諸問題を克服することで今後の自分の有り様を切り開いていこうとする歴史的自己認識にあると考えられる。そうした意味において、戦後直後の「山びこ学校」の生活綴方の実践や、現在、散見される「自分史」の試みは、学校教育の歴史学習においてもたいへん示唆的な意味を持っているといえよう。

〔註〕

（1）小此木啓吾『モラトリアム人間の時代』中央公論社、一九七八年。
（2）笠原嘉「自立と個性化」『岩波講座　子どもの発達と教育　六』岩波書店、一九七九年。
（3）加藤隆勝『青年期の意識構造―その変容と多様化』誠信書房、一九八七年。
（4）J・p・サルトル『サルトル全集　一三　実存主義とは何か』人文書院、一九八四年。
（5）R・K・ボック（一九七四年）／江淵一公訳『現代文化人類学入門』講談社、一九七七年。
（6）西平直『エリクソンの人間学』東京大学出版会、一九九三年。
（7）小谷汪之『歴史の方法について』東京大学出版会、一九八五年。
（8）上野千鶴子『家父長制と資本制』（岩波書店、一九九〇年）などを参照。
（9）色川大吉は、「近代」の主要な要素を「民主化」・「資本主義」・「国民意識の形成」・「個我の解放」の四点に見出しており（『明治の精神』岩波書店、一九九七年）、同じく民衆思想家のひろた・まさきも、①個人（近代的自我）、②生産力（近代的生産力）、③組織（民主主義）、④ナショナリズムの四つの要素を「近代」の分析基軸として取り出している（『日本歴史学会の回顧と展望　日本近現代史Ｉ』山川出版社、一九八九年）。
（10）鹿野政直『化生する歴史学』校倉書房、一九九八年。

(11) 色川大吉「近代日本の共同体」鶴見和子・市井三郎編『思想の冒険』筑摩書房、一九七四年。
(12) 和歌森太郎「歴史の見方と人生」『中央公論』一九五六年六月。
(13) 遠山茂樹は、「本格的な歴史学習は、必ず通史学習でなければならない」としたうえで、「歴史の変化、それが集約されている移行期を扱わない学習は、本格的な歴史学習ではない」というように、通史学習における移行期認識の重要性を強調している（『遠山茂樹著作集七　歴史教育論』岩波書店、一九九二年）。
(14) 溝口和宏「歴史教育における開かれた価値観形成」『教育方法学研究』二〇、一九九四年。
(15) E・H・エリクソン（一九七七年）／近藤邦夫訳『玩具と理性』みすず書房、一九八一年。
(16) 前掲註(6)
(17) 坂井俊樹「社会科総合化への一試論」『社会科教育研究』六一、一九八九年。
(18) 吉田和子「新しい家族文化を求めて」『シリーズ 学びと文化 四 共生する社会』東京大学出版会、一九九五年。
(19) 前掲註(18)
(20) E・H・カー／清水幾太郎訳『歴史とは何か』岩波新書、一九六二年。
(21) 前掲註(7)
(22) 遅塚忠躬「現代歴史学のあり方をめぐって」『歴史学研究』四五五、一九七八年四月。
津田秀夫「歴史学の方法論をめぐって」『歴史評論』三四一、一九七八年。
(23) 吉岡昭彦「今月の言葉」『社会科学の方法』一六三、一九八三年。
(24) 佐々木潤之介「『社会史』と社会史について」『歴史学研究』五二〇、一九八三年九月。
(25) 鹿野政直「歴史意識の現在」『歴史学研究』五三一、一九八四年八月。
(26) 深谷克己「高度成長下における歴史意識の変容と歴史学」『歴史学研究』五二四、一九八四年一月。
(27) 網野善彦『日本論の視座』小学館、一九九〇年。
(28) 鹿野政直『「鳥島は入っているか―歴史意識の現在と歴史学―」』岩波書店、一九八八年。

(29) 社会史の歴史学学習への援用に関しては、梅津正美、原田智仁、桐谷正信、服部和秀、鈴木哲雄、島田龍太らが研究に取り組んでいる。それぞれ研究の視角は異なっているものの、既存の文化や社会制度に対する相対的な認識を可能にするという点については各氏共通した見解を示している。
(30) 遠山茂樹『歴史学から歴史教育へ』岩崎書店、一九八〇年。
(31) 佐藤学『「学び」から逃走する子どもたち』岩波ブックレット、二〇〇〇年。
(32) 上原専禄『歴史学叙説』大明堂、一九五八年。
(33) 上原専禄「アジア・アフリカ研究の問題点」『上原専禄著作集一二』評論社、二〇〇〇年。

第二部　一教師である私の場

社会科一教師に何ができるか――私らしく語る社会科――

畠山　久美子

はじめに

昭和五十七年四月教師になり、瞬く間に二二年間が過ぎた。自分が学生の頃の出来事も歴史的事実とよぶにふさわしいような、そんな気がするこのごろである。平成十五年度は、初任者研修制度の新方式の拠点校指導教員となり、社会科教師としてより、中学教師としていかにあるべきかを研修した一年となった。イラク戦争と自衛隊の派兵（派遣？）という歴史的に大きな節目を迎え、今後の日本の方向を真剣に考えていかないといけないのではないかとも感じている。

平成十一年、国旗・国歌法が制定された。「裏声で歌え君が代」という小説の題がなぜか頭に浮かんだ。それより前に、南京大虐殺という事実はなかったのではないか、という歴史家たちの特集が、一般教師向けの雑誌に掲載された。まもなく私は、その雑誌の購読をやめた。

「史実とは何なのだろう?」

これまで生徒たちに、見てきたように語ってきた歴史が急に絵空事のように感じられた。そうであるからこそ歴史学の資料・文献にあたるていねいな取組みが必要なのだと痛切に感じる。たとえば、一兵士の日記を丹念にひもとき、その事実と個人の思いを知る。その作業の積み重ね、いわば主観の歴史に歴史家の客観的な判断力があって、未来を考えることができる歴史になる。

大きな人間の歴史の流れの中で、私たちの小さな人生の歴史がある。自分とは何なのか、いかに生きるべきかを考えるために、私たちは学ぶ。無限の宇宙で地球を見た宇宙飛行士は、宗教の道に入ることもあるという。小さな原子の世界を研究する物理学者には、精密な原子の構造に、美しい世界を発見し、人間の力を超えた何かを感じるだろう。そして歴史学を志す者は、過去の人間の営みから、現在を未来を思う。理科には実験があるけど、社会には実験がないからつまらない、という生徒もいる。「いや、そこは想像力。思いをはかり知ることができるよ」と答えるが、想像を働かせるための判断材料（資料）が正しくなかったら、たいへんなことになる。だから、社会科教師はいつでもアンテナを高くして、自己研修に努めなければならない。本稿は、社会科教師としての自分のあり方を振り返りながら、社会科一教師に何ができるかを考察してみたい。

そのために、「一　教師の体験から語る」「二　教科書を読み直す」「三　地域素材を生かす」「四　新聞資料の活用」「五　総合的な学習と社会科」「六　情報処理能力の育成・視聴覚教材の活用」として、これまでの実践や経験をもとに本稿をすすめる。

一　教師の体験から語る社会科――百聞は一見に如かず――

平成十四年、ＮＨＫ大河ドラマ「利家とまつ」が大人気だった。職場の研修旅行中に単独行動して、一人で三重県伊勢市周辺、滋賀県長浜市、彦根市を訪ねた。伊勢市では同僚と伊勢神宮に参拝。その後、一人で伊勢戦国時代村に立ち寄り、復元した安土城（アトラクションの一部。しかし建物の外見と六層八角堂の展望台と七層の黄金の間を再現）に登る。天守閣から琵琶湖に見立てた伊勢湾を見て、信長の気持ちを想像しながら降りる。一階から五階は、桶狭間の戦いから始まり、本能寺の変まで人形とジオラマに音響をつけて信長の活躍がわかる構成になっている。館内には観光客がほとんどなく、人形とはいえ暗い照明の中で血を流している姿は薄気味悪く、六、七階以外はじっくり見ることなく降りてきた。年をとるにつれて、年々、刀で切られることがリアルに感じてきている。武士の社会の到来と戦い殺し合うことの残酷さがひどく感じられる。中学校の教科書にも朝鮮出兵で手柄を秀吉に報告するために耳や鼻をそいで塩漬けにして送らせたという耳塚の資料がある。教師になりたての頃は生徒を引きつけるための資料として使えたものが、最近はひどくリアルに感じられ、生徒に戦争のむなしさを語る資料になっている。自分自身が資料の数字を飛び越えて、殺される側の恐怖が想像できるからであろう。

長浜は秀吉が初めて一国一城の主となった城を復元。ここでは本当の琵琶湖を眺め、改めて琵琶湖の水運の重要性を感じた。安土桃山時代の呼び名は知っていても、安土はどこなのか、なぜそこを居城としたのかは秋田に住む私たちにはなかなか実感はわかない。教師がそれをリアルに語ることで、単語としての安土が少し実態としてわかることになる。おりしも、長浜は「利家とまつ」のブームに乗り、黒壁スクエアなる通りをつくり、観光客でいっぱいだった。ガラスの店が黒壁スクエアのメインであるようだったが、昔ながらの物産を売る店もそれに便乗して大繁盛の様相。秀吉譲りの商魂のたくましさを感じた。

また、同様に彦根城を散策しながら、井伊直弼はこんな大きなお城の城主だったのだ、黒船来航という事件がなければ平穏無事にこの城の主として人生を全うできたのに、と感慨深かった。井伊直弼が生まれた屋敷から彦根城天守閣を眺め、実際にその場所に立つことで想像できる歴史を実感した。

余談になるが、秋田藩の佐竹の殿様は見渡す限り全部自分の領地だったんだと想像してごらん、と生徒に語りかける。自分の家と土地を持ち、その小さい財産を守るので精一杯の年齢になってから、しみじみ殿様ってすごいな、と感じている社会科教師である。そのうえ、佐竹氏は常陸の国（茨城県）からきた人で、参勤交代の制度により妻子は江戸住まい。父が死ななければ領地に行くことができないというシステムを話すと、サラリーマン化していく武家社会も想像できる。江戸時代の五街道などの交通網の整備、物流の仕組みも秋田藩の立場に立って学習していく。いまの暮らしと重ね合わせながら人間の歴史を少しは語ることができるようになるのが教師としての経験かな、と思う。

さて、国内はもとより、海外旅行も自分の授業を豊かにする教材でいっぱいである（観光旅行ではあるが、百聞は一見に如かず）。

〈アメリカ・オーストラリアで―自分らしく生きる―〉

初めて訪れた国はアメリカ（一九九一年）。一番感じたのは『日本はアメリカなんだ』ということであった。ガソリンスタンド、ファーストフード、ディズニーランド、ファッション、ありとあらゆるものが日本はアメリカなのだと感じさせた。街行く人が外国人であることをのぞけば、何の違和感なく、アメリカで暮らすことができそうだった。その後韓国に行ったときの、わけのわからないハングルと比べたら英語の方が身近に感じる。

しかし、大きく違っていたことがあった。それは生活の仕方である。私が出会ったアメリカ人はフレンドリーだった。もちろん、観光客は立ち寄ってはいけないと、釘をさされたところへ入っていないが、ホテルの掃除のおばさん、ウエイトレス、アトラクションで並んでいる家族づれ。皆が笑顔であった。笑顔の裏には自分の仕事に対する誇りが感じられた。帰国後、東京駅であくせく歩く、同じ格好のサラリーマンを見たときに、ああ、これが私の国なのだと、残念に思ったことも旅の思い出である。アメリカナイズされた暮らしとは裏腹に、私たちは人間のプライドやささやかな幸せを感じることなく暮らしているのかもしれない。

そして最近行った（二〇〇二年）オーストラリアでは、ゴールドコーストのゆったりしたホテルにびっくり。長期滞在型のホテルにゆっくり過ごす外国人を後目に、五泊六日をフルに観光しないといけない自分の忙しさを嘆いた。それでも親子ともどもジャングル探検やツチボタルの幻想的な光にうっとりして、楽しんできた。日本人の観光客のためにジョーク混じりで案内する日本語堪能なオーストラリアの青年にプロ意識を感じた旅であった。日本が最大の貿易相手国であるオーストラリアの日本人向けのさまざまな取組みの一端を見た思いがした。

オーストラリア・アメリカとひとまとめにしてはいけないのだろうが、おおらかに暮らす人々の印象は、私の人生観を変えた。楽しく暮らすということが、生徒に語るフレーズの一つになった。エネルギー、ゴミ、食料などの環境問題や、資本主義社会の貧富の差の増大など大きな課題はあるが、希望と誇りを持って人生を生きることを実感したい、それが私がこつこつお金を貯めて海外旅行へ行く動機となった。

〈アジアで―日本はすぐに追い越される―〉

アジアといっても、中国、韓国、シンガポール、マレーシアしか見ていないが、行った年も観光内容も違うこれらの国々で感じたのは「日本はすぐに追い越される」ということ。若者の活気が違う。物売りのおばさんのエネルギーが違う（空港や街角で見かけた中国の公務員のやる気なさそうな態度と活気のある一般の中国人はまったく違う）。中継貿易国として発展しているシンガポールは、狭い国土に華人がつくった多民族国家である。資源の少なさを貿易と観光でカバーし、三ヵ国語を話す人が普通だという。独学で日本語を勉強したというカメラマンのアルバイトの青年は、いつか日本へ行きたいと話していた。子どもたちはたくさん勉強して、面積は小国のシンガポールを大きく発展させていこうとしている。どうする日本、といいたくなる。

各国にはそれぞれ日本が残した歴史の爪痕もある。韓国の三・一独立運動が始まったパゴタ公園には、独立宣言の記念碑三・一運動のレリーフがある。日本の植民地時代を知っていそうな老人がたくさんいて、熱心に何かを議論していた。公園の外では大学生が街頭に向かって政治的な何かを訴えていた。私は日本人と悟られないように立ち去った。

現在は取り壊されたが、その当時は博物館として使用していた旧日本総督府にも入った。ソウルの大通りからは日本総督府によって朝鮮国の宮殿である慶福宮は見えない形となっていた。これは日本の植民地政策。支配するための役所で朝鮮国の誇りの宮殿を消してしまっていたのだ。実際に建物と通りを見ないと、なかなか実感はわかなかっただろう。百聞は一見に如かず、という言葉がそのままあてはまる。

その後、伊藤博文を暗殺した安重根の記念館を訪れる。観光客は立ち寄らない様子で、すべてハングル文字（英語は少しあり）。読めもしないのに安重根の本を買って帰る。とても美しい書を書く人物なのだと初めて知った。帰国してから安重根にかかわる本を探した。宮城県出身の憲兵で旅順の獄中の安重根の看守であった千葉十七と安重根の交流を描いた「我が心の安重根」を読んだ。そして、私が安重根記念館で見た書の一つ「為国献身軍人本分　庚戌三月　旅順獄中　大韓国人　安重根　謹拝」が、死刑執行前に安から千葉に送られたものであることを知り、たいへん驚き感動した。一九七九年に千葉の姪が安の故国へ返還したものを私は見てきたのである。このことは、後日の授業でも教師の感動を伝えるできごとになる。

また、新羅の古都である慶州では、仏国寺と古墳群を見学。有名な天馬塚古墳を含む古墳群の美しさとオープンな雰囲気に、天皇制の続く日本との違いを感じた。古墳の内部に入り、発掘された細部にまで細工された副葬品を見て、新羅文化のすばらしさを改めて知った。とくに復元した冠を見て、技術の高さとその美しさに圧倒された。朝鮮半島から日本が学んだのだということが実感できた。

五二八年に創建された仏国寺は一五九三年の壬辰倭乱（文禄の役）で戦いの惨禍にあい、消失。その後再建されたものである。ここにも日本の行ったことが残っている。日本の歴史を知って海外に行くことで、他の観光客よりも説明や案内板をていねいに興味深く見ることができる。それが国際理解になるのだと思う。

さらにプサンでは朝鮮戦争で戦死した兵士の国連墓地を訪ねる。韓国の国花である白いムクゲの花が咲く美しい墓地には、アメリカ、オーストラリア、ニュージーランドなどの国旗がある。この中に、日本人の兵士の墓はないのだとしみじみ思った（このまま、海外に日本兵の墓が建てられることのないように、また、日本人に殺された人の墓が建たないように願っている）。

韓国では、豊臣秀吉と戦った英雄李舜臣の銅像や、この寺は秀吉によって一度焼かれたとか、第二次世界大戦で焼かれたというガイドを何度も聞く。『冬のソナタ』の影響で、韓国を訪れる日本人観光客が激増しているという。日本人向けの観光が以前に増して充実していると思うが、私にとってはハングルが読めない、ことばも通じない近くて遠い国、韓国を感じた一九九四年だった。

一九九八年に訪ねた中国では、北京、西安、上海の三都市を観光。非近代的な北京空港のトイレ、空港から北京市内までのでこぼこした舗装の道路（ガイドさんが自慢げに話すだけに、なおさら発展途上の感を強くした）。空港から北京郊外まで街灯はほとんどなく、道路の両脇の木を一部白く塗っているのが街灯代わり。道路の脇の原野のような場所にたくさんのビニール袋のゴミを見て、自然に帰らないゴミの多さにあきれる。たぶん、日本の高度成長期、昭和四十年代のような感じのする、この後の中国の環境がとても心配された。

紫禁城、秦の始皇帝陵、玄宗皇帝と楊貴妃が訪れたという「華清池」など、日本よりも古い歴史を持つ中国を実感。韓国・中国と合わせて東アジアの国の一員としての日本のあり方を考える。中国や韓国からさまざまな物が伝わったということ、人の交流があったということ、戦いの歴史もあったということ、いろんなことを生徒たちに伝えたいと思った。

一人っ子政策で、とても大事にされている中国の子どもの姿を見て、甘やかしすぎて日本みたいにならないで、といいたくなった。無表情に街頭に立つ警察官や生産性の低そうな道路工事の人の様子を見ると同時に、発展していく活気のある上海の様子も見て、巨大な中国が能率アップして動いたらすごいパワーだなと、感じてきた中国旅行であった。

〈ヨーロッパで—百年の計—〉

ヨーロッパもロンドン・パリ・イタリア諸都市というくらいの旅であるが、ヨーロッパはやっぱり格が違う。アジアが混沌というイメージなら、ヨーロッパは洗練というイメージである。そんな中でもロンドンのピカデリー・サーカスで日本企業のでかでかしたカンバンを見つけ、「都市の景観と調和させろよ」と怒鳴りたくなった。

すべてが美術品のような大通りの町並み。ベルサイユ宮殿やルーブル美術館で、フランス革命時に宮殿に押し寄せた民衆によって散逸した品々の話やナポレオンの戴冠式の絵を見た。数年して訪れたイタリアのベネチアのサンマルコ広場の前でナポレオンの侵攻により持ち去られた文化財の話を聞き、フランス革命やナポレオンがヨーロッパ全土に与えた影響を垣間見た（ガイドさんはイタリア人はナポレオンが嫌いと説明していた）。ローマの数々の遺跡やポンペイの遺跡からわかる人間くさい暮らしぶりも（井戸、酒場・パン屋・公衆浴場、娼婦の家などなど）たいへん興味深く、世界史ももっと知りたいと思った旅であった。

築百年のアパートに暮らす人々、修理用部品が数多くそろえられた店、その日に用意したお湯がなくなれば、あとは水しか出ないバスルームのホテル。ひたすら快適に便利にと暮らす「水に流す文化」の日本、木と紙の文化の日本と比べてヨーロッパの石の文化を感じた。百年の計を考えながら生活していくヨーロッパと、人の噂も七五日的な日本の違い。「ブランド品はもちろんヨーロッパの人もほしいけど、それはじっくり選んで大切に使う物。日本人は若い子がたくさん買うけど、信じられないわ」という現地ガイドさんの話。ＥＵ統合のヨーロッパの壮大なプロジェクトに拍手を送りたい。

以上のように、旅は私にさまざまな刺激を与えてくれる。書ききれない日本国内外の旅の思い出が、一面的すぎたり、個人の狭い視点から見たものにすぎないとしても、体験しないよりは広く生徒に語る教材になっている。

〈旅行での見聞を生かした実践〉

①「韓国併合」の授業で（資料１）

ここで、韓国旅行を生かした授業実践を紹介する。安重根記念館で手に入れた資料、その後日本で集めた資料をもとに行った。二年生歴史的分野「韓国併合」である。処刑の前に、看守の千葉十七に対して「東洋に平和が訪れ、韓日の友好がよみがえったとき、また生まれかわってお会いしたいものです」といったという安重根に生徒たちはたいへん感

〈資料１〉

１．単元名　日清・日露戦争とアジアの情勢
２．単元と生徒
（１）単元について
欧米列強がアジア・アフリカの分割を進める社会情勢の中で、日本は富国強兵の明治維新の諸政策を次々に実施した。そして、大日本帝国憲法が発布され、近代国家の形の整った日本は、欧米列強の中にあって、同じアジアの国々への帝国主義をおし進めていく。日清・日露戦争はこうした帝国主義のための戦争であり、それらの勝利を手にして、日本は不平等条約改正を成功させ、欧米列強と対等の立場を手にしていく。その後の日本が戦争の歴史をたどっていく第一歩といえる歴史がここにある。日本の背後にある当時の国際情勢を理解させながら、具体的に戦争の原因・結果・国内外の反応に注目させたい。また、ここでは日本が朝鮮や中国を侵略していく様子も学習する。自国が他国にどんなことをしてきたのか具体的に学習する事によって、歴史を追体験させて平和教育を重視していきたい。歴史の事実に目を背けることなく、戦争したときの国際情勢と日本の立場や朝鮮・中国と日本との関わりを多面的にとらえさせたい。
（２）生徒について　　（省略）
（３）テーマとの関連　（省略）
（４）教育相談的配慮　（省略）
３．指導計画
（１）目標　①帝国主義という背景の下、日本が近隣諸国と戦争し、大陸を侵略していく経過を説明できる。
②帝国主義の下での人々の気持ちを具体的に考え、自分なりの意見を持つことができる。
（２）指導計画　（総時数　５時間）　１．日清戦争　２．帝国主義　３．日露戦争　４．条約改正　５．韓国併合（本時）

４．本時の学習
（１）ねらい
資料を活用しながら、帝国主義の下での人々の気持ちを具体的に考えることができる。
（２）学習過程

過　程	学習内容	時間	学　習　活　動	留　意　点　・　評　価	資　料
つかむ	１伊藤博文の死	５分	１伊藤博文がどのように亡くなったか予想する（一斉）	・正解した生徒は賞揚するが、クイズとして楽しみ伊藤暗殺に興味を持たせる。 ☆伊藤の死の原因に興味を持ったか（観察）	ＴＰ　３択クイズ 下関条約の様子 伊藤博文の肖像
みつける	２韓国併合と日本の植民地政策	１５分	２．資料をもとに、韓国併合後の植民地支配の様子を調べ、わかったことを発表する。（個→一斉） 日本語教育　土地調査　強制連行 朝鮮総督府　在日韓国朝鮮人	・２点以上見つけることとし、他の生徒と相談してもいい時間を設ける。 ・ポイントに線を引かせ、机間指導していく。 ・生徒同士の指名にし、発表を繰り返していく。	教科書 資料プリント 板書
ふかめる	３帝国主義下の人々の心情	２０分	３．伊藤（日本人）の心情と韓国の人々の心情を具体的に考え、発表する。（個→ペア→一斉）	・ペアでどちらかを選択させる。早くできた生徒には両方の立場で書かせる。 ☆資料をもとに日本の立場、韓国の立場で心情を考え書いているか（追体験しているか） ・日本への不満・抵抗・独立の願いを確認する ・あってはならないことであることに気づかせる	学習シート 安重根の肖像 安重根の文字 言葉
ひろげる	４辛亥革命	１０分	４．同じ頃中国ではどのようなことがあったか調べ、まとめる。 三民主義　辛亥革命　中華民国	・植民地となった韓国を見て、隣の中国人だったらどう思うか想起させてから調べさせる。 ・孫文の生き方、袁世凱のその後についても興味を高めて授業を終わる。	教科書　学習シート ヒントカード

激していた。伊藤博文を暗殺した危険な男の書き残した素晴らしい書を見せると「上手だ」の歓声が上がり、文化人としての安重根も想像できる。また、書かれた書の内容（国家のために自分は生きるというような内容）や決意を示すために切り落とした指のなくなった手形を見て、国を救うためのなみなみならぬ思いが伝わってくる。帝国主義の世界情勢の中で、朝鮮を手に入れることが日本の発展につながるという伊藤博文たち政府と、自分の国を守りたいという大韓帝国の人々の思いを対比させながら、現在の問題にもつながる韓国併合をとらえさせようという実践である。教師が見てきた思いがあるだけに、朝鮮総督府の建物が慶福宮を隠すように建てられている姿は真実味がある。

②国際理解コーナーの設置

赴任校の環境にもよるが、文化祭の社会科展や一年生の世界地理の学習の際に（現学習指導要領では違う）、スペースを借りて写真を掲示したり、その国で手に入れた物を展示したりしている。たとえば、中国の人民元の紙幣には毛沢東、周恩来の肖像から始まり、労働者の顔、さまざまな民族の顔が描かれている。中華人民共和国の成り立ちをよく示す紙幣となっている。また、元より小さい単位の硬貨がある。角、分である。中国の物価の安さを示すものとなる。韓国のパゴタ公園で写した三・一独立運動のレリーフの写真、李舜臣将軍の肖像と亀甲船が描かれた韓国の紙幣。ハングル文字で書かれた缶ビール、日本のフィルムメーカの箱。外国で手に入れたちょっとしたものが、その国へ関心を持つきっかけとなる。同時に身近なスーパーで手に入れたもの（例：世界各国の文字で注意書きが書かれたプリングスのポテトチップスの箱）も教材となる。生徒が手に取れるように、気が向いたときに見ることができるようにしばらくの間コーナーをつくる。不思議といたずらをする生徒はいない。学校で見かけたことでニュースや商店の品物にいままで以上に関心を持ってくれれば幸いである。

以上のように、海外旅行を経験してここ十数年の私の社会科は、自分が体験したことを教材化しながら、自分でも興味関心を広げて多面的に社会科の内容に迫ろうとしていることが多い。もちろん、生徒は旅先での私の失敗談に興味津々。迷ったり失敗したり、助けられたりだまされたり、そんな話が一番受けていて、記憶に残るようである。授業の後、「私も大人になって働いたら、旅行しよう！」という女生徒がたくさんいる。

二　教科書を読み直す社会科

次に、中学社会科教師として、教科書の扱いにふれたい。「侵略」か「進出」かで、大学で学んでいた頃にも教科書論争があった。そんなとき、「教科書を教えるのではなく、教科書で教えると考えるといいですね」と話された梶哲夫教授の言葉が印象的であった。「教科書で教える」を頭に置きながら、正しい歴史観につながる資料を準備するように心がけ、教師の思いは感じさせるが、決めつけない授業展開という手法をとってきた。教科書にある内容を教え込むのでなく、教科書を利用しながら生徒が一般的な知識・理解を深めていけるように指導している。その一つの方法として、シート学習が私の授業の基本になっている。

〈資料を生かしたシート学習〉

学習シートづくりは初任の頃から授業に欠かせないものになっている。三年目ほどまでは、教師のねらいにせまるための教科書を無視（?）した学習シート。四年目以降は教科書を意識しながら、ねらいに迫る学習シート。一〇年目以降は、教科書からわかることをもとに、さらに深める資料や課題をつけた学習シート、と変遷してきた。

中学校社会科の内容は広範囲にわたり、大学で学習したこと以外の内容がほとんどである。教材研究をしながら初めて知ることも多く、わかることの楽しさを生徒と一緒に広げていきたいといつも考えている。文部省の昭和五十七年学習指導要領の「ゆとりの時間」で始まった私の教員生活であったが、平成に入ってから秋田県でも「学力向上」の叱咤激励が飛ぶ。平成三年から市が補助金を出して二年生全員にＣＲＴを実施し報告させるほか、四年前から文科省の学力調査が実施され、達成度の低い教科（教師）は、『犯罪者』呼ばわりされることもある（学年、出題項目ごとの分析と、今後の補充計画等を後日提出）。

社会科の何が「わかる」ということになるのだろうというのは、とても大きな問題である。「テストに出ることを教えてください」と、冷たくいう生徒もいるなか、「先生の社会は楽しい、あっという間に授業が終わる」という生徒もいる。「まったく住みにくい世の中になったものだ」と感じながら、文科省向けの学力も上げるとともに、世の中に興味を持ち積極的にかかわろうとする社会科を目指して、学習シートづくりをすすめている。

〈中国からの転入子女と教科書に向き合って〉

平成十五年度、初任者研修制度の担当をすることになり、社会科は持たなかったが、一人の少女との出会いがあった。四月末に、中国から転校してきたSさんである。拠点校指導教員として、週に三日自校に勤務し二日は別の学校の初任者研修をしていたが、空き時間にSさんと学習することにし、できる日は授業時間内に一時間、放課後一時間～二時間のペースで社会科の教科書読みが始まった。日本語を読む練習も兼ねながら歴史の教科書を丹念に読んでいく。ひらがなをマスターしたSさんは、わからないことばがあると日中辞書を引き、ふりがなと中国語での言い方を書いて読みすすめた。家では学習した範囲のワークをやり、わからないところは徹底的に暗記していた。

私にとって新鮮な驚きは、彼女が教科書の隅々まで読みすすめたこと。恥ずかしながら、その資料がどこで保存されてるのか、初めて気づくことが多かった。「〇〇〇〇ゾウ（蔵）」とたどたどしい日本語で読む彼女の声は、「センセイ、キョウカショノナカミ、ゼンブワカリマスカ？」と、私に確かめているように感じた。

勉強熱心なSさんは、夏休み・冬休みも登校し、とうとう一、二年の社会の範囲をだいたい学習した。他の生徒と一緒に受けたテストの成績も素晴らしく、平成十七年三月の高校入試に向けて自信を持って学習している中学三年生になっている。

それにしても、現行学習指導要領の内容が圧縮された歴史教科書の記述は言い回しがわかりにくく、事実が理解しにくく書かれている部分を多く感じた。Sさんでなくてもわからないのではと思うことが多々あった。

どんどんカラフルで薄くなっていく教科書は、資料集的な扱いをしていくといいのでは、と考える。教師が正しい知識・理解を持ち、単元構成を工夫して、生徒に考えさせながら「教科書で教える社会科」になっていく。

三　地域の資料を生かす社会科

中央の歴史中心の教科書の記述に対して、社会科教師として同じ時代の私たちの地域の祖先はどうしていたのだろう、と問いかけながら授業を組み立てることを意識して行っている。同じ能代市内、秋田県内でも勤務校が変われば、使える資料も当然変わってくる。ここでは、秋田県北地域であれば比較的どこの学校でも実践できたことを紹介する。

〈伝説から蝦夷征伐に迫る〉（資料2）

能代市の常盤地区に魔面という地名と魔面神社がある。能代市広報の六一八号に『能代の昔話　第8話　魔面の鬼神』の伝説が紹介されていた。坂上田村麻呂に討たれた蝦夷のアケト丸の祟りをおそれて神社に祀った、という伝説である。蝦夷の長面三兄弟と坂上田村麻呂の戦いは、『房住山物語』として秋田県北部（上小阿仁村、琴丘町、能代市）の広範囲の地名の由来を合わせながら書かれたものが残されている。坂上田村麻呂が蝦夷をおびき寄せるために始まったのが、能代七夕（城郭型の巨大な灯籠引いて町を練り歩き、最後は城郭につけたシャチを燃やして海に流す祭り）という伝説もある。

実践は魔面神社の伝説をもとに、平安時代の「東北地方の平定（蝦夷征討）」の内容をとらえさせるものである。朝廷の目から見た蝦夷と、蝦夷の目から見た朝廷では違うこと。そのことが歴史の見方の多様性につながる。八五七年には、秋田県内で蝦夷が秋田城や能代営を焼き討ちし、一一ヵ月にわたって朝廷と戦う元慶の乱が起きている。朝廷への反乱の理由に重税があることを生徒たちに推察させた。都の華やかな貴族の生活を支えた農民たちの税。その税の重さをとらえ、また、支配される者の気持ちになって、一人ひとりに考えさせたい。地域に目を向け、地域の歴史を調べていこうとする態度を養うために、平安時代の学習ではこの伝説を取り入れた授業をしている。

〈菅江真澄を追って〉

菅江真澄は、十八世紀末秋田を漫遊し、各地の民俗や伝承を書き残した三河の人である。『菅江真澄遊覧記』が残され、当時の秋田の民俗を知る資料の宝庫となっている。県内でも研究が進み「菅江真澄の道」という標柱や歌碑が各地に建てられている。

赴任校で利用した資料は以下のようなものがある。

①『おがらの滝』能代市常盤地区の各地域の様子を記してある。
②『かすむ月星』能代市筑法師という地名の由来。安倍貞任の子孫（月星→つくほうし→筑法師）が住んだという。
③『みかべのよろひ』二ツ井町奥州藤原氏の四代目藤原泰衡が秋田県内に逃げてきたときの由来の神社（鎧神社、兜神社、銀杏神社の伝説）など。

地名の由来や伝説が主になるが、歴史的事実と重なるだけに興味深く授業がすすめられる。また、自分が住む地区の名が出たり、自分の祖先につながるような名前の人が出たりするので、確かに江戸時代に自分の祖先たちは生きていたんだ、という思いになる。秋田県内全土にわたって、「ここは羽州街道」という標柱や菅江真澄の道も紹介されている。県立博物館にも菅江真澄コーナーが大きく設置されている。授業以外で目にしていくことも多いであろう。秋田県民として、知っておきたい江戸時代の文化人のひとりである。井上ひさしの「四千万歩の男」に菅江真澄も生き生きと登場する。小説の中で紹介される人物像もわかるとますます歴史が楽しくなる。菅江真澄のほかにも、秋田県民として教えたい人物が安藤昌益、佐藤信淵、平田篤胤と教科書に載っていたが、現在の教科書からは消えている。選択社会の時間

〈資料2〉

1．単元名　平安時代の秋田　（古代日本のあゆみ）

2．単元について

縄文・弥生時代の学習をした後、古代社会の学習はとても複雑で、難しく感じる生徒が多い。小学校の学習では、奈良時代の天平期（聖武天皇）平安時代の藤原道長の頃に焦点をあてた学習で、古代社会の農民の生活や政治の仕組みにはほとんどふれられていない。初めて知る農民の暮らしででてくる複雑な税制や聞き慣れない用語を定着させるためには、より具体的に学習していくことがよいと考えられる。自分たちの祖先はどのように暮らしていたかを頭におきながら歴史を見ることで、華やかな貴族の生活の陰にある古代社会の変容や矛盾に気づかせていきたい。東北地方にはたくさんの坂上田村麻呂伝説が残っている。その伝説が本校学区の魔面神社に残されている。それを手がかりにして平安時代の政治の建て直し（東北地方の平定）の学習を進めていきたい。

3．生徒について　（省略）

4．全校研究主題　（省略）
5．指導の構想　（省略）

6．指導計画　（１５時間）　省略
7．本時の学習
（1）ねらい　平安時代の「蝦夷征討」の目的は税の確保にあることを理解し、東北地方に住む人々にとっては「蝦夷征討」はどんな意味を持つのか自分なりの考えを持つことができる。
（2）学習過程

過　程	学習事項	時間	学　習　活　動	主　な　発　問　・　指　示	資　料
つかむ	1魔面の昔話	5分	1魔面神社にまつわる伝説について発表を聞く。	・平安時代の常盤の様子を知ることはできるでしょうか。発表を聞きみましょう。	広報能代　NO618 生徒の自作資料
みつける	2坂上田村麻呂の蝦夷征討	5分	2史実としての「蝦夷征討」を教科書で調べる　(個)	・この話は本当のことでしょうか、教科書で調べましょう ・どうしてこのような昔話が生まれたのでしょうか。	教科書 能代七夕の写真
ふかめる	3昔話の真偽	１０分	3．昔話で正しいと思われることと、違うと思われることを判断し、考えを整理する。(グループ)	・正しいと思われること違うと思われることを発表してください。	
	4坂上田村麻呂の目的	5分	4．坂上田村麻呂は何のために東北地方へきたのか考え、発表する。	・坂上田村麻呂の目的は何だったか考えてみましょう。	資料プリント
		5分	・律令制の税制を教科書で確かめる。	・朝廷の領地になると、どんな税があるのか復習しましょう。	学習シート 律令制の税　ＴＰ
おぎなう	5．元慶の乱	１０分	5元慶の乱の内容を読み、乱の起きた理由を発表する。	・蝦夷征討後、蝦夷は朝廷のいうことをきいていたでしょうか。資料集で調べてみましょう。	『中学社会　能代市資料集』 ＴＰ 元慶の乱
ひろげる	6．本時の評価	5分	6授業の感想・評価をシートに書く	・今日の自己評価をしましょう。	学習シート

や総合的な学習の時間でできるときがあれば、これ以外にも郷土の人物を学習させていきたいものである。

〈聞き取り調査を取り入れて〉

二年生を担当すると、戦争の聞き取り調査を課題としている。仏間に飾ってある、戦争で亡くなったらしいご先祖様のことを聞くとか、戦時中を体験した祖父母から話を聞くということで、生徒たちも戦争と自分とのかかわりを考える。年々、戦争を語ることができる家族がいない生徒が増えている（代わりに自衛隊で海外派遣された家族の話を聞き取る時代が来るのだろうか……）。

また、公民では、現代社会の単元が加わり、まさに父母、祖父母からの聞き取りで現代の暮らしを見つめ直す視点となる。生活と学校での学習が結びつくものになるし、家庭内でのお互いの生活を見つめ直すきっかけにもなろうかと思う。

以上、地域素材の教材化は社会科の宿命でもあり、特色ある実践がたくさんある。教師が興味を持った素材に、生徒が食いついてくるようにうまく料理していくのが授業であろう。また、自分の地域、身の回りのことに関係がある歴史であれば、より興味を持って生徒も学習していくし、生活を豊かにする学習であると考える。

四　新聞資料から学ぶ社会科（ＮＩＥ）

一九九四年からニホン・ミック社の「新聞切り抜き速報」を購読している。タイムリーな記事は教師がアンテナを高くすることで教材化しているが、動向を判断しながらの内容は切抜き集が大変役に立つ。

朝の会でニュース発表をするとか、教師がそれを受けてコメントする。また、三年生の公民の授業でニュース発表と切抜きを続けていくことで、社会に対する興味関心を高めていくことができる。自分の教室にＮＩＥコーナーをつくり、目についた記事を張っていくだけでも、生徒は休み時間それを見て事実を知ったり、意見を交わしたりしている。意識して刺激（社会的事象）を与えることが反応（社会的事象に対する興味関心）を起こすことにつながる。それが大切なことではないかと考える。

平成十四年度は公民の「労働者の権利」の授業で、切抜き速報からの労働関係の記事を資料として授業を行った。リストラ、失業、過労死（過労自殺）、労務災害、フリーター、派遣社員、パート労働者の権利と賃金の問題など、戦後、いまほど労働者の安定雇用が脅かされている時期はないのではないだろうか。労働組合の組織率の低下の資料とともに、リストラ、過労死などの記事を集め、生徒に選択させながら『労働組合は必要か』というテーマで意見交換をねらった授業である。テーマが唐突すぎた面もあり、意見交換はなかなか進まなかったが、労働者の抱える問題について考えるきっかけにはなった。歴史の資本主義社会の問題で、子どもの長時間労働の資料を読んだり、女工哀史の世界を学習するが、現在も大きな問題が横たわっている。教職員組合運動が沈滞し、上からの圧力も大きくなっているいま、自分自身の問題としても新聞を読み、労働者としてどう働いていくか考える実践となった。

五　総合的な学習と社会科

二〇〇二年、総合的な学習が本格的にスタートした。試行のときも含めると学校現場にはたくさんの実践があるようにも思えるが、学校ごと学年ごとにまちまちであり、蓄積されていくはずのものも、担当者が変わるとふりだしに戻ったりしているのが現状ではないだろうか。総合的な学習の趣旨は生徒の興味関心を生かして、総合的に調べまとめ発表する活動になる。社会科と似ている部分が多く、時数が減らされたいまは、社会科がなくなるのではという危惧も覚える。が、総合的な学習と社会科の資料活用能力・思考判断力を関連させながらの学習ができれば、たいへん効果的である。「自ら考える」「生きる力」は社会科が目指すものに一番近い。総合的な学習の内容にあげられた福祉・国際理解・

環境などの例のどれもが、社会科と密接にかかわる。やらなければいけないことだけに押し流されそうな忙しい学校現場であるが、体系的な指導ができれば（やる内容を教師が決めるという意味ではなく、育つ力を予測し生徒の活動を保障できるシステム）素晴らしい力を生むと考える。

六　情報処理能力の育成・視聴覚教材の活用

デジカメとパソコンで社会科は大きく変わっていく。そんな思いを強くするここ数年である。若い同僚たちからソフトの使い方を教えてもらいながらパソコンの世界が広がり、可能性の大きさに驚いている。私が苦手だった自分の授業の資料の保存も活用も、簡単にできるのはたいへん便利としかいいようがない。パソコンでプレゼンテーションできる資料を増やしながら、生徒にいままで以上にわかりやすい授業をしていきたいと考えている。インターネットの利用や資料デジタル化で、教師同士が資料を交換したり、実践を情報交換するのにもたいへん便利である。お互いに情報発信しながら研修を深める社会科になっている。反面、ウィルスや情報流出や情報としての信頼性に関しては問題があるが、生徒に著作権や基本的な事項をしっかり教え（レポート提出に他の生徒の作品をコピーした例も……）調べ、発表学習に生かしていきたい。技術の情報処理の学習や総合的な学習との関連もはかりながら、プレゼンテーション能力を高めたいと考える。一番手軽なＴＰづくりも、字の大きさや見やすくする工夫、提示の仕方のアイディアが必要になる。見せるプレゼン（映像）と話す（聞かせる）ことが、自分を表現していくことにもつながる。社会に出たときに、正しく情報を収集し自分の意見を伝えることがたいへん役に立つ。インターネットでたくさんの意見があることを知り、多面的な考え方にも気づくだろう。その一方で、同じ考えの者同士でその世界に入り込んで間違った価値観に偏ったり、仮想と現実の区別がつかない状態になったりしないために、人間の教師が正しい使い方と基本的な知識を教え、いろいろな意見を学級で出し合うという活動がいままで以上に大事になる。

映像だけでなく、音だけの方が効果がある場合もある。学習してきたことをもとに生徒のイメージがふくらむことがある。とくに近現代史の学習では、語り手の体験談や戦争の音が生徒の心にしみていく。五感を働かせながら、追体験させ、よりよい未来を切り開くような社会科の授業を実践していきたいものである。

おわりに

焦点の定まらないエッセイ風の内容になり、恐縮している。

私は歴史研究家ではない。研究者になりたかったけれども、自分のライフワークにすべきような研究をしてきたわけでもない。中学生レベルにわかることばを、わかる学習資料をと考えてきた二〇年間、どんどん難しい文章が理解できなくなってきている。ふつうの人にもわかりやすい学術論文はないのかもしれないが……。人々を幸せにするために学問はあるのだと思う。難しいことをわかりやすくいえるのが教師だと思う。ノーベル賞受賞後の大江健三郎氏は積極的に若者と対話している。「自分の木の下で」にあるように、わかりやすい言葉で人生を語りかけている。同じように司馬遼太郎氏は「二十一世紀に生きる君たちへ」と題して、未来を担う子どもたちにメッセージを残している。

私は生徒に何を語ることができるのだろう？

現在のイラク情勢、自衛隊の派兵に関しても賛否両論あり、判断がつきかねる。泥沼化した中東問題は解決するのは難しいね……でお茶を濁してしまう。

それでも、私は理想を語りたい。生徒たちに人間の弱さとすばらしさを教えたい。自分の生き方を見せながら、人間がどんなことができるのか、どう生きるべきかを語りたい。自分の人生を、人間の歴史を正しく見つめ、未来のために肯定的に生きてていくこと。それが社会科教師なのだと思う。

「私の授業は何点ですか」——「相互評価」に関する実践記録——

渡部　徹

一　はじめに——「楽しい日本史とは」——

「次年度の授業準備のため図書室と社会科研究室を往復していたところを教頭に呼び止められる。『渡部さん、来年度は俺たちこの学校にはいないよ』……絶句、めまい。夕刻、T高のSさんから電話あり。高校教育課勤務の先輩と来週千葉で飲もう、とのこと。ますます意気消沈」

平成十五年（二〇〇三）三月五日（水）の自分の日記にはこのように記されている。その年度末、千葉県立小金高等学校からわずか一年で千葉県教育庁教育振興部教職員課に異動となり、教科指導から完全に離れることになってしまった。今後もしばらく教壇に立つ日は訪れないような状況である。

自分の教師としてのスタートは、昭和五十七年（一九八二）四月の柏陵高等学校であった。箱根仙石原での社会科教育研究会において、教師二年目の夏に初めて自分が報告したときのテーマは『楽しい日本史とは』だった。歴史は覚えることが多いから嫌いだと公言する生徒たちと、どう向き合うべきかが、この当時の自分の課題であった。その後、柏陵に八年、松戸六実に三年、流山南に九年勤務し、小金に異動したのは平成十四年（二〇〇二）四月であった。

小金は、流山南から車で約五分の至近距離にある。しかし、考燃而飛（こうねんじひ）の校訓のもとで、一人ひとりの教師が、生徒に高校生としての基本的心得を説き、積極的に生徒と向き合いながら三年間で学ぶことの大切さを生徒一人ひとりに知らせ、社会に巣立っても置いていかれないように鍛えた流山南に対して、自主自立の校風を標榜して多くの学校行事運営が生徒中心で行われ、生徒にとっては充実した楽しい高校生活を実現できる一方で、授業そっちのけで、大学進学のために通う予備校の予習に精を出す生徒を黙認するような教師もいた当時の小金の実態。教員生活二〇年目で味わった衝撃はあまりにも大きかった。

不思議なもので、小金には長く勤務はできないという予感があった。そこで、着任一年目はこれまで自分が積み上げてきた教科指導に対するスタンスが、「進学校でない高校から転勤してきた教師に何ができるのか」「私たちの進学のための勉強に、よけいな注文を出さないでほしい」と明言する生徒たちに通用するのかどうか仕掛け、生徒のニーズが何であるかを見極めた上で、二年目にこちらのペースに巻き込んでしまおうという青写真を描いた。ところが地ならしをしていざ本番、となったところで同校を去ることになってしまい、いまだに心残りである。

本稿では、流山南と小金で取り組んだ授業における評価の実践を紹介するとともに、近年教育の場でよく耳にする評価についても言及しながら、日本史教師としての二〇年間を振り返ることとする。(1)

二　流山南高等学校での実践

学習することに対して強い苦手意識を持つ生徒が多かった流山南で痛感したことは、「歴史は好きだけれども覚えることが多いから苦手だ」と話す生徒が多かったことである。そのため後述する点を軸に、授業の改善を図った。

第一は授業に対するモチベーションづくりである。生徒の苦手意識の底流には、基本的な授業の受け方が身についていない実態があったため、年度始めにまず授業の受け方について繰り返し指導を行った。

第二は近現代史の重視である。中学校までの編年的歴史学習では、近現代史に到達した際に時間不足となり、高校受験を意識して因果関係を軽視して事項の詰め込みを強いられた経験を持った生徒が多く、苦手意識を増幅させる要因にもなっていた。加えて歴史学習、ひいては歴史を生徒にとっていっそう身近なものとするためには、自分たちの生きている時代に近い（とくに日常生活の語りの中で取り上げられることが多いと考えられる祖父母の世代以降）ことが重視される。このため、授業で学んだことが家庭でも話題となる可能性が高い近現代史の重視は不可欠と考えた。

　第三は学校所在地（＝地域）を意識させることである。広範囲から通学してくる生徒にとって、学校所在地周辺と自身のかかわりについてはきわめて希薄な意識しか持っていないことから、学校所在地付近の歴史の話題を取り上げ、歴史と同時に学校所在地（＝地域）を自分たちにとって身近なものとしてとらえさせた。中でも、水運や鉄道と流山の関係は、地域を軸にした身近な話題から日本の近代史について考えさせる上で非常に効果的で、授業をきっかけに流山以外の自分の居住地の歴史を見直したいという声が生徒から上がったのも事実であった。第二・第三の項目をふまえて、生徒の学習活動と指導上の留意点や、今回の学習指導要領で強調されることの多い評価の四つの観点（関心・意欲・態度、思考・判断、資料活用の技能・表現、知識・理解）に着目して、主題学習『地域社会の変化』についてまとめたものが**表1**である。なお、この第二・第三の項目については、周知の通り現行の高等学校学習指導要領『日本史A』においても強調されているところである。

　自分で関心を持って授業に参加できるようになれば、自分の疑問点を自ら発問することに対しての照れや恥ずかしさが払拭され、ひいては討論も可能になる。しかし高校入学に至るまで、クラスメートの前で堂々と発言することに慣れていなかった生徒に対して、自発的な発言や討論を求めるのはあまりに性急である。そこで第四に、授業の中で自分の考えをより多くのことばを用いて文章で表現する場を設けると同時に、各自の成果を他の生徒に紹介する機会を増やすよう心がけた。文を書くということに対しては、小学校以来の感想文や作文書きで嫌気がさしている生徒が多い上に、文章の書き方自体について、基本的なルールを理解しないままに高校まで進学してきた者もいる。こうした点をふまえ、教師は読み手として、様式論にはあまりこだわらずに、何をいいたいのかというその生徒の気持ちを想像しながら解読

表1　単元「流山をもっと知ろう」（主題学習、時間配分、5時間）

実施小単元名	生徒の学習活動	指導上の留意点・評価の観点（※印以降）
アンケート実施・予告 0.5時間	(1)中学・高校で学んだ、居住地域のことがらや学校周辺のことがらに関するアンケートを記入する。 (2)アンケートを提出し、担当者から授業進行の予告を聴く。	平易に答えられる内容と、自分のことばで述べる内容の双方を盛り込む ※真剣にアンケート記入に取り組むことができたか。【関心・意欲・態度】 ※これまでの地域学習や体験学習を思い出すことができたか。【知識・理解】 ※自分の通う学校周辺の事象について関心を持つことができたか。【関心・意欲・態度】
流山の交通と産業 2.5時間	(1)地図と史料を利用し河川水運を学ぶ 江戸時代の史料をもとに、千葉県全図・流山市地図に各自で水運ルートを書き込む。 当時の取引貨物の検討を通じて、人とものの流れと利根川・江戸川の利便性を確認する。 (2)みりん醸造と地元の文化を知る 学校にほど近い（徒歩5分）一茶双樹記念館に出かけ、地元のみりん醸造業と文人の功績を見る。 (3)鉄道と流山—仮説を立てて検証— ・現在なぜ流山の市街地に東京直結の鉄道がないのか、仮説を立てて発表する。 ・発表用のシートを作成し、授業後提出する。 ・鉄道の利便性に着目した後の流山について知る。	文献は三省堂『史料が語る千葉の歴史60話』・『流山市史』等を利用する。 ※与えられた資料をもとに地名を探らせ、作図することができたか。【資料活用の技能・表現】 ※江戸を中心とした交通網の整備について理解できたか。【知識・理解】 ※河川水運の利便性を、現代の陸上交通の常識を離れて考えることができたか。【思考・判断】 博物館の利用方法について生徒に事前に説明する。 ※醸造業の特徴について展示内容を通じて理解することができたか。【知識・理解】 ※展示された史料から蔵元と文人の交友関係が生まれる理由を読みとれたか。【思考・判断】 河川交通へのこだわりと利根運河の建設について、前回生徒が作製した地図を再度参照させて考察させる。 ※これまでの学習をふまえ仮説を立てることができたか。【思考・判断】 ※鉄道輸送の利点について理解できたか。【知識・理解】 ※地元民の鉄道建設に対する背景を積極的にとらえることができたか。【思考・判断】
陸軍糧秣廠と流山 1時間	(1)授業開始に先立ち、関東大震災の被害とその後の社会情勢について理解する。 (2)県内における朝鮮人虐殺の実態を、史料・資料から読みとる。 (3)校門前の陸軍糧秣廠跡記念碑を見学し、関東大震災の影響を地域の目で考察する。 (4)戦後の近在の状況について知る。	文献は吉村昭『関東大震災』・三省堂『史料が語る千葉県の歴史60話』等を利用する。 ※未曽有の天災で京浜地区を中心に被害が甚大で、混乱が著しかったことを理解できたか。【知識・理解】 ※碑文の情報を的確に読み取れたか。【資料活用の技能・表現】 学校の敷地は、もとをただせば糧秣廠跡であることを紹介する。 ※東京から流山に糧秣廠が移転してきた背景を考察することができたか。【思考・判断】
ま　と　め 1時間	(1)本単元を通じた感想文を書く。 (2)指名された者が自分の感想を発表し、単元設定上の目標が達成されたことを確認する。 ・感想文を授業後提出する。	※感想文作成に真剣に取り組んだか。【関心・意欲・態度】 ※他の発表を聞き、自分たちの得た知識の深化に役立てられたか。【関心・意欲・態度】 ※地域の地理的な条件と歴史が時代を超えて関連していることに気づけたか。【思考・判断】

拙稿「地理歴史科・公民科—指導と評価の一体化を目指して—日本史A」（千葉県教育庁指導課、平成14年3月）より。

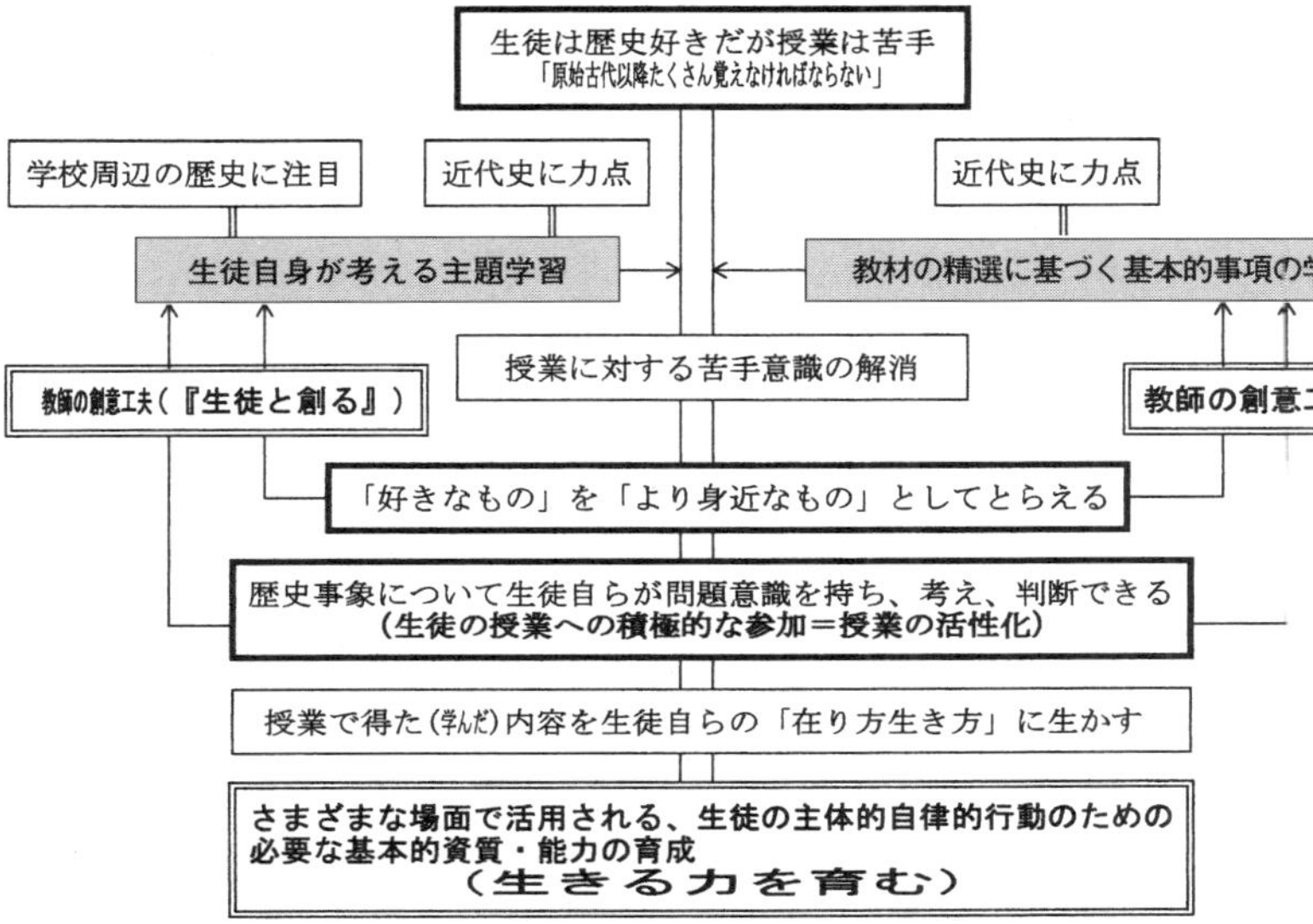
生徒は歴史好きだが授業は苦手
「原始古代以降たくさん覚えなければならない」
学校周辺の歴史に注目
近代史に力点
近代史に力点
生徒自身が考える主題学習
教材の精選に基づく基本的事項の学習
授業に対する苦手意識の解消
教師の創意工夫（『生徒と創る』）
教師の創意工夫
「好きなもの」を「より身近なもの」としてとらえる
歴史事象について生徒自らが問題意識を持ち、考え、判断できる
（生徒の授業への積極的な参加＝授業の活性化）
授業で得た（学んだ）内容を生徒自らの「在り方生き方」に生かす
さまざまな場面で活用される、生徒の主体的自律的行動のための
必要な基本的資質・能力の育成
（生きる力を育む）

拙稿「地理歴史科・公民科―指導と評価の一体化を目指して―日本史Ａ」（千葉県教育庁指導課、平成14年３月）より。

図　1

し、生徒の文を単元終了時等にクラスメートの前で紹介する。一連の流れによって、生徒は自分の学習に対して教師が反応していることを確認できると同時に、自分の学習記録が文章化されることによって、当該の学習内容が、単なる暗記知識としてではなく自らの知的財産として定着する。これらの授業改善を通じて、生徒が自ら考える機会を増やすことにした。これを、昨今しばしば登場するキーワード『生きる力』に結びつけて**図1**のように図式化した。

問題解決のためには知識が必要である。これはどのような場面でも語られる常識である。しかしながら、受験を意識せざるをえない世代にとっては、その知識とは暗記のことであるととらえられることがあまりにも多い。

流山南における実践をいま一度振り返ってみる。よく耳にした生徒の言葉に「歴史は覚えることが多くて嫌いだ」があった。確かに嫌いなら授業は苦手になるわけで、相対的に成績は伸び悩む。まさしく負のスパイラルに陥ることになる。

学習意欲の向上を生活指導と直結させる必要があった同校では、教師全員に危機意識と学校改善のための意気込み

があったため、学校生活のさまざまな場面で生徒の努力を認める取組みをしていた。その延長上にレポート提出を位置づけることはごく当然の帰結である。ただし、作成する生徒側に意欲がない場合、レポート作成や提出は、自らの積極的意識にもとづくというよりも、写経（さらに悪くいえば書写）という認識で取り組むことになってしまい、結果として、教師側が当初生徒に求めていた水準を満たさず、生徒が提出さえすればよかろうといった安易な妥協に結びつく。事実、自分の同校着任当初を振り返れば、内容で優劣つきがたい場合には、ていねいな文字や提出枚数の多さを努力の現れと見なして平常点に算入することがあった。この苦い経験が、自分の授業実践において、生徒が文を書くことに抵抗を感じさせないようにする手法を研究する原動力となっている。

さて、レポートが苦手な生徒にとっては、授業への取組み（それは生徒自身にとっての学校生活に対する成果でもある）を数値で示される最大の機会が定期考査であるから、日頃の授業に力の入らない者ほど定期考査前にかなり強烈な努力を試みることになる。

考査出題者の立場からすれば、自分の授業実践で問える部分をふまえた出題にするために、教材研究した資料や授業プリント、果ては教科書の記述から網羅的に問うことが、もっとも客観的だととらえやすい。もともと学習意欲のあまりない生徒たちに対して、高校生活を持続させるために、学習指導の中で生活指導的側面（たとえば、授業開始時には用具を机上に準備しておくなどの、いわゆる「授業の動機づけ」も盛り込まねばならず、授業全体を反映させた出題を行うという場合に、得てして授業でやったことからテストに出すという表現をとってしまう。すなわち、網羅的というスタンスが一問一答式の出題に結びつき、記憶量の多い場合に高得点をとれる問題作成に陥りがちになる。

このような出題傾向の考査に対し、成績向上に向けて起死回生の一打を放たなければならない生徒がとる行動は、当然の帰結ながら丸暗記である。授業での板書事項を、とにかくやみくもに自分の記憶の引出しにつっこむため、前後関係や関連性などはほとんど無視されてしまう。加えて、押し込んだ引出しからお目当ての正解が引張り出される確率はどんどん低くなる。こうして「覚えることが多くて嫌いだ」という負のスパイラルが生まれることになる。

一例を紹介する。ある事実の発生した年号は、歴史的事項同士の関連性を分析するために役立つことが多い。生徒に単純な項目の詰め込みをさせずにすむのではないかと考え「この年号はキーポイントになる。数学の公式のように利用できるから、ぜひ押さえておきたい」と話したところ、逆に「じゃあこれも覚えなければ駄目ですね」とつっこまれた。「しまった」と思ったが時すでに遅く、生徒のため息が聞こえてきた。とりつく島がなくなってしまうとはまさにこのことか、とほぞをかむ思いであった。

覚えることが苦痛になって、生徒が次の学習活動に入れなくなってしまう状況を改善する策の一つが、前述した考査問題の工夫であった。一問一答式や記号選択式から、記述式重視に転換したことで、生徒自身が考える動機づけにはなった。この先にはどのような展開が考えられるか。あれこれ思案しているところで小金に異動することになった。

三　小金高等学校での実践

進学希望者が大半を占めるため、その気になれば、静かに机に向かっている生徒たちを前に淡々と話すだけで一時間の授業が終わってしまう。これは、ある意味教師にとって天国である。「生徒の自主性に任せる」と明言して事実上放任し、自分の研究に没頭したり、自分の得意分野の講義だけで一年間を終えてしまう教師も当時の小金には残っていた。遠い昔、自分が高校生だったころの、いわゆるの進学校ではふつうに見られた光景である。当然、生徒は敏感であり、教師の取組みや力量をチェックして、おもしろくない、あるいは自分のニーズに合わないと判断すると、とたんに内職に精を出す。基礎学力がある程度しっかりしていることから、要領をつかめばさほど苦労せずに定期考査でそこそこの成績をとれてしまう。これが大学受験での自分の実力過信につながり、浪人することについて（とくに親に経済的負担を強いるという観点で）の罪悪感はない。着任直前に同校を訪れ、校内を何気なく歩いているうちに、教室の背面黒板に「○○の授業ノート三年間持ってるよ！」「○○の期末テスト過去問買います」という生徒の書き込みを発見した。これこそが同校の長年の流れを如実に物語っている証拠であると痛感した。

着任二週間後、生徒の投書がきっかけとなって、生徒会執行部から「各先生は、一年間の授業年間計画を年度初めに明示してほしい」という要望が出された。自分は流山南で、生徒に口答で話していたことでもあり、苦にはならないことである。むしろ、生徒会の意欲に感心した。それに、「顧客」のニーズに応えるのは世の常識である。ところが、生徒会顧問から職員全体に経緯の説明があった際、一部教師から「教師の授業に注文をつけるとは生徒にとってあるまじき行為ではないか」という声が上がった。これには正直いって唖然とした。そしてこのとき、自分の同校での授業展開方針は固まった。

1　年度当初に授業計画を明示する

生徒の要望に応える最短手段は、教師が作成する年間授業計画を伝えることである。年間授業計画の作成は学校運営上必要な項目であるが、自分の着任時、同校では長年の経緯から年間授業計画自体が作成保管されていないとのことであった。生徒の要望に反発する教師が出るゆえんである。

自分は今回の生徒の要望に応えるために、さらにそこで一歩踏み込んで、授業計画の中に評価方法や授業の年間の方針まで盛り込んで印刷配布することにした。いわゆるシラバスである。日本史の授業で、年度初めに教科書の配列に即して現代（最後のページ）まで授業を実施することを明言したことは、生徒にとって少なからず驚きであったようだ。事実、学期末の成績について生徒から質問や抗議もあったという同校にありながら、自分への不満の声は聞かれなかった。一方、授業の進度や評価まで明記したことによって、長年同校に勤務する一部の同僚から嫌みもいわれた。

ほぼ同時期に千葉県教育庁指導課もシラバス作成に向けた検討を行っていた。同校で実際に生徒に示した年間授業計画に加筆の上、同課に寄稿したものが**表2**の展開例である。

表２　年間授業計画の展開例・その１

「日本史Ａ」	単位数	２単位	担当者	○○　○○
	学科・学年・学級		○○科　第○学年	

１　学習の到達目標等

学習の到達目標	１　近現代史を中心とする我が国の歴史の展開を学びます。 ２　１に際しては，世界史的視野に立って，我が国を取り巻く国際環境などと関連づけて理解を深めます。 ３　１と２の学習を通じて，歴史的思考力を培い，国民としての自覚と国際社会に主体的に生きる日本人としての資質を身につけます。
使用教科書・副教材等	○○○○

２　学習計画及び評価方法等
(1)　学習計画等

学期	学習内容	月	学習のねらい	備考（学習活動の特記事項，他教科・総合的な学習の時間・特別活動等との関連など）	考査範囲
第１学期	「日本史Ａ」学習について	4	「日本史Ａ」学習の意義や内容，学習や評価の方法を理解します。		第１学期中間考査
	１　歴史と生活	4	現代に残る風習や民間信仰を現代の人々の生活と関連づけて追求する主題学習を通じて，風習や民間信仰が本来持っている意味や変化の過程について考察します。	・「世界史○」，「地理○」ならびに公民科の学習と関連します。	
	２　近代日本の形成と１９世紀の世界 (1)　国際環境の変化と幕藩体制の動揺	5	産業，学問，思想，教育における近代の芽ばえや欧米諸国のアジア進出に着目しながら，幕藩体制が動揺する時期の内外情勢について理解します。		
	(2)　明治維新と近代国家の形成	6	文明開化などに見られる欧米文化の導入と明治政府による諸制度の改革に伴って生じた社会・文化の変化に注目します。 そして，開国や明治維新から自由民権運動を経て立憲体制が成立するまでの我が国の近代国家の形成について理解します。	・各自が興味・関心を持った事柄について調べ学習を行い，レポートを提出します。 ・「世界史○」，「地理○」ならびに国語科の学習と関連します。	第１学期期末考査
	(3)　国際関係の推移と近代産業の成立	7	条約改正や日清・日露戦争前後の欧米諸国やアジア近隣諸国との関係の変化及び産業革命の進行に着目して，我が国の対外政策の推移と近代産業の成立について理解します。		
	【課題・提出物等】 １ 授業の中で使用するプリント（２０枚程度） ２ 次の(1)，(2)を提出してください。 (1)　日本の外交方針と条約改正に関わった外務大臣に関する番組の視聴レポート (2)　幕末・維新期の諸事件に関して，興味・関心を持った事柄について調べたことや考えたことのレポート ３ 各定期考査ごとに授業ノートの作成状況を確認します。				
	【第１学期の評価方法】 １　中間並びに期末の定期考査の成績，確認テスト（学期４回程度実施），プリント，レポートなどの提出物の内容，学習活動への参加の態度などで評価します。 ２　学期全体の評価は，概ね，中間並びに期末の定期考査の成績，確認テストで７０％，プリント，レポートなどの提出物の内容で２０％，学習活動への参加の態度などで１０％の配分で行います。				

表２　年間授業計画の展開例・その２

第2学期	3　近代日本の歩みと国際関係 (1)　政党政治の展開と大衆文化の形成	9	政党の役割と社会的な基盤，学問・文化の進展と教育の普及に注目しながら，政党政治の移り変わりと大衆文化の形成について考察します。	・公民科，国語科ならびに家庭科の学習と関連します。	第2学期中間考査
	(2)　近代産業の発展と国民生活	10	都市や村落の生活の変化と社会問題の発生に注目しながら，近代産業の発展について考察します。 また，地域社会がどのように変化してきたかを政治的，経済的な条件や国際的な動きと関連づけて追求する主題学習を通じて，それらの変化が国民生活にもたらした影響についても考察します。		
		11		・「世界史○」，「地理○」ならびに公民科の学習と関連します。	第2学期期末考査
	(3)　両大戦を巡る国際情勢と日本	12	諸国家間の対立や協調関係と日本の立場，日本国内の経済や社会の動向，さらにアジア近隣諸国との関係に注目しながら，二つの世界大戦ならびに両大戦間の内外情勢の変化について考察します。		
	【課題・提出物等】 1　授業の中で使用するプリント（２５枚程度） 2　次の(1)～(4)を提出してください。 (1)　第一次世界大戦に関する番組の視聴レポート (2)　１９３０年代，日本国内で発生した社会事件に関する番組の視聴レポート (3)　太平洋戦争の経過に関する番組の視聴レポート (4)　大正から昭和初期にかけての都市と農村の生活に関して，興味・関心を持った事柄について調べたことや考えたことのレポート 3　各定期考査ごとに授業ノートの作成状況を確認します。				
	【第２学期の評価方法】 1　中間並びに期末の定期考査の成績，確認テスト（学期４回程度実施），プリント，レポートなどの提出物の内容，学習活動への参加の態度などで評価します。 2　学期全体の評価は，概ね，中間並びに期末の定期考査の成績，確認テストで７０%，プリント，レポートなどの提出物の内容で２０%，学習活動への参加の態度などで１０%の配分で行います。				
第3学期	4　第二次世界大戦後の日本と世界 (1)　戦後政治の動向と国際社会	1	第二次世界大戦後の国際関係の推移に着目して，占領政策と諸改革，新憲法の成立，平和条約と独立など，我が国の再出発及びその後の政治の移り変わりや新しい外交関係の確立について考察します。	・公民科や家庭科・理科などの学習と関連します。 ・各自で取り上げた課題の学習成果をふまえてグループを編成し，自由に討論してその経過を記録シートに記入します。	学年末考査
	(2)　経済の発展と国民生活		生活意識や価値観の変化に注目しながら，戦後の経済復興，技術革新と高度成長，経済の国際化など日本経済の発展と国民生活の向上について考察します。		
	(3)　現代の日本と世界	2	①経済や文化の国際的交流，②科学技術の発達と世界の平和，③我が国の国際貢献の拡大などから，自由に取り上げた課題について追求する学習を通じて，現代世界の動向と日本の課題及び役割について考察します。		
	【課題・提出物等】 1　授業の中で使用するプリント（１０枚程度） 2　次の(1)～(4)を提出してください。 (1)　戦後復興と国際社会復帰に関する番組の視聴レポート (2)　高度経済成長期の生活文化に関する番組の視聴レポート (3)　２１世紀に残された課題に関する討論の記録シート (4)　「年間学習総括シート」 3　学年末考査終了時に授業ノートの作成状況を確認します。				
	【第３学期の評価方法】 1　学年末の定期考査の成績，確認テスト（学期１回実施），プリント，レポートなどの提出物の内容，「年間学習総括シート」の内容，討論形式の授業など学習活動への参加の態度などで評価します。 2　学期全体の評価は，概ね，学年末の定期考査の成績，確認テストで５０%，プリント，レポートなどの提出物の内容で２０%，「年間学習総括シート」の内容で１０%，学習活動への参加の態度などで２０%の配分で行います。				

表２　年間授業計画の展開例・その３

【年間の学習状況の評価方法】

下記の４つの観点から評価した第１学期の成績，第２学期の成績及び第３学期の成績を総合し，年間の学習成績とします。

確かな学力を身に付けるためのアドバイス	・基本的事項や様々な課題の内容を覚えることは必要です。ただし，それ以上に重要なことは，覚えるだけではなく身の回りの事柄に対して「なぜこうなったのか」「いつから始まったのか」「どのように変化して今日に至っているのか」等，常に問　題意識を持ち，流れとして歴史をとらえるように心がけることなのです。 ・ノートは単に板書を写すだけでなく，自分で考えたことや感じたこと，興味を持ったことをメモしたり整理したりできるように，工夫してみましょう。あとで役立つほか，学習に広がりが生まれます。 ・授業に先立ち自分で関連資料を集めたり，積極的に発問する態度が大切です。
授業を受けるに当たって守ってほしい事項	・授業はチャイムと同時に始めますので，教科書や副教材をあらかじめ準備し，着席を完了してください。 ・知識と理解を深めるために，発表者のことばに耳を傾けることは大切です。他の人たちの思考を遮るような私語は慎んでください。 ・欠席した場合には，当該時間のノートを級友から借りて写させてもらうことが大切です。

(2)　評価の観点，内容及び評価方法

評価の観点及び内容		評　価　方　法
関心・意欲・態度	・近現代を中心とする我が国の歴史の展開に対する関心と課題意識を高めているか。 ・意欲的に課題を追求するとともに，歴史の学習を通じて，国民としての自覚と国際社会に生きる日本人としての責任を果たそうとしているか。	・学習活動への参加の仕方や態度 ・レポート ・授業の中で使用するプリント ・ノート ・「学習活動総括シート」
思　考　・　判　断	・近現代史を中心とする我が国の歴史の展開から課題を見いだしているか。 ・見いだした課題について，世界的視野に立って我が国を取り巻く国際環境などと関連づけ，多面的・多角的に考察して，国際社会の変化をふまえ公正に判断しているか。	・定期考査の論述問題 ・レポート ・授業の中で使用するプリント ・発表内容や発表の方法 ・「学習活動総括シート」
資料活用の技能・表現	・近現代史を中心とする我が国の歴史の展開に関する諸資料を様々な方法で収集し，役立つ情報を主体的に選択して活用しているか。 ・学習を通して歴史的事象を追求する方法を身につけ，追求し考察した過程や結果を適切に表現しているか。	・定期考査の論述問題 ・レポート ・授業の中で使用するプリント ・発表内容や発表の方法 ・「学習活動総括シート」
知　識　・　理　解	・近現代史を中心とする我が国の歴史の展開に関する基本的な事柄を，世界史的視野に立って，我が国を取り巻く国際環境などと関連づけて理解し，その知識を身につけているか。	・定期考査 ・確認テスト

3　担当者からのメッセージ

・講義式を中心として，個人による調べ学習やグループ学習などの様々な形態の学習活動を行います。そして，みなさんの発表や発言を通して，活発な授業を行います。
・年間の学習により，日本の歴史に関する知識だけでなく，諸外国との様々な関係や地理的要因に基づいて現代世界の動向を見る視野が広がります。

『高等学校シラバス参考事例集—シラバス作りの推進に向けて—』（千葉県教育委員会、平成14年12月）より。

2　考査問題作成手法を再検討する

流山南時代の後半で意識するようになったのが、考査問題において記述式の比重を上げることだった。小金の生徒の場合、文章を書くことに対しては抵抗感がないため、記述式の出題に際しては、当該設問の採点基準を厳密に設け運用する必要に迫られた。これは当然のことながら考査問題として本来あるべき姿だと考える。

ただその一方で、記述式は出題に要する労力のわりに解く側の評判も芳しくないことから、考査の回を追うごとに一問一答式や記号選択式も適宜織り交ぜてほしい、という生徒からの要望が強くなった。大半の生徒が受験するセンター試験は四択であり、すぐに答えられる解答形式のほうが力がつくという論理である。酷似した選択肢から正答（もしくは誤答）を見つけ出すだけならば、やはり記憶量が多い方が有利ということになる。もちろんこれでは高得点への最短距離は項目丸暗記という結論に結びついてしまう。点は取っても「覚えることが多すぎるから歴史は嫌い」という生徒の発言は、大学受験に縁遠い生徒が大半だった流山南と何ら変わらず、愕然とした。何はともあれ、考査問題の早急な再検討に取りかかった。

自分がよく陥っていた問題づくりとは、長いリード文によって時間的経過を説明し、設問で細部をたずねるものであった。完成した解答欄を見る限り、網羅的に仕上がっているように錯覚する類のものであった。実際には作成者の思い込みが先行していて、リード文は教科書顔負けの概説に仕上がっているものの、設問部分は結局一問一答式や記号選択式になっていて、リード文を読まなくとも設問の部分だけ読めば答えられてしまう代物であった。恥ずかしい話であるが、実は自分が二〇年来、この社会科教育研究会を通じて各参加者から定期考査問題の資料提供を受けていながら、設問の仕方という観点から資料を見直す機会はほとんどなかった。そこで改めて当時のファイルを探し出して検討したところ、各人ともに問題作成には悩んでいたことがわかった。問題作成は実に難しいことを痛感した。

縁あって首都圏近県の教員間で意見交換する場があり、奇しくもそこで、リード文の読み込みを通じて、考えて答える問題づくりのあり方が取り上げられ、多くを学ぶことができた。授業で取り上げてなくとも読み取りが可能な、初見資料の提示の手法、当該時代のある人物に出題箇所の歴史の流れを語らせる手法、複数の地図や統計を組み合わせ分析することにより時代の読取りが可能となる手法等々、生徒が得ている知識を工夫しなければ答えられない、記述式以外の設問のあり方を模索して、各定期考査ごとに実践した。(2) さっそく実践したところ、点数狙いの生徒からは不評であったものの、考えて答えることの重要性についてこちらが提起した点について、後述する『自己評価シート』の中で肯定的に反応した生徒がいたことは正直うれしかった。

問題作成は、自分にとって、将来にわたり現場で意欲的に取り組める課題と考えていた。同時に、同校の悲しい伝統となっていた、過去問の答えの暗記が通用しないことを知らしめる上でも、自分が問題作成に最低複数年取り組む必要があった。それだけに、わずか一年での異動は本当に心残りであった。

3　生徒に各定期考査ごとの授業リサーチを実施する

教壇に立って以来、毎年度始めに、授業改善の方策として生徒に年間の授業のあり方を問いかけ、年度末には感想を書かせて、実際に授業展開に反映させることには取り組んでいた。流山南時代にはこれに一工夫加えて、一年間の授業の最初の時間にアンケートを実施し、最後の時間に『日本史の学習を通じて』というタイトルで生徒自身が振り返るようにしていた（**表3**）。文章で表現させると同時に、五段階の数字により授業開始の前後における自らの変容を示す様式をとったものである。自分自身の変化を数字で表すことに対してはとまどいがあったようだが、生徒はこちらの期待以上に本音を吐露してくれて、次年度の授業計画に大きく役立てることができた。

小金ではさらにこれを各定期考査ごとに実施することにした。『自己評価シート』と命名し、考査結果返却ならびに正答解説の時間に配布することで、考査結果も自己の振り返りの機会として活用することができる。基本的に小金の生徒は考査の点数では動じず命乞い的な記述もないので、客観的に生徒の声を聞き、次の定期考査までの間の授業の改善

表３　年度末の最後の授業で生徒が記入したシート（流山南高校で実施）

日本史の学習を通じて

3年　組　番　氏名

１年間の学習をふりかえって以下の項目について答えて下さい。なお、成績評価の資料としますので正直に答えて下さい。指示された項目については１（悪い）～５（よい）の数字に○をつけて下さい。

項目	授業開始前	現在
1　渡部の担当した講義型の授業に対する感想 <以下に理由を書いて下さい> 話しの内容はちゃんと聞いていれば、わかりやすく説明してくれてよかった。でもちょっと黒板に書く字をもう少しだけ大きくしてくれると、ノートにすぐ書けて、授業も、もっとわかりやすくなるかなと思った。	1 ② 3 4 5	1 2 ③ 4 5
2　ビデオ視聴を取り入れた授業についての感想 <以下に理由を書いて下さい> やっぱり、話しと、教科書や、資料集では、わかりにくい部分があって、～戦争とか聞いたことは、何回もあるけど、実際に内容を知ってる訳でもなかったので、ビデオを見ることによって、興味がわいて、わかりやすかった。	1 2 ③ 4 5	1 2 3 ④ 5
3　流山の歴史についての授業についての感想 <以下に理由を書いて下さい> 自分の学校の場所なので、すごく身近な感じの授業でした。たまには、こういう授業もいれたりすると、少しは気分転かんになるなと思った。身近な場所でも、色々な歴史があるもんだなと改めて知りました。	1 2 ③ 4 5	1 2 3 ④ 5
4　「日本史」という科目に対する考え方について <以下に理由を書いて下さい> 私は、本当に社会系が苦手で、たぶん今回もできないだろうと思ってました。でも、日本史の場合、年号とかいっぱい書くのだろうと思っていたけど、先生の日本史は年号をほとんど書かないと言っていて、年号がないぶん、覚えやすいと思った。	1 ② 3 4 5	1 2 ③ 4 5
5　今後の自分の生き方について「日本史」は生かせるか <以下に理由を書いて下さい> 今までの歴史を知ることによって、自分が大人になった時に、子供に教えることができたり、昔の時代があるから、今、私は生きている。というふうな考えを持ちながら、今後に身近な歴史でもいいから、生かしていきたいと思う。	1 2 ③ 4 5	1 2 3 ④ 5
6　近現代史に重点を置いて展開したことについて <以下に理由を書いて下さい> 自分達も使うものや、食べる物など、知っているものの歴史を知るというのも、本当に勉強になったと思う。興味もすごいわくし、社会が苦手な私でも楽しく勉強ができたと思う。こういうふうに勉強していけば苦にならないんじゃないかなと思った。	1 2 3 ④ 5	1 2 3 4 ⑤

に反映させる上で非常に参考になった。以下に各定期考査ごとの『自己評価シート』の質問事項の一部と、印象に残ったコメントを紹介する。

①一学期中間考査

〈地図問題は取り組みやすかったですか。その理由について具体的に教えて下さい〉

・やりやすかったです。地図は勉強しました。意外と地図に弱いことに気づきました。（女、評価5）

〈中間考査までの授業について、渡部の評価をして下さい〉

・授業おもしろい。提出物が多かったり、自習プリントが大変だけど、授業の話は聞いて楽しい（裏話とか）。二年の時に比べれば社会（歴史）を好きになった気がする。（男、評価5）

・聞いていてなるほどって思った。いままで覚えてきたのは言葉だけ。言葉の意味、そのころの状況、時代を考えられた。（女、評価5）

・先生が教えたいと思っているところは詳しく説明してくれるのでよくわかるが、そうでないところを流してしまったりしてよくわからないことがあった。（男、評価3）

・日本史に対する熱意はあっていいけど、日本史選択じゃない人でも興味を持つことができるような授業をしてほしいです。（女、評価3）

・授業中に寝ている人を起こさないでほしい。集中して授業やっている方も気になるし、寝ている人はもしかしたら疲れているのかもしれないし、授業がわからなくなったら自分の責任ってわかってても眠ってしまう人もいるから、寝ている人全員を起こすのはどうかなと思います。（女、評価3）

〈授業を本格的な受験用にしてほしいという意見があります。このことについてあなたの意見を聞かせて下さい〉

・今やっている授業は歴史についていろいろな側面からいろいろな事実をみられていいと思うが、受験に使う人にとっ

てはやっぱり本格的に受験を意識した授業がいいと思う。（男）
・私は日本史を受験で使わないので、今のままでいいです。でも、受験用ってどのようなものなのですか？（女）
・私は受験勉強は予備校や自宅で参考書とか見てできるので、学校の授業をわざわざ受験用にすることはないと思う。受験は暗記とかが多いけど、授業で裏話とか、全体の流れを教えてくれた方がよい。（女）

②一学期期末考査

〈中間考査から期末考査までの授業について、中間考査までの授業と比較した上で、渡部の評価をして下さい〉
・たいして変わらない。講義がだらだら長くてポイントを得づらい。メリハリがない気がする。（女、評価3）
・一番はじめは授業がおもしろいと思った。けどテストを踏まえて考えると、裏話ばっかでしかもバーッて話すからよくわからない。専門的な話は望んでいない。あくまでもテストのため。しかも、話してる時強調するとこが違うと思う。裏話はいらない。授業より、教科書。（女、評価2）
・中間までよりは何か受けやすくなった気がする。（女、評価4）
・特に変わったとこは見つかりません。授業始まる時、チャイムが鳴る前に教室に入ってくるのはやめてほしい。（女、評価3）
・流れがつかみやすくなれた気がする。授業はとてもいいです。先生の気合いが感じられ、こっちもがんばらなきゃ！って気になります。（女、評価5）

〈プリント形式を要望に添って改訂しました。中間考査までのものから改善された感じを受けましたか〉
・年表よかったです。歴史の流れがわかりやすくなりました。資料も増えたのかなあ。前よりいいです。（女）
・受けた。「読む」部分が増えていたし、年表が使いやすかった。（男）
・余りよくわからなかった。どこがどう変わったのですか？（女）

・楽にはなったけど、授業で一言二言触れただけのことでも、プリントに書いてあるからっていうのはやめてほしい。プリントでやっただけなら授業でやったとはいわない。まとめプリントとしては内容ちゃんと理解してる人にはわかりやすいんだろうけど、一つでも知らないのがあると混乱するだけで困る。（女）

〈授業を参考にして、「考えて答える」形式の考査にしました。このことについてあなたの意見を聞かせて下さい〉

・歴史を考える上で、このような問題は大切だと思う。パッと見てパッと埋める暗記モノばかりではなく、論理的に答えを導く問題はよいと思う。（男）

・考えて答える形式はよいと思うが、もともと知識がないと考えることもできないので、結局は知識問題になると思う。（女）

・ただ年号とできごとを暗記するより点が取りにくいけど、そういう力は必要だと思うから、慣れるためにそうした方がいいです。（女）

・授業はいいかもしれないけれど、試験までその形式にされたら試験勉強の意味が少し薄れる気がします。（女）

・覚えるだけではつまらないので、「考える」考査はよいと思う。楽しい。（男）

③二学期中間考査

〈考査点数は自分の予想通りですか〉

・正直もっと悪いと思った。配点変更のおかげ。断片的に単語を覚えていても、どこの答えかわからないって感じ。（女、評価3）

〈授業で取り上げていなかった資料を使い考える問題（筆者注：当時の新聞記事からの読み取り）**を出題しました。取り組みやすかったですか**（筆者注：この項の評価は、取り組みやすさの度合いを示す）**〉**

・取り上げていない資料だから当然やりにくかったですが、授業でやったことだけを出しても、本当の力はわからない

と思うし、考えればわかる問題だったので、出題に対する不満はありません。（男、評価3）
・授業で取り上げていない分、難しいなあと思ったけれど、授業内容がわかっていればできると思ったし、こういう問題を作るのはいいと思う。（男、評価2）
・授業で取り上げたやつにして下さい。（男、評価1）
・基本的に自分で考えるということが苦手で、授業で触れたことを頭に入れていくだけなので難しく感じた。（男、評価2）
・取り組みやすいわけがない。暗記科目っていわれている中で、考える問題ってのはいいと思うけど、論述多いし、思い出して、考えて書くっていうのは時間がかかるし。見たことないものが出ると、できなくっていいかってちょっと思う。（女、評価1）

〈文章で答える形式を大幅に増やした考査にしましたが、このことについての意見を聞かせて下さい〉

・文章で答えるのが一番だと思うけど、難しい。でもでも、やっぱり文章で答えるのは大切なはずだから「文章で答える問題」は減らさず、穴埋め問題をもっと増やしていい。（女）
・形式については悪いとは思わない。けれど、授業で一度聞き漏らしたらずっとわからないままになってしまうような気がする。自分の力で理解することは必要なことであるし、その方が定着するだろうと思うし、そうしたいのだけれども、重要であることの印象付けをしてもらいたいと思う。（男）
・ちゃんと授業中話を聞いていたつもりが、あまり解けなかった。毎回毎回、自分でもう一度頭の中で整理しなければいけないのかもしれない。でも、日本史が受験で必要ない人で、あまり授業を聞いていない人や寝ている人もいるので、授業の参加度を調べるのにはいいかもしれない。（女）

〈考査範囲を振り返るビデオ視聴について、あなたの考えを聞かせて下さい（筆者注：一九二〇年代後半～三〇年代

前半を概観する記録映像を編集し、正答発表後に視聴）〉
・テスト範囲ときちんと重なりつつ、これからの授業内容につながるものになっていたと思う。教科書で学ぶより、ビデオのほうは要約してあってわかりやすいのでよかった。（男）
・テスト前に見せてほしかった……。（女）
・復習になったので、是非毎回やってほしい。（男）
・授業中に見たビデオは本当におもしろくなかったので、今回のはよかった。（女）
・テストが終わればその内容も終わり、ではなく確認し直せたのでよかった。（女）

④二学期期末考査
〈期末考査までの授業について、中間考査までの授業と比較した上で評価して下さい〉
・プリントがわかりやすくなって、取り組みやすくなった。ただ、黒板に書いてあることをノートにとると、あとから見たりすると意味がわかりにくいです。（女、評価2）
・プリントがぎっしり詰まっているので、黒板内容が書けません。工夫して下さい。（女、評価3）
・自分のほうで先生の授業に慣れてきてわかりやすく感じるようになった。できごとの背景や思惑など説明してくれるのがよいと思う。（女、評価4）
・世界を交えた授業に満足しています。（男、評価4）
・一生懸命だったと思いますが、時代の流れが行ったり来たりで……。（男、評価3）
〈授業を参考にして、第二次世界大戦の内容についてもいくつか問いかけました。このことについてあなたの意見を聞かせて下さい〉
・残忍さが強く残った気がする。実際にビデオを見ることで、より強く残ったし、見てよかったと思う。（男）

・この前、新聞で「日本がアメリカと戦争をしたことを知っていますか」という質問で、四〇%ぐらいの若い人が知らないという結果が出ていて、びっくりした。だから、太平洋戦争も含めて、第二次世界大戦の頃のことは知っていたいと思っていた。テストに出すだけでも触れる機会が増えていいかな。(女)

・あまり知らなかった戦争の背景について知りたい、という意欲がわいた。(男)

・今の私たちの幸せは昔の人の上にあるのだと実感しました。(女)

・できれば見たくないな、というものを突きつけられているような気がした。自分は日本人であるから、やはり複雑で後ろ暗い気持ちも感じるけれど、ちゃんと考えなくてはいけないことなのだとやはり必要なことなのだと思う。(女)

・南京大虐殺のことなど、今まで聞いていたのとは違う視点での話を聞いて、戦争において被害者も加害者もないのだなあと感じたし、抵抗手段を持たない民衆のあり方について考えられた。(女)

〈渡部担当以外のクラス、及び一月末までの授業数を参考に、考査範囲後半（特に占領下の日本）は要点整理が増えました。このことについて、あなたの感想を聞かせて下さい〉

・要点整理は、流れを理解するのに役立つからよいと思う。でも、要点整理ばっかじゃまずいとは思うけど。(男)

・私個人としてはもっと詳しく知りたいという時もあったけど、流れやできごとを理解する上では要点整理をしていくのがよいと思う。(女)

・理系なので手が回りませんでした。赤をとらせないくらいの内容にして下さい。ここだけやれば二十五点はとれるぐらいの。甘いとは思いますが、簡単めにお願いします。(女)

〈考査範囲内のビデオ視聴はあなたの「時代理解」に役立ちましたか。具体的にあなたの考えを述べて下さい〉

・桐生市で天皇の先導役が道順を間違えたビデオ[3]は、時代背景から多くのことを学べました。(男)

・印象的だったのは、『欧米人の見た日本の戦後』[4]。日本の戦後が諸外国からどう考えられていたのかを見ることがで

きた。（女）

・とても興味深かったし、私の進路決定のエポックになりました。（女）

〈三学期の授業で教科書の最後まで終了する予定です。政治経済で学んだことも照らし合わせて、どんなことに関心を持っているか（授業で期待する部分はどこか）述べて下さい〉

・国際紛争について。（女）

・戦後の日本経済の発展について。（女）

・世界と日本との関わり合いについて。（男）

・たくさんあるが、特にアメリカによる戦後の日本統治が現在に与えている影響（沖縄問題など）。（女）

・戦前と戦後の人の暮らしは全然違う。今回の範囲の中でも、人の考えまでをも変えるめまぐるしい変化があった。その後、日本はどのような国にしたくて、何をしてきたのかということを知りたい。（女）

⑤学年末考査後

〈年間の授業を終えるにあたって、四月当初に比べて日本史学習に対して関心は深まりましたか〉

・世界から日本を見ると……という話が出てくる時が楽しかったです。（男、評価5）

・小・中で習ったものよりつっこんだ内容であったけれど、関心の変動はなかった。（男、評価3）

・歴史はいろんな人のいろんな考えが混ざり合って動いてきたことがわかった。（男、評価4）

・世界史受験なので、本音を言えばできるだけ楽をしたかったのですが、授業が楽しくついつい力を入れすぎてしまいました。（男、評価4）

・受験勉強と思っていたので、関心が深まったとは思わなかった。（女、評価3）

〈年間の学習を終えるにあたって、四月当初にあなたが期待した日本史の授業への希望は満たされましたか〉

・浅い内容のものを急いでやるくらいなら、狭い範囲でも深くやった方がよかった。（女、評価2）
・戦後の授業でだいぶ満たされました。（女、評価4）
・教科書に書いてあることだけの授業とは違うものを望んでいたのでよかったと思う。ただ、もう少し歴史の裏話的なものを聞きたかった。あと、たまには先生自身の話も聞きたかった。（女、評価5）
・うまくいうことはできないが、道を外れることなく進んでくれたので少々安心した。（男、評価3）
・このシートでいろいろと書かせてもらったせいか、先生がみんなのことを考えて授業のやり方を変えてくれているのがすごくわかりました。一学期から三学期までだんだん自分の理想に近づいていったような気がします。（女、評価3）

4　生徒の自己評価と授業実施者への評価を求める

『年間自己評価シート』と題した最終回では、授業に対して生徒が自己評価をすることや、授業実施者に対して生徒が評価をすることについての生徒の考えを求めた。

自己評価については、これまで経験したことがなかったことなのでとまどう反面、自分を振り返るいい契機になったという声がきわめて多かった。

授業実施者への評価は、記名式にしたことで当初さまざまな憶測を呼んだ。事実、「授業実施者を評価するというところはとてもよいことと思うが、評価してどう変わるかが大事なところであり、評価するだけにとどまらずもっと目にわかる変化で対応してもらいたい」（男）、「生徒の名前を記した紙に書かせると、先生の機嫌をとってしまうから、本当の評価を聞きたいのなら無記名で書かせたほうがいいと思う」（男）、「具体的にどのように評価につながるのか不明な点が怖い」（女）との声はあった。しかし大半が生徒と教師の双方の利益につながることであり、前向きに受け入れていた。とくに「授業がよくなるならないは別問題として、私たちの意見を聞こうとしている姿勢がすでにすばらしいことだと思います」（女）という声に代表されるように、授業実施者への評価を、授業改善に確実に役立てる題材にしているると理解してもらえた点では効果が大きかった。

これら二つの評価項目は、成績への反映材料として悪用されるのではないかと疑う生徒の目も当然あったはずであり、記名式にしたこともあって内容にあまり期待はしていなかったのだが、予想に反して素直な心情を述べてくれたことには驚いた。むしろ、生徒の自己評価と授業実施者への評価の活用方法について、事前の説明を十分に行っておけば疑念を生じさせなかったかもしれない。

1で述べたとおり、授業年間計画の事前の明示を求めた生徒会側の動きにいち早く対応したことも幸いして、この『自己評価シート』は単なるアンケートとは異なったものとして生徒に好意的に受け入れられた。なお、実際のシートについては**表4**で示した。

これら二つの評価の実施と分析は、確かに労力が必要である。また十分説明したからといっても、生徒が本音を書いてくれなければ単なる教師批判の材料となってしまうし、これらの結果を数値化した場合、数だけが一人歩きを始める可能性もある。多くの教師が生徒による授業評価に二の足を踏む最大の理由はここにある。

小金だけでなく、全国的傾向として教育現場で教師の自己評価や生徒による授業評価等がなかなかすすまないのは、日本の教育風土に、いまだ評価の概念や目的が定着していないためである。しかし、『誰のための』『何のための』評価なのかをしっかりふまえ、生徒と教師の信頼関係のもとに客観的評価を心がけることにより、道は開ける。

四　教師は自分を評価できるか

流山南と小金では、生徒の学習に対する目的や意欲も大きく異なっていた。しかし、生徒の実態をふまえて授業計画を再検討し、生徒自身に授業の取組みを振り返らせたところ、一年間の授業を通じて、双方の生徒にも自ら主体的に歴

表4　学年度末考査後に生徒が記入したシート（小金高校で実施）

年間自己評価シート

3年　組　番　氏名

※　このシートは客観的・正直に書いて，必ず提出してください（確認します）。

項　　目	評価（5段階）	あなたからのコメント（具体的にお願いします）
① 今学期のあなた自身の授業への取り組みについて，素直な気持ちで評価してみて下さい。	3	出席した時は、かなり集中して話をきけたと思う。ただ、3学期は休んでしまった時が多かったのは反省している。
② **期末考査までの授業について，**２学期までの授業と比較して，渡部の評価をして下さい。	5	年表がわかりやすかった。けっこう年代で日本と世界を比較したことがなく、ただ暗記するだけだったので、よくわかった。
③ 年間の授業を終えるにあたって，４月当初に比べて日本史学習に対して関心は深まりましたか。（強く深まった＝５，全くなくなった＝１）	5	受験で日本史を使うので勉強したが、それはやっぱり暗記でしかなくすぐ忘れる。予備校行っていても次の週になるとその日やったことを忘れていて悲しくなった。でも学校の授業でやったことは忘れなかった。それは先生が流れを説明してくれたし、隠れた背景などもわかった。だから忘れなかったのだと思う。日本史の学習の仕方を教わったような気がする。渡部先生は、どうやって日本史の勉強をしたのか知りたい。
④ 年間の学習を終えるにあたって，４月当初にあなたが期待した日本史の授業への希望は満たされましたか。（おおむね満たされた＝５，全く満たされなかった＝１）	5	学校の授業は、予備校とは違って、深くツッコンでほしかった。その点では、かなり満足している。先生の説明が良いから、とてもわかりやすかった。少し疑問に思っても考えるとカンタンに答えが出てくる（＊先生が授業に話していたから）こともあったし、理解しにくいところはビデオで理解できた。もう卒業なので、はっきり言ってしまうと、小金の先生は授業が下手。少しも生徒にわからせようとしていないのがわかる。渡部先生は「わからせる」ことを常に考えて授業を進めているのが伝わってきた。だから引きつけられた。満足しました。
⑤ 授業に対して生徒が自己評価をすることについて，あなたの感想や意見を聞かせて下さい。		テストの結果はテスト受けた後にわかるから、次はもっと勉強しないとって思うけれどいつもやらず。そして同じことをくり返す。自己評価することで自分の弱点が頭に入ってくる。私にはそれが良い結果をもたらしたと思う。2学期中間、穴うめはパーフェクトだったけれど、記述がボロボロだった。自己評価で「流れをつかむように勉強する」と決めたら期末ではパーフェクトに近かった。（暗記だけわかりませんでした。）自己評価のおかげだと思う。
⑥ 授業実施者に対して生徒が評価をすることについて，あなたの感想や意見を聞かせて下さい。		私が1年生だったころ、先生方に対して生徒が評価したことがあって、ある数学の先生は言葉だけ受けとって心では何も感じてくれなくて（つまり、理解できなくても教科書をダ――と進めるだけ）意味がなかった気がする。つまり「授業をよくしたい」とか「理解してほしい」とか思う先生に対してなら、生徒側の要望を聞いて検討してくれる。だから、私は渡部先生がやっていることには賛成。授業に大切なのは「工夫」だと思うし、一番難しいのは「工夫」だと思う。渡部先生が私たちに評価を求めるのは大切なことだと思う。それが、小金の目指している「先生と生徒で作る授業」の原点だと思
⑦ 昨年４月に話した授業の年間実施計画に沿って，予定通りにみなさんの生きている今の時代まで授業で触れました。このことについて，授業計画を事前に公表することの是非を含めてあなたの意見を聞かせてください。		中学校の時は「どこまでやるのだろう」と不安に思っていたし、先生に聞いても「終わる所まで」しか答えてくれなかった。なので、予告されることは良い。それに確か「ビデオも見ていくつもりです」と言われた時は、ワクワクした。しかも、そのビデオの内容がわかりやすいものばかりで、授業の終わりに「次回はビデオだから」と言われるとどんなビデオなのかと楽しみにしていた自分がいた。
⑧ 前回のシートで「国際関係と日本史を関連させてほしい」という要望が多く，1960年代以降はベトナム戦争・中東情勢等を意識的に盛り込み関連づけました。このことについてあなたの感想を聞かせて下さい。		とてもわかりやすかった。上にも書いたけれど、ただ暗記するだけだと最後には混乱するだけ。でも国際関係と関連させることで流れがわかるようになった。黒板に書かれたあの年表は、多分忘れられないと思う。
⑨ 考査範囲内のビデオ視聴はあなたの「時代理解」に役立ちましたか。具体的にあなたの考えを述べて下さい。		はい。映像があるとそれが頭に残りより理解しやすくなった。ビデオって本当によいと思う。うまくいえないけれど、気がつくとその世界に入っていていつのまにか理解できるから。
⑩ 現代史の学習にあたって，日本史と政治経済の授業はどう分担しどう関連させればよいと思いますか。具体的に述べて下さい。		先生の政経の授業は主に「生きるため」の授業だったので、渡部先生がよく「政経の授業でやったと思うので重複をさけます」って言われてたけれど内心「やってな～い(泣)」と思っていました。
その他何かあれば記入してください。		私が言いたいことは、⑥に書いてあります。

史を学ぶ姿勢が認められるようになった。歴史と向き合うための動機づけとして成果を上げたといえる。

生徒に授業の評価を求めることについては、実施の是非や方法を含め非常に悩み、相当の決意のもとに臨んだ。結果的にはデメリットはほとんどなかったわけだが、即断実行できなかった自分の情けなさを振り返ったとき、自分を含む今日の大半の教師に共通する弱点として、生徒との信頼関係が成立しているか否かに対する不安と、他者からの評価を受容する力量が不足していることに気づいたのである。

教師としての経験が長くなるほど、自らが生徒の評価者であることに何ら疑問を持たず、評価者として権威を有している意識が増大する。一方で教師は、教壇に立ってから今日まで、自らが被評価者になることがきわめて少ない。したがって、教師としての自分が他者（生徒を含む）から評価されることに対しては非常に臆病であり、下された評価を素直に受容する力量は不足している。その結果、教師としての長年の経験から生まれた自らの信念という美辞に隠れ、外部の声に対して自らを閉ざし、自己満足的・自己帰結的な指導者に陥る可能性が高くなる。

評価ということばは、学校改善ということばとともに、最近の教育界の潮流を語る上でしばしば登場する。授業実践だけでなく、学校運営上でも評価の必要性が強調されている。しかし学校の構成員である教師側が『誰のための』『何のための』学校改善なのかという点をしっかり認識した上で、評価と向き合い、自らが評価されることも含めて、評価に対する意識改革を行わなければ無意味である。

初めて教壇に立って以来、『開かれた学校づくり』ということばを何度となく耳にした。近代教育において学校は、外部社会から距離を置き、教師（をはじめとする教育職員）と児童生徒だけの特別な社会として構成されることによって、共通の基準や規範のもとに近代国民国家の形成に大きく寄与してきたといわれている。しかし、戦後の高度経済成長が一段落した前後から、マスコミは教育を大きく取り上げるようになり、個性をある程度捨象することを前提とすることで、全体の学力や道徳規範の水準向上に寄与してきたそれまでの学校教育の特徴に対し、疑問や批判を投げかけた。

戦前の学校教育を全体主義の温床として完全否定する極論も出るなか、『個性の尊重』『ゆとりの重視』『教育の多様化』等をキーワードとして、人々は『閉ざされた』学校のあり方自体に関心を持つようになった。国民総教育評論家とよべるような傾向に拍車がかかり、学校と外部社会の距離は急速に狭まった。そして双方の間を隔てる壁を取り除くことで、よりいっそうの教育の刷新を図ると考えられた。『開かれた学校づくり』が、登場と同時に市民権を得たゆえんである。(5)ハード面での『開かれた学校づくり』は順調にすすんだ。各種学校行事への地域住民招待、学校施設の開放、教師を講師とした休日の各種講座開催などで、それまで生徒しか入れなかった学校に気軽に人々が入れるようになった。大阪教育大学付属池田小学校での忌まわしい事件をきっかけに細部の見直しがはかられたものの、可視的部分での『開かれた学校づくり』は定着したといえる。

しかしソフト面はどうか。社会の変化にともない、生活指導・進路指導のあり方が多様化する中で、さまざまな価値観のもとに揺さぶられることになった学校。皮肉なことに現場で一番対応が遅れたのは教師であった。従来からの教育論に信念とこだわりを持ち続けたために、生徒・保護者や地域からの要望にタイムリーに対応できず、いっそう批判にさらされることになった。さらに公立学校では、生徒数漸減にともなって新規採用の若手教師が激減したことにより、後進を育てる機運が生まれなかったり、教師の高齢化で学校の活気が失われてしまったりするケースが増えた。残念なことだが、一部の教師は、地方公務員の身分上の既得権益を主張する一方で、自分の得意分野以外ではすすんで苦労せず、学校にいながら生徒と距離を置こうとするようになった。同僚と議論を重ねて切磋琢磨し、常に意欲的であろうとする教師もめっきり減ってしまった。学校運営で一丸となって努力する必要に迫られながら、各教師の教育についてのベクトルは八方に散ってしまい、結果として変革は起こりにくく、生徒・保護者や地域にとって魅力ある学校からはどんどん遠ざかることになってしまう。

こうした中で、企業のマネジメント手法を教育現場に取り入れて活性化を図るべきであるという発想が近年花盛りである。生徒・保護者や地域に対して、CS（顧客満足度）を高めるという観点から評価を活用し、学校運営に役立て、ひいては真に『開かれた学校づくり』を実現するための手段とする動きが加速している。その一つがいわゆる学校評価である。望まれる学校像の実現に向けて、P（計画）D（実践）C（点検・評価）A（行動）のマネジメントサイクルを導入して常時取り組むという学校評価は、学校側（主として教師）による自己評価と、生徒・保護者や地域の協力（主として学校評議会を組織する）を得て行う外部評価から成り立っている。管理職は双方の評価を検討しながら、特色ある学校づくりのためにリーダーシップを発揮することになる。また、いま一つには、教師集団の活性化に向けた一つの手段としての目標による管理がある。教師一人ひとりに当該年度の教育目標を掲げさせ、その達成のための努力を促すもので、年度末に教師による自己評価を行うものである。この制度は勤務評定制度見直しを含んだ、新しい人事考課制度と密接に関係しており、給与や異動・昇任の際の資料にすることを明文化して運用している東京都を筆頭に、神奈川県や広島県などが本格的運用に移行しつつある。千葉県では平成十五年度末に冊子『学校評価の指針』を各県立学校に示すとともに、同十七年度から教師自身の目標による管理を軸とした教師の目標申告（自己評価）制度をすべての公立学校で試行するとともに、国の公務員制度改革の進展状況をふまえつつ、人事考課制度の見直しの方向性について研究を進めている。

成果を実現時期や数字で明確にすることを求められる企業では、自己評価や外部評価、および目標による管理はもはや常識である。しかし社会の常識が場合によって非常識となる教師の世界では、自分で客観的に数値目標を設定してこれを達成することや、他者の自分に対する評価を冷静に受け止められるかはまったく未知数である。平成十五年（二〇〇三）十一月、千葉大学教授を座長として県内の企業経営者や人事担当者らと、新しい教職員の人事評価のあり方に関する懇談会が開催された。自分は担当課の一員として出席し記録をとっていたが、このときに耳にした、ある経営者からの「教師は自己『陶酔』評価が得意ですからね」という発言に、思わずうなずいてしまった。すべての教師の自己評価は、外部からの各種の指摘に対し冷静にこれを受け止め、批判に耐えうるだけの精度を確保できるのか。評価の際に具体的成果となる数値目標が一人歩きをして、教育現場でもっとも重要な生徒の変容にかかわる指導の経過が無視されるようなことはないのか。上司に対しておもねって、生徒不在の自己評価を行うのではないか。教師が行う評価に対し世間が懸念を抱いているということが、自己陶酔評価（自己満足評価）ということばには凝縮されているのである。

評価という手法は、学校現場の改善にきわめて有効である。しかし、評価の本質を十分理解せぬまま導入に性急になっては、学校にかかわる者すべてに対する新たな誤解と疑念を生む種にもなりかねない。教師同士が、評価論をさまざまな形でさらに議論して理解を深め、評価に対するアレルギーを払拭することが求められている。

五　まとめにかえて

いま再び、仙石原での初めての報告『楽しい日本史とは』に思いをはせてみる。教壇に立ってまだ日の浅かった若き参加者たちと夜を徹して熱い議論を戦わせ、空が白み始める頃に、学校の主役は生徒であるということを自分の心に強く刻むことができた。主役にとって楽しい授業や楽しい学校生活とはどうあるべきか。その具体像は個々の教師にとってそれぞれ異なってよいが、生徒が満足するために生徒におもねるのではなく、生徒に何を教え導くかという信念を持って正面から生徒と向き合い、信頼関係を構築することは何よりも大切である。そのために、教師は何事にも常に謙虚でなければいけない。これらの思いは、以後の四校二〇年間にわたり、教師としての自分を支えてきた。

本稿では、授業における評価を軸にした自らの実践の概略を紹介した。教育現場ではこれまで、評価とは教師が生徒に行う成績に関しての一方向的なものととらえられてきた。教師は評価する立場にあるものとして、さまざまな評価の手段を考案するのには熱心であったが、評価の本質についての検証が決して十分であったとはいえない。さらに自らを客観的に評価することや、生徒や第三者から評価を受けることに対しては、まったく不慣れであり警戒感が強い。

評価は、次なる授業実践に向けての重要なデータであり、多角的な評価が授業内容の向上や生徒の歴史学習への関心の喚起につながる。生徒の関心が高まる授業の実践こそ、生徒自らがすすんで歴史を学ぶきっかけを与える授業なのであり、これこそまさしく『楽しい日本史』である。それだけに、一連の実践を十分に煮詰めるまで至らずに教壇を離れてしまったのはいまだに心残りである。しかし、たとえ所属や立場が変っても、今後も仙石原のあの熱い思いを忘れずに、生徒や学校を見守っていきたいと考えている。

註

(1) 流山南高等学校での実践については、拙稿「生きる力をはぐくむ日本史授業展開のあり方―生徒と作る日本近代史の学習―」(『高等学校教科研究員研究報告書・地理歴史・公民編』千葉県教育庁指導課、平成十一年一月) による。

(2) 「考えて答える」問題づくりの一例については、『高等学校指導資料・新学習指導要領を踏まえた指導と評価の在り方』(平成十五年三月、千葉県教育庁指導課) に掲載した。

(3) 昭和九年(一九三四) 十一月に起こった桐生市鹵簿(ろぼ) 誤導事件を取り上げた『驚きももの木20世紀』(平成九年、テレビ朝日放映)。

(4) イギリスBBC・アメリカA&E製作『欧米人の見た日本の戦後①戦火のあと』平成二年、NHK放映。

(5) 堀内孜「『開かれた学校づくり』の構造と推進課題」『中等教育資料』八一四、平成十六年三月。

追記

本稿は、平成十六年(二〇〇四) 九月に執筆したものである。執筆当時と現在で、時間の経過に伴って、両校の状況および両校を取り巻く環境は大きく変化しており、同一ではない点について、まず述べておきたい。

千葉県では、この一～二年の間に、県教育委員会が策定した「県立高等学校再編計画」により、高等学校の統合の実施や、全日制を併置する形で午前・午後・夜間の三部制をとる定時制高等学校が開校するなど、大きな動きがあった。また、教育職員に対しては、異校種間の人事交流を含む積極的な人事異動を実施した。こうした新しい潮流を生み出そうとする動きの中で、各高等学校は「地域とともに在る、信頼される学校」を目指し、各校独自の手法によって、特色ある学校作りを積極的に推進することになった。自分がかつて勤務した小金高等学校も流山南高等学校も、当然その例外ではなかったが、結果的に両校とも、生徒と教師の努力によって短期間に大きな変化を遂げ、現在さらに躍進を続けているところである。

また、本稿執筆以降、学校現場では生徒による授業評価に対する関心がさらに高まり、さまざまな取組が報告されるようになった。こうした中で、いささか賞味期限を超過した感が強い実践報告であるが、忌憚のないご意見をいただければ幸いである。

なお、自分は平成十八年（二〇〇六）四月に、三年間勤務した教育振興部教職員課から、教育振興部指導課に異動した。教育職員の服務監督を中心とする業務から、現場の教育実践に関する指導助言を中心とする業務にかわり、教科指導に関して学校現場の「生の声」に接する機会が格段に増加した。奇しくも、平成二十年度（二〇〇八）までの三か年計画で指導課が展開する「学力向上プロジェクト事業」の担当となり、改めて生徒と授業について考える絶好の機会を得たのは何よりであった。

社会科教師としてしてきたこと――いままでの実践から――

田澤直人

一　はじめに

二〇〇二（平成十四）年一月、長野県の高等学校初任者研修の一環として、「先輩教師に学ぶ」という企画があった。二〇〇一（平成十三）年度に採用された地理歴史科・公民科の初任者研修対象の先生方に対して、長野県総合教育センターで二時間ほど私が話をする機会に恵まれた。その際に話したことを中心に、社会科教師としていままでの自分の実践を振り返りながら、自分自身の今後の糧にするべく報告させていただく。

二　今まで担当した社会科の授業

大学を卒業して、一年間の非常勤講師を経て、長野県の教員として採用されてからいままでに、自分が受け持った社会科の担当科目は、以下のとおりであった。他教科を教えることもあり、商業科の文書処理（いわゆるワープロ検定用の授業）もここのところ毎年担当していた。専門としての科目は日本史でありながら、その時々の都合から世界史を中心として授業を担当してきており、日本史を担当した年は数えるほどしかなかった。

昭和五十七年度　私立茨城高校　日本史
昭和五十八年度　長野県臼田高校　世界史

昭和五十九年度	長野県臼田高校	世界史・現代社会
昭和六十年度	長野県臼田高校	世界史・地理
昭和六十一年度	長野県臼田高校	世界史
昭和六十二年度	長野県臼田高校	世界史・現代社会
昭和六十三年度	長野県臼田高校	世界史
平成元年度	長野県臼田高校	世界史・日本史
平成二年度	長野県臼田高校	現代社会
平成三年度	長野県臼田高校	現代社会
平成四年度	長野県岩村田高校	世界史
平成五年度	長野県岩村田高校	世界史・現代社会
平成六年度	長野県岩村田高校	世界史
平成七年度	長野県岩村田高校	世界史
平成八年度	長野県岩村田高校	世界史
平成九年度	長野県岩村田高校	世界史
平成十年度	長野県小海高校	世界史・現代社会・政治経済
平成十一年度	長野県小海高校	世界史・現代社会
平成十二年度	長野県小海高校	世界史・政治経済・文書処理
平成十三年度	長野県小海高校	世界史・政治経済・文書処理
平成十四年度	長野県小海高校	世界史・文書処理

平成十五年度　　長野県小海高校　　現代社会・文書処理
平成十六年度　　長野県小海高校　　倫理・文書処理

改めて、いままでの担当科目を振り返りながら、自分なりにどのようなことに気をつけながら授業を行ってきたか、総括してみたい。

三　授　業

教育実習でお世話になった筑波大学附属中学校では、「一時間の授業を行うためには少なくとも三時間の教材研究が必要である。しかし、自分が勉強したことをすべて生徒に話したのでは、生徒が消化不良に陥る」といった趣旨のことを指導教官から教えられた。当時から二〇年以上過ぎたいまでも、いまだに覚えている名言である。また、「授業がうまくいかなかったら、教材研究に立ち返ってやり直しなさい」といったことばも、このときに教わったことである。自分自身、これらのことばを必ずしも守って授業を行ってきているわけではないが、教師として肝に銘じておきたいことばである。

私は、授業ノートとしてルーズリーフを活用している。その理由は、差替えが自由だからである。下調べ段階で、ルーズリーフの左側には板書事項を中心にメモをとり、右側には説明事項をメモする。また、資料集などのコピーも貼りつけていく。さらにノートにインデックスを貼り、自分なりに見やすいノートをつくるように心がけている。毎年、差替えを行い、より利用しやすいノートにしている。

かつて一時期、プリント学習で授業を行ったこともあった。プリントの中に、生徒が板書したことを書き写すスペースをつくり、授業を展開していた。しかし、生徒は板書した単語を書き写すだけになってしまい、授業の内容をあまり理解しているようには見受けられなかったので、近年は板書と口頭説明を中心とした授業に変えてしまった。若い頃はこの「チョーク&トーク」の授業をつまらないものと感じていたが、最近では学校によっては黒板に書いたことを生徒がきちんとノートに写せるようになること、すなわち、基礎・基本の徹底にかかわることも、生徒の実態に応じて大切なことではないだろうかと考える。

板書するときに気をつけていることは、大きな字でていねいに書くこと、重要事項は色チョークを使うこと、単語のみを書くのでなく、後で生徒がノートを見たときにわかるように文章にして板書すること、難しい漢字にはふりがなをつけること、カタカナ語にはできるだけ英語のスペルをつけること、などを心がけている。

説明は後ろの生徒まで届くような音声で話すことはもちろんであるが、大切なところは板書に注目させながら、もう一回繰り返して説明するように心がけている。

高校一年生の授業を担当して四月当初いつも思うことは、ノートを書き取るスピードが遅いことである。早く書き取ることも訓練と考え、スピードを落とすことなく板書している。ただし、ある程度書き、説明に至る少しの間、生徒が板書事項を間違いなくしっかり書いているかどうか机間巡視を行いチェックも行っている。こうした授業を展開していくと、生徒もだんだん早くノートを写せるようになっていく。

授業が始まってすぐに、毎時間、前回の授業の中から一〇問、覚えてほしい事項を出題する小テストを実施してきた。かつては手書きのQ&A形式で出題していたが、最近は教科書フロッピーを利用して、教科書の記述の中から重要語句を穴埋め形式で出題している。採点は、当初、答案を交換させて生徒にやらせていたが、五〇分間の授業でテストに五分、採点に五分、計一〇分ほどかかってしまうため、最近では私が採点している。一〇点中五点以下の者は、小テストの問題を一回書き取って提出することにしている。提出した場合は、一回につき一点加算する方法をとり、評価に加えている。

この小テストは効果てきめんで、小テストがないと、休み時間には漫画本を読んでいたり、近年は携帯電話をほとんどの生徒が保持していて、友人にメールを送ったりしている生徒たちも、休み時間からノートを一所懸命覚えている。小テストをテスト前に復習すると、だいたい重要事項が理解できるようになる。小テストが毎時間あるために、授業を休まなくなる。休んだ場合には点数が〇点扱いになり、書取りをしなければならなくなる。定期テストができない者でも、小テストを頑張り小テストで点数をとれば、留年といった事態に陥ることがない。こうした効果がある。

なお、前任の勤務校では、携帯電話の校内への持ち込みは禁止してはいない。授業中はカバンに入れ電源を切ることになっている。授業中に携帯電話を使っていた場合は、携帯電話を生活指導係が預かり、三日間、朝ゴミ拾いをさせて登校させ、授業中の態度を教科担任に点検してもらい、良好であれば返すことになっている。こうしたことは、あらかじめ四月当初生徒・保護者に文書で示し、また、中学校の進路説明会での説明や中学生の体験入学などの折にも説明している。

この五〜六年、授業公開が頻繁に行われるようになり、前任校では、ＰＴＡはもちろんのこと、他校の先生、地域住民、学校見学に訪れた中学生など、年間に一〇回以上授業を見ていただく機会があった。こうした機会に、授業の感想を書いていただくが、板書事項、机間巡視、小テストの取組みは好評であった。

四　テスト

社会科のテストといえば、暗記中心のテストであると生徒は思っている。そうしたことも否めない事実であるが、年に何回かは「持ち込み可」のテストを実施している。何でも持ち込んでもよいということではなく、「持ち込み用紙」というＢ４判一枚のプリントをテスト前にあらかじめ渡し、その用紙には何を書いてもよいこと、直筆で書いてくること、コピーは不可であること、この「持ち込み用紙」を見ながらテストを受けてもよいというやり方で、たとえば、二〇時間分の授業をＢ４判一枚の用紙の表裏に書き写すためには、自分なりに工夫してまとめることが必要であるし（いまでの経験では五～六時間程度かかる）、まとめることによってテスト勉強にもなる。ただし、テストをつくる側としては、単なる穴埋め問題やQ＆A形式の問題だけではなく、記述問題などを工夫する必要もある。センター試験の形式のような四択問題を作成して、生徒を煙に巻いたこともある。

五　長期休み中の課題

大学時代に民俗学を専攻した私は、地域に残る民俗事象を生徒に聞き取らせる課題を長期休み中に課すことがある。たとえば、自分の住む集落では、区費をいくら集めているか、ムラ仕事にどのようなものがあり、それに出ない場合はどうなるか、親の死後、既婚の子の数だけ位牌をつくり分牌する位牌分けの習俗が自分の家にはあるか、自分が小学生の頃に行った正月の獅子舞や小正月の火祭り行事を自分はどのように行ってきたか、わが家の特徴的な年中行事にどのようなものがあるか、などである。これらの宿題は、私がまとめて論文化したものの別刷を生徒に配付し、喜ばれたこともある。

長期休みあけには、いままで勤務した学校では、いずれも実力テストを課してきた。学校の実情によって、大学入試を想定した文字どおりの「実力テスト」を作成した場合もあれば、長期休み中の課題の中から、いわゆる「課題テスト」の形式で出題したこともあった。後者の場合、たとえば、都道府県名と都道府県庁所在地を地図と連動させて覚えさせ、出題することも行ってきた。

また、Ｂ４判の用紙に、新聞のコラムを貼らせ、そのコラムの全文を書き取らせ、要旨を一〇〇字以内で記入させたり、意見を書かせたり、表題を書かせたりしている。だいたい一回の長期休みに一〇枚を課している。一枚あたり完成させるのに四〇分から五〇分ほどかかる課題である。この課題は、やり始めの頃、生徒は書き写す作業と要旨をまとめるという作業の両方に苦痛を感じているが、日頃テレビ欄くらいしか見ない生徒が、新聞記事に関心を持ち始めるきっかけともなっている。また、簡潔かつ優れた文章を書き写すことにより、その表現を自分のものにすることにも役立っている。推薦入試の小論文対策にも有効な課題である。前任校では、生徒は入学してから卒業までに合計七〇枚のコラムの書取りを行っていた。

六　評　価

定期テストの成績などテストの点数により生徒を評価する方法の改善は、学習指導要領が改訂されても、なかなか改まっていないのが現状ではないだろうか。

私は、定期テスト、実力テスト、小テスト、長期休み中の課題など、さまざまな評価の観点を準備し、それを点数化して評価を行ってきた。「知識・理解」に偏重した評価ではなく、「関心・意欲・態度」、「思考・判断」、「資料活用の技能・表現」といった観点も含めて評価するように心がけている。

一年間の授業の最後には、必ず「一年間の授業を振り返って、私の授業がどうであったか、改善した方がよい点など正直に書いてください。来年度の授業に生かさせていただきます」といった具合に、生徒にアンケートを実施している。年によって違うが、板書事項、説明の仕方、小テスト、定期テスト、長期休みの課題など、項目的に記述してもらうか、八〇〇字の原稿用紙を渡し、そこに自由に記述してもらっている。批判的でかつ建設的な生徒の記述については、次年度改めるように努めている。

たとえば、「この学校の社会科の問題点は『教科書が終わらない』ということにあると思う。入試科目に世界史なり日本史なりが含まれている生徒はいったいどうしたらよいのだろうか。個人で頑張れということなのであろうか。教科書すら終わっていないのに、教壇に立ち『それでは皆さん、入試頑張ってください』と言うのは少しずるいように思われる」（岩村田高校生徒三年生）といった感想には、日々の授業計画を考えさせられたし、必要な生徒には、可能な限り補充授業を行い、何とか教科書を終わらせるように努力した。

「私は小テストがとても良かったと思います。いつも書き取りをしなければなりませんでしたが、定期テスト前に小テストを繰り返し勉強したら平均点以上とれました。それと、授業中のノートがとても良かったです。今でもノートを見るとその日に先生が口でおっしゃったことを思い出します。今でも自分にとっての参考書です。他のどんな本より見やすいです。でも、黒板に書く字が早くて、おいつくのがやっとでたまに説明が聞けませんでした。自分なりに一年間世界史は良くできたと思います。」（岩村田高校生徒二年生）

「社会は正直いってあまり好きではなかった。なぜなら、書くこと、覚えることがあまりに多く、私の苦手な教科の一つだった。地図を覚えなければならなかった時、私はとても苦労した。日本の地図すら正確に頭に入っていなかった。でも、その時に日本とヨーロッパの地図をだいたい頭にたたき込んだおかげで、授業がやりやすかった。毎回行われる小テストは、前の授業をもう一回思い出すことで、完全にとまではいかなくとも、だいぶ頭に入って良かった。休み中の新聞のコラムの書き写しと要約は、毎日新聞全部を読むことのない私にとって、コラムを切り取って書き写すことで、今の世の中がどうなっているかなど、知ることができて良かった。要約は何枚も書くことでだんだん慣れ、小論文の勉強のためにもなった。テストの持ち込み用紙も、書くことで授業を思い出し、覚えていくことに便利であった。」（小海高校生徒三年生）

「最初どんな授業なのかなと思いました。現代社会という名の授業だから、まあ、古い時代の話じゃないから多少は楽だなあと思っていた私がバカでした。授業を受けてみると、私が中学の時に大嫌いだった公民みたいな感じで、『ああ、一年間終わったなあ』とその時思いました。一番最初、世界地図を見ながら世界地図の輪郭を書きました。書けるかどうかのテストもしました。地理と絵の苦手な私にとってつらかったです。それから、月日が経つにつれ、教科書・資料集を使い始めました。資料集はとても見やすかったです。使いやすいし。黒板に書かれたことを書くのが大変でした。先生の書くスピードが早くてノートをとるのが大変でした。授業は楽しかったです。中学の時は社会の授業になると気が重かったし、眠たかったけど、高校の社会は眠くならなかったです。先生が怖かったから？　それか授業に夢中になっていたかのどちらかだと思います。泣きたいと思ったこともありました。憲法の前文を覚えることです。あれは忘れたくても忘れられない思い出になりました。時事問題がテストに出たので、ニュースを見たり新聞を読むようになったので、今話題になっていることなどがわかるようになりました。ちなみに今は、長嶋監督の入院、鳥インフルエンザのことが話題になっています。一年間現代社会の授業を学んでみて、一番良かったことは現代のことを理解できるようになってきたことです。」（小海高校生徒一年生）

こうした感想を読みながら、次年度の授業改善を行ってきた。

七　長野県高等学校教育課程の手引き作成委員として

平成十一年度から十三年度にかけての三年間、新学習指導要領のもとでの新しい高等学校教育のあり方を研究し、「教育課程の手引き」を作成する長野県の地理歴史科担当の委員となった。その中で、私は主として日本史を担当した。「社会科」としての委員は、地理歴史科四名、公民科四名合計八名であり、一緒に作業しながら、県教委の担当指導主事と打合わせをし、それぞれの「手引き」の作成にあたってきた。

研究内容は、それ以前の学習指導要領と、現在の学習指導要領の文言比較から始まり、年間指導計画例の作成、具体的な展開例の作成、評価方法、など多岐にわたり、他の委員と年に数回会合を持ち研究を重ね、『長野県高等学校教育課程の手引き　地理・歴史編』『長野県高等学校教育課程の手引き　公民編』として、平成十四年に刊行を見た。私は、委員の三年間で、作成の当初段階から印刷直前までかかわったので、ことのほか忘れられない思い出である。委員の在職する学校を順番に会合の会場とし、会場校の委員が授業を公開することになっていたため、他の委員のすばらしい授業を参観させていただき、自分の授業のいたらない点の改善にも役立たせていただいた。文部科学省の説明会に出向き、そのテープ起こしに長期休みのかなりを費やしたこと、また、県下各地で行われた教育課程の研究集会で文部科学省の説明をふまえた発表をしたことも忘れられない。

八　自治体史の編纂にかかわって

長野県に戻ってきた年から、『長野県史民俗編』の編纂にかかわることになった。また、『軽井沢町誌民俗編』、『立科町誌民俗編』『望月町誌民俗編』『浅科村史』の編纂にもかかわり、現在は『臼田町誌民俗編』『臼田町誌近現代編』の編纂のお手伝いをしている。

長野県史民俗編の編纂委員としては、主として「社会生活」といった項目を担当し、県下各地で長野県史として行ったカード調査を項目別にまとめる『資料編』の執筆にあたり、その後、『総説編』の執筆にもかかわった。編纂にかかわった当初はワープロもまだなく、二〇〇字詰の原稿用紙に資料を書き写していく作業はたいへんであった。年に何回か長野市での編纂会議に参加し、長期休み中は二泊三日くらいの調査を行っていた。居住する地域の近隣市町村から民俗編の編纂があるから、ぜひ手伝っていただきたいといわれて、可能な限りお手伝いもしてきた。校務およびすでに行っている自治体史の編纂の関係から、お断りした地方自治体史もいくつかある。長野県に戻ってきてから、校務と同じくらいこの自治体史の編纂にはエネルギーを費やしてきた。

民俗編の編纂には、地域に出向き、話者の皆さんから聞き書きを行うことが作業上どうしても必要なことになる。休日には話者の家を訪ね、さまざまなことをうかがってきた。時には、教え子たちの家に電話をかけ、話者を紹介していただいたり、教え子の祖父母に教えていただいたこともあった。教え子に地域を案内してもらい、教え子から教わることも多かった。また、こうした自治体史の編纂委員の先生方から、さまざまなことを教えていただいたことも有意義であった。

教員になってから、他の社会科教師と大きく違う点は、こうしたフィールドワークを長年行ってきたことかもしれない。地域に出向くことにより、地域の民俗事象はもとより地域の実情を直接話者の方々からうかがってきたことは、授業を行う上でも有意義であった。

九　クラブと大学の実習

教員になりたての頃は、大学時代に「山岳信仰の研究」をしていたということで、本当は何も関係ないのだが、山岳部の顧問となった。もとより、山登りの経験はいっさいなかったので、山登りの経験豊富な先輩の教員と一緒に生徒を引率しながら、山に出かけていた。赴任した場所が八ヶ岳の麓ということもあり、八ヶ岳の各山々などを四月下旬から九月にかけて毎月一回は登っていた。

その後、社会科関係のクラブの顧問になる機会に恵まれ、生徒を集め、民俗学的な調査を生徒とともに行うようになった。学校で放課後、民俗調査の初歩を教えた後に、自治体史の民俗調査の折などに生徒を連れ、ともに聞き書きをすることが多かった。

生徒が話者からうかがってきたことは、生徒や私がワープロでまとめて冊子にしたり、文化祭の折に模造紙にまとめて展示発表もしてきた。

近年、こうしたことに興味を示す生徒が少なくなってきて、クラブ員がまったくいない状況であるため、クラブ活動としての民俗調査は行っていない。

しかし、大学等に進学して地域の課題を研究したいという生徒のために、民俗調査に連れて行く機会が増えてきた。高校時代に地域の話者から直接さまざまなことを学んだことは、大学進学後の彼らにとって、忘れられない思い出となっているようである。

大学時代にお世話になった先生方から、大学の民俗学実習を行いたいのでフィールドの世話をしてもらいたいといったことが何度かあり、筑波大学、東海大学、跡見学園女子大学などの民俗学実習のお世話をしてきた。私の関係している自治体史とタイアップして、大半の実習は行ってきた。現在も継続中のものもあり、学生とともに聞き書きを行い、一緒に宿舎に泊まり込み、夜はミーティングに参加させていただいている。こうした実習に参加して思うことは、年々民俗事象を体験的に知っている学生が減ってきていることである。また、話者とコミュニケーションをとることの苦手な学生も増えてきていることが気にかかる。話者の家に出かけたときの挨拶から始まり、社会的常識まで教えなければならないこともある。民俗学実習といいながら、社会勉強の一つとしての実習という側面も最近は持ち合わせているような気がしてならない。話者の皆さんを先生としてお願いし、学生を教えていただくいう構図がそこには成立している。

実習に参加した学生の感想を読ませていただくと、事前準備はたいへんであったが、当日、話者の皆さんから話をうかがったことや話者の家でもてなされたこと、おみやげに果物や漬け物をいただき、とても楽しく充実したものであったということなどが書かれている。中には、実習したフィールドで卒業論文を書く学生もいて、その後も何回か調査地を訪れ、私も調査の便宜をはかってやったこともある。

こうした大学の実習は、大学側の事情や私の勤務の関係、話者の確保などの点から、夏休みであるとか秋に行われることが多い。大学側のご厚意で、私の勤務する高校の生徒を始め民俗学に興味を持っている他校の高校生も、この実習に参加させていただいてもいる。こうした体験を生かして、民俗学を大学で専攻する学生も何人か誕生した。

地域で民俗学を研究する者として、たいへんうれしいことである。

例として、平成十五年十月に行われた筑波大学の大学院教育研究科社会科コース「民俗学実習」および比較文化学類「日本研究実験実習」という、大学院と学類の共同実習にどのようにかかわったか詳述する。

この実習は、当初、比較文化学類の「日本研究実験実習」のフィールドを南佐久郡内で探して、さらに現地指導員も行って欲しいという、筑波大学の伊藤純郎先生からの依頼で、南佐久郡八千穂村佐口で平成十年から始まったものである。佐口で二年間実習を行い、その後、平成十二年からは臼田町誌とのタイアップをはかり、学生の調査レポートを町誌の編纂に利用させていただくべく、臼田町にフィールドを移した。平成十三年は教育修士課程の大学院生の「民俗学実習」だけを行い、平成十四年からは学類と大学院の共同調査の形式をとるようになった。大学側の指導教員は、伊藤純郎先生を始め、比較文化学類の日本研究スタッフの先生方が全員参加される。

平成十五年度のフィールドは、臼田町の清川、宮代、丸山といった三集落であり、町誌民俗編編纂のために臼田町誌として調査を行った話者名簿を元にして、町誌で作成した「採集手帳」という民俗事象の質問項目集を中心に、院生・学生たちに民俗調査を行ってもらうものであった。

十月上旬に現地の状況説明を行うために、私が大学に出向き、半日かけて事前学習会を行った。その中で調査地、調査内容、聞き取り調査の方法について話をした。

実際の実習は、十月二十四日～二十八日までの四泊五日で行った。初日は、午後一時に町誌編纂室に集合し、町誌編纂室で集めた諸史資料を見学した後、清川、宮代、丸山の巡検を行いながら、話者の皆さん宅への調査の挨拶を行った。夜は、事前ミーティングを行った。二日目・三日目は院生・学生がチームを組んで話者の自宅を訪問、お話をうかがった。この二日間は、私の前勤務校でこうした調査に興味のある生徒も参加させていただき、また、事前に私が近隣の高校に声をかけ、何人かの高校生も一緒に調査を体験もした。かつては中学生が参加したこともあった。

四日目は、前勤務校の小海高校との交流事業ということで、小海高校の概要説明の後、四時限と五時限の全授業を見学していただき、六時限には院生・学生が一年生から三年生の全クラスに分かれて、進路講話を高校生にしていただいた。一年生には、「学ぶことが楽しい理由、学ぶことの大切さなど」、二年生には、「自分の専攻分野の話、進路を選択していった経過など」、三年生には、「受験体験など」を話していただいた。進路講話に対する感想を高校生に放課後のショートホームルームで書いてもらい、後日大学へ郵送した。その後、反省会を持ち、放課後のクラブ活動や小論文指導・面接指導を体験していただき、宿舎に戻っていただいた。

五日目は、補充調査を行いながら解散した。

地元小海町の『小海町公民館報』には、小海高校のさまざまなことを紹介する「今！　小海高校」といった記事スペースをいただいている。筑波大学と小海高校との交流に関して、私の執筆により『小海町公民館報』第三九四号（平成十五年十一月二十五日付け）に以下のように紹介した。

筑波大学の学生と本校生の交流から

十月二十七日、臼田町に民俗学の実習に訪れていた筑波大学の大学院生、学部生を本校にお招きし、高校大学交流事業を行いました。この事業は今年で三年目を迎えます。

本校の授業を二時間ほど見学していただいた後、「総合的な学習の時間」の一環として、全クラスに院生・学生が出向き、「大学生活、学問について」、「大学受験・進路選択について」等のテーマで、お話をいただきました。本校生にとって、大学生の話を伺う機会は多いとはいえません。大学院生の話となればほとんどありません。こうした機会を通して大学への理解を深めて欲しいと思っています。

講話後の高校生たちの感想文をみると、一年生では「大学にますます行きたくなった。」、二年生では「大学での学び方がよくわかった。」、三年生では「大学での生活ぶりを具体的に聞くことができてためになった。」等、話の内容を真摯に受け止めていました。

筑波大学の皆さんは、放課後のクラブ活動をともに行ったり、三年生の面接練習や小論文指導も体験していきました。

この事業は、高校側だけでなく、大学側にもメリットが多くあります。「授業では多くの生徒が静かに聞いていたので、自分の高校時代に比べまじめだと思った。」といった感想に代表されるように、おそらく自分の出身高校しか知らない彼らにとって、地域高校である小海高校での体験は、今後の人生に大きなプラスとなることでしょう。

こうした縁もあったからでしょうか、進路先として筑波大学を目指す生徒も現れ、一昨年に引き続き今年度も好結果が期待されます。

実際に平成十五年度には、筑波大学の比較文化学類を志願し、合格する生徒が出た。

一〇　高校の小論文指導

大学受験といえば、教科の試験を受けて大学に入学するのが、かつての大学受験であった。推薦入試の導入・隆盛により、面接や小論文を課す大学が増え、その対策として、高校側でも小論文・面接指導を放課後などに行ってきている。

前任校では、小論文指導を希望する生徒に対して、全職員に生徒が割り振られ、私も毎年、二ないし三名の生徒の小論文指導を六月頃から推薦入試直前まで行っている。生徒は途中で入れ替わり、社会科学系の国公立大学を希望する生徒の何人かは、九月頃から私が担当することが多く、連日夜の七時から八時頃まで、時にはもっと遅い時間まで、ともに小論文と格闘する。こうした小論文指導でとくに私が大切に思っていることは、個人のオリジナリティーである。本人しか書けない小論文をめざして指導を行ってきている。その生徒が高校時代にどのようなことを体験して、大学でいったい何を学びたいのかを聞きながら、その生徒にあった指導を心がけている。たとえば、生徒が過疎問題に興味があるといえば、生徒自らが過疎に関する文献をインターネットなどで調べ学習し、実際に過疎で苦しむ地域に出かけ、地域の人から話を聞いてくる。筑波大学の民俗実習にも参加させていただく。行政関係者にも話をうかがう。また、こうした問題を専攻しておられる大学の先生の中で、私の知り合いの先生のところにも出かけ話をうかがってくる。

単に、起承転結が整い、論理に矛盾のない、ある意味平板な小論文を書けるようになることを目標として指導するのではなく、こうした形で指導をしていけば、大学で学ぶ意義、学ぶ方法、レポートの書き方なども含めて指導できる。毎年、必ずしも本人の希望する大学に合格させてやることはできないが、だいたいの生徒は合格できているので、自分自身では、このやり方は間違いないと考えている。

一一　校務分掌と私

「高校の教師は、授業を教えていればいいのだ」と、私は高校時代には考えていた。そうでないことは、実際に教員になってみれば、すぐに実感した。前述のようにクラブ指導はあるし、これから記述する校務分掌なども、高校生であった私にはうかがい知れない仕事であった。

担任の仕事はおいておき、教師になってから、大規模校では「一人一役」ということで、ＰＴＡ係になればそれを一年間やっていればよかった。生徒会係、生活指導係、進路指導係、教務係などをかつての勤務校では経験してきた。

前任校は、生徒数が約三五〇名各学年三クラス、職員の数が二五名ほどの小規模校ということもあり、一人で何役もこなさざるを得ない。私も赴任した年が、ＰＴＡ係主任、教務係、野球部部長といったところが主な分掌であり、次年度からは三年間の担任生活をしながら、教務係と生活指導係、教務係と同窓会係、教務係とＰＴＡ係といったように分掌を割り当てられてきた。

担任を終えた平成十四年度からは生活指導係主任となったが、相変わらず教務係と同窓会係も兼務し、平成十五年度には同窓会係ははずれたが、生活指導係主任と教務係。平成十六年度は生活指導係主任と同窓会係を務めた。

これ以外にも、〇〇委員会委員長といった仕事も、年齢が上がるにつれ必ず最低一つは受け持つことになる。平成十五年度は長野県に初めて前期選抜試験（自己推薦試験）が導入され、その検討委員会の委員長をしていたので、募集の観点、自己PR文の内容・書式、面接の方法、中学校教員への説明、中学生への説明など、一年間、かなりこの仕事に忙殺された。前任校では、平成十年度から行われていた中学校校長による学校長推薦制度はあったが、それとはまったく異なる趣旨で始められた制度であったため、高校側も中学側も初年度はかなり苦しい思いをしたことと思う。中学生も初年度ということでかなり動揺したことと思うが、平成十六年度はこうしたことのないように、さらに精度を高めた入試のあり方を検討してゆきたいと考えている。

この三年間行っている生活指導主任（生徒指導主事）としての仕事で心がけていることは、問題行動の予防である。毎朝、七時三十分頃から本校生徒が通学で利用する小海駅・馬流駅・高岩駅頭に出向き、下りてくる生徒を出迎えながら、挨拶を交わす。駅周辺や通学路に落ちているゴミをゴミ袋に入れながら歩く。その後、学校に向かい、生徒用昇降口に立ち、改めて声かけを行う。制服の着方のよろしくない生徒に声をかけて直させたり、具合の悪そうな生徒には様子を聞いたり、毎朝こうした形で定点観測を行っていると、生徒が問題行動を起こしそうかどうか、勘が冴えることもある。

空き時間には、校舎内の巡視を行い、放課後も適宜、駅周辺を巡視する。

実際に、何らかの問題行動が起こると、「登校反省」といって、生活指導主任が中心となって、教室とは別室の生活指導室に問題を起こした生徒を登校させて、テーマを決めた作文、教科の宿題、面接、作業、勤労奉仕をさせながら、「なぜ自分が問題行動を起こしたのか」を考えてもらうことになる。こうした指導は、生活指導主任の私が主として担当する。

作文のテーマとして、「私の長所」「私の短所」「○○先生と話して感じたこと」「反省期間中に考えたこと」「作業を通して感じたこと」「私の宝物」「私の好きな風景」「夢」「友達」「私の自慢」「私の個性」「今まで誰にどのようなお世話になったか」「お世話になった方にできるお返し」「今までの人生での喜怒哀楽を箇条書きで思い出せるだけ書く」

「かけがえのない自分ということについて」「忘れられない思い出」などがある。これらのテーマの中から、適宜、本人の問題行動の質と本人の状況を照らし合わせて課すことになる。

前任校では、生活指導主任は授業時間を他の先生の半分にしていただいているから、こうしたことができるわけである。

一二　おわりに

社会科教育研究会には、設立当初から参加させていただき、夏休みに行われる研究会には可能な限り出席させていただいた。信州でも何回か研究会を開催していただいた。大濱徹也先生には大学時代の学恩はもとより、卒業後もこの研究会を通じてお世話になっている。研究会参加者のレポート発表には考えさせられることが多々あり、また、自分の授業のあり方を反省させられる機会でもあった。今回、自分のいままでの社会科教師としての軌跡を振り返ってみたときに、この研究会で学んだことが多々あったことを改めて痛感した。至らないレポートであるが、読者の皆さんが何らかの参考になればと思い、書き記した。

なお、社会科教育と民俗学に関する私の実践例として、「社会科教育と民俗学」（『講座日本の民俗学　十一巻　民俗学案内』雄山閣、平成十六年三月）に記している。あわせてお読みいただければ幸いである。

〈付記〉　本稿は平成十六年九月に執筆したものである。平成十七年四月より教頭となったため、記述内容が若干古くなってしまったが、ほとんどそのままの記述としている。

教養科目〔日本史〕を担当して——地方小規模私立大学教員の一三年——

中村光一

はじめに

筆者が、公立博物館勤務の前職から現在の勤務校（上武大学経営情報学部）に移り、教養科目の〔日本史〕[1]を講じるようになってから、一三年が経過した。「大学冬の時代」と呼ばれる十八歳人口の減少期を迎え、勤務校[2]も地方の多くの小規模私立大学の置かれている状況の例外ではなく、ここ数年、教員も年度の後半は多様化する入試事務に追われるとともに、それによって確保できる学生数に一喜一憂する日々を過ごすことになる。また、その結果として、入学してくる学生の基礎学力不足が教務上の大きな問題となってきている。

書店の棚には、「潰れる大学」「大学崩壊」といったいささかどぎついタイトルの書籍が並び、それも一冊二冊にとどまらない状況であるが、「護送船団方式」が高等教育の面でも崩れつつある今日、各大学とも「生き残り」のための方策を、独自の改革によって必死に模索しているというのが偽らざる現実といえよう。

筆者の所属学部では、定員を堅持し、さらにはできうる限り優秀な学生を確保するため、受験生にとって魅力のあるカリキュラム体系の構築を目指して、また大学の置かれている状況とは別の次元の問題、すなわち、いわゆる「大綱化」への対応、半期完結型の開講形態であるセメスター制の普及など、大学教育自体が大きな転換期を迎えていることに合わせた改革を行うため、この一三年の間に三度にわたるカリキュラムの大改正を実施した。さらに、手直し程度の小改正に至っては、ほぼ毎年のように行ってきた。

その結果、入学年度によって対応するカリキュラムが変わってくるため、学年が異なれば学生に指導する内容に相違点が生じるのはもちろんのこと、休学や留年が重なった場合などには、当該学生が聴講すべき必修科目が科目改編ですでになくなっていたなど、笑えぬ事態が生じることになる。筆者は、すでに一〇年来教務担当の委員会に所属し、また三年前からは役職者としてカリキュラムの運営に主体的に取り組まざるを得ない立場に置かれている。そのため、このような例外的な事例が生じた場合には、学生にとって不利にならないように、しかしながら卒業要件の公平さを損なうことがないように、個々に対応策を講じることになる。

このような対応はあくまで特殊な場合であるが、先に述べたように勤務校の置かれている状況が決して特別なものではない以上、所属学部のカリキュラムがどのように移り変わってきたかを時期を追いながら検討することは、教育機関としての大学の変貌を考える上での、一つの事例となりうるものと考える。

本稿では、カリキュラム改正の背後にある教育方針の変遷を考えるとともに、乏しい経験ながら一三年間にわたる教養科目の〔日本史〕担当者として感じてきた、あるいは現在感じている大学教育全般にわたる問題、および歴史教育の問題について述べてみたいと思う。

一　所属学部のカリキュラム改編（一）

筆者が勤務校に着任したのは平成三年四月、所属学部が開設されて六年目のことであった。勤務校自体の開学は昭和四十三年のことで、商学部のみの単科大学としてそれまで二〇年近い歴史を有していたが、昭和六十一年に経営情報学部が新設されて二学部の体制となったものである。

筆者が採用されることになったのは、両学部が平成四年度から九年間、臨時定員増が認められ、定員各二〇〇名を三〇〇名とすることに対応して、教員を増員することになったためである。文部科学省の統計によると、平成四年度の十八歳人口は二〇五万人でこの年がピークであり、また、大学進学率は三八・九パーセントであった[3]。臨時定員増の措置がとられることになったのは、以後の数年間は、十八歳人口自体は漸減するものの、大学進学率の上昇によって、大学入学者数自体は高水準で維持されることが見込まれたためである。

そのような採用の事情もあって、筆者の担当科目には前任者はおらず、唯一の〔日本史〕担当教員として、「日本史」「歴史学」「対話ゼミ」[4]の通年科目三と、半期科目で前後期リピート開講の「情報文化論」を講義することとなった。

別表は、所属学部のこの一三年間のカリキュラム改正の内容を、教養科目を中心に一覧表化したものである。平成三年度のカリキュラムでは、「日本史」「歴史学」は「一般教育科目」中の「人文科学系」[5]の枠内に置かれ、そのうちの二科目八単位を選択して聴講することになっていた。「一般教育科目」には、他に「社会科学系」「自然科学系」の枠があり、いずれも八単位修得が卒業要件であった。

一方、「情報文化論」は「基礎教育科目」の中の「情報と文化」[6]の枠内に置かれ、こちらは二科目四単位を選択することになっていた。「基礎教育科目」には他に「情報と社会」「情報と自然」の系列があり、そこからもそれぞれ最低四単位を修得することが定められていた。

以上のような教養科目における卒業要件の「しばり」は、学部創設時のカリキュラムに、人文・社会・自然科学の各分野から偏りなく科目を受講させようという方針があったものと考えられる。しかし、社会科学系の学部の教養科目として、「一般教育科目」と「基礎教育科目」という二系統の科目系列の設定がなされた理由は、当時の履修要項がきわめて簡略に書かれているため判然としない。しかし、強いて違いをあげれば、後者がすべて半期科目で構成されていたということであろう。当時、通年開講が一般的であった科目設定の中で、半期科目だけの系列を置いたところに、あるいは学部設置当初の時期に、カリキュラムに先進的な要素を盛り込もうとする考え方があったのかもしれない。

別表　上武大学経営情報学部カリキュラムの変遷
（平成3年より16年まで、教養科目を中心として）

平成3年度（筆者着任初年度）
- 「一般教育科目」24単位必修、うち「人文科学系」では8単位が卒業要件
  筆者は「日本史」、「歴史学」各4単位担当（同枠内で8科目開講）
- 「基礎教育科目」12単位必修、うち「情報と文化」では4単位が卒業要件
  筆者は「情報文化論」2単位担当（同枠内で4科目開講）
- 卒業要件単位の設定 136

平成4年度
- 第2外国語制度の廃止→英独仏中から1言語のみ10単位修得
- 卒業要件単位の設定 132（語学分4単位減）

平成5年度
- 大規模な変更なし

平成6年度
- 大規模な変更なし

平成7年度
- 大規模な変更なし

平成8年度　カリキュラム改正の実施ー新カリキュラム
- 科目区分の改変
- 「人文・自然科学」系列の「人と文化」科目群
  筆者は「日本史」、「歴史学」各4単位、「情報文化論」2単位担当
- 「人文・自然科学」系列での卒業要件単位を10に設定
- 年間履修単位の上限を48に設定
- 卒業要件単位 124

平成9年度
- 「教養ゼミ」新設

平成10年度
- 「対話ゼミ」4単位→「対話ゼミ」2単位
  「トップ・マネジメント講話A・B」各1単位に再編

平成11年度　カリキュラム改正の実施ー新々カリキュラム
- 科目区分の改変
- セメスター制の実施
  筆者は「日本史」を「日本史Ⅰ・Ⅱ」、「歴史学」を「歴史学A・歴史学B」にそれぞれ分割
- 語学の履修方法の変更―必修英語4単位と英・独・仏・中から4単位計8単位修得

平成12年度
- 情報科学の必修科目の2単位減（商学部との調整）
- 年間履修単位の上限を46に下方修正
- 「専門ゼミ4年」→「卒業研究」に科目名変更

平成13年度（カリキュラム小改正の実施）
- 科目区分の改変
- 科目設定の見直しと削減

平成14年度
- 大規模な変更なし

平成15年度
- 「体育」の選択科目化→「人文・自然科学、体育科目」の枠内へ
- 資格取得支援科目を科目体系に追加
- 「教養ゼミ」→「教養ゼミⅠ・Ⅱ」に分割
- 「専門ゼミ」→「専門ゼミⅠ・Ⅱ」に分割

平成16年度　カリキュラム改正の実施ー改正カリキュラム
- 科目区分の改変→5科目群、科目設定の見直しと削減
- 2つの卒業要件の設定（コンピュータプログラムとリーダーシッププログラム）
- 年間履修単位の上限を44に下方修正
  筆者は「教養コミュニケーション科目群・A群」の科目として「歴史学入門」、「日本史概説」、「日本文化概論」、「文化交流史」を担当

いずれにしても、当時の卒業要件単位一三六のうち、語学（一四単位）、体育（四単位）以外に、いわゆる教養科目が三六単位を占めていたことは、当時の所属学部のカリキュラムがいかに教養教育（リベラル・アーツ）を重視して構成されていたかを示しているといえよう。

ところで、平成三年は、また、「大学設置基準の大綱化」が答申された年でもあった。これは、①開設授業科目の科目区分（一般教育、専門教育、外国語、保健体育）を廃止。②科目区分別の最低修得単位数を廃止し、卒業に必要な総単位数のみ規定。③単位の計算方法の合理化をはかり、演習等の授業を行いやすくする、などを主な変更内容とするものであった。(7)

文部科学省の調査によると、この答申以後平成十三年十月までのおよそ一〇年間で、何らかのカリキュラム改正を行った大学は全体の九九パーセント、学部では九〇・七パーセントに達している。(8)勤務校、所属学部もその例外ではなく、答申の主旨に配慮しながらカリキュラムの改正に取り組むことになる。

そうした動きの一環として、早くも平成四年度から実施されたのが第二外国語制度の廃止である。そして、それに代わる必修語学の単位として、英独仏中の四外国語のうちのいずれかを、通年履修の形で五コマ（三年次までに二、一、一、一コマを基準に履修）、計一〇単位を修得させるという制度が採られることとなった。これは、もともと語学を不得手とする学生が多数入学してきているという実状をふまえ、英語力を伸ばしたいと考える学生にはそれに多くの時間が割けるように、また、英語学習でこれまで挫折を味わってきた学生には、新たな語学を学ぶ機会を与えることで、語学学習の意欲を高めようというものであった。

受講する外国語は学生の希望によって選択させたが、アルファベットへの苦手意識を持った者が少なくないことと、簡体字ながら表記に漢字を使用するため、受講が容易と考える学生が多かったためか、常にドイツ語、フランス語に比べて中国語の人気が上回ることとなった。この制度の導入によって、従来の語学の必修単位数はそれまでの第一、第二外国語をあわせた一四から一〇に減らされ、それが直接反映されたことで、卒業要件単位も一三二に減少することとなった。

続く平成五、六、七年度はカリキュラムの大きな改正は行われなかったが、平成八年度に至って、学部内では「新カリキュラム」と称される方式が導入された。これは、それまで所属学部が「経営情報学部」を名乗りながらも、科目体系が「経営」分野と「情報」分野とにはっきり分かれ、両者を統合した分野の確立がはかれていなかったことを反省し、大目標として「経営情報学」という両分野を融合した系列の科目に重点を置こうというものであった。

一方、卒業要件として専門科目の占める割合を高めることになり、教養科目は「人文・自然科学」系列の名のもとに一本化され、筆者の担当科目はその中の「人と文化」の科目群に含まれることとなった。(9)「人と文化」のほかに「人文・自然科学」系列には「人と自然」の科目群があったが、卒業要件上の設定では二つを分けず「人文・自然科学」の系列で一〇単位と、従来のカリキュラムに比べると卒業要件に占める教養科目の割合は、大きく減少することとなった。

また、全体では卒業要件の単位数を文部省の規定の下限である一二四単位にまで引き下げた。そのため、この年以降の入学者はそれ以前の学生より、八単位少ない単位数での卒業が可能となった。

一方、新たに「最高履修単位数」の制度が設定され、それまでは学生に履修を制限なく行わせていたものを、以後は年間四六単位までしか履修登録を認めないこととなった。これは、それまで成績評価を二の次にして一年次と二年次で単位を「集め」、三年次、四年次になるとあまり大学に顔を出さなくなる学生が少なからず見られたことから、卒業要件の単位数を減らす一方で、修得する単位の質の向上をはかることが方針として打ち出されたためである。(10)

さらに平成九年度には、前年度のカリキュラム改正の手直しが行われ、二年生のゼミとして「教養ゼミ」が新たな必修科目として設定されることとなった。これは、一年次の「対話ゼミ」、三、四次年の「専門ゼミ」と在学期間四年間のうちの三年間はゼミが課されているものの、二年生の時期が空白となっていたことから、それを補うことが考えられたためである。

このゼミの採用に際して、各学年のゼミに所属する学生に対しては、ゼミ担当の教員が大学生活のすべての面にわたり個々の学生の指導担当となり、ゼミの時間以外にも学生と緊密な連絡をとって、個人面談を通じて学生指導を行うことが改めて確認された。そして、その結果は学生個人ごとに作成される「個人指導記録簿」[11]に綴られ、学年が進んで、たとえ指導担当教員が替わっても、この書類が後任者に引き継がれるようシステム化された。

続く平成十年度には、それまで通年四単位であった一年次の「対話ゼミ」を通年で二単位科目とし、その一方、半分近くの授業回数を割いて「トップ・マネジメント講話Ａ・Ｂ」が開設されることとなった。これは、大学近隣の優良企業の経営者を招いて一年生を対象に講話をお願いし、メモを取りながらそれを聴講した学生は、その内容を一回ごとに一二〇〇字程度のレポートにまとめて提出するというものである。レポートは、対話ゼミの担当者が毎回添削を行ったうえで各学生に返却されることとなった。

二　所属学部のカリキュラム改編（二）

以上のように、平成八年度以降所属学部はたびたびカリキュラムに手を入れたが、平成十一年度には、前回の大改正から三年しか経過していない段階で、再び大規模な改正が実施された。学部内では「新々カリキュラム」と呼ばれるこの主な改正点は、セメスター制が導入されたことで、これによってゼミ関係を除く科目の大半が半期完結型の講義方式となった。これは、従来、前期に履修登録をして途中で単位の修得をあきらめても、形式上後期まで履修の形が続いてしまうことを防ぎ、また履修登録から単位認定までの期間を短くすることで、学生の科目履修に対するモチベーションを高めようとするものであった[12]。

この方式は、以上のような利点がある一方で、長期休暇期間中に課題を課すといった一年という期間を有効に使った講義方法が取れなくなるというマイナス面もあった。筆者の場合、従来、「日本史」の中で夏期休暇期間中に出身地近隣の博物館および相当施設の展示を見学し、それをレポートをまとめて提出するという課題を与えていたが、その実施をあきらめざるをえなくなった。

また、どの教員も前年度までの持ちゴマを前期・後期の二つの科目に分割することになったものの、実際にはそれまでの通年の講義内容を単純に前後期に分けるにとどまる場合も多く、必ずしもセメスター制の特性を発揮した科目構成とはならなかった。(13)

一方、語学については、四つの外国語から一言語を選択して一〇単位を修得するという方式が見直され、卒業要件単位を八とし、英語を必修として四単位修得を義務づけ、残りの四単位を英独仏中から一言語を選んで修得するように改められた。これは、インターネットの普及など実社会において英語の必要性が高まってきているという判断から、再び英語を必修に戻したものである。しかし、その結果、英語以外の語学を修得しようという学生数は減少し、「独仏中」を選ぶ学生はきわめて少数にとどまることとなった。

ところで、臨時定員増は平成十一年度で期限が切れ、平成十二年度以降は当該校の希望により、臨時定員で増した分の半分までを本来の定員の中に繰り入れることが認められることとなった。平成十一年度には大学・短大への入学者数はピーク時の八一万人から三万人減って七八万人となっており、(14)勤務校は受験者数の動向を勘案した結果、臨時定員を返上することとし、両学部とも再び一学年二〇〇人の形に戻った。

このような状況をふまえて、平成十三年度には中規模のカリキュラム改正が行われ、それまで便宜上「人文・自然科学」系列に含ませて開講していた「書道」「音楽」「美術」といった芸術系の教養科目が削減され、また平成十五年度にはそれまで必修科目であった体育が選択科目化されることとなった。

以上述べてきたように、所属学部の場合、短いタームでカリキュラムに手が加えられてきたわけであるが、一つの方向性としてうかがえることは、中教審の方針に従って他大学でも実施されたカリキュラム改革の道筋と大枠としては同一の方向に向かう一方、改正が加えられるごとに学生一人ひとりをしっかり把握して、指導を徹底していこうという小規模校ならではの方針が強化されてきたことである。ゼミの学年ごとの設定、トップ・マネジメント講話の実施とレポート作成の義務化などは、この方向性を代表する施策といえよう。

また、カリキュラム改正と直接関わるものではないが、従来から勤務校では「多欠調査」の名のもとに、出席状況の調査を行い、それを後援会支部総会（県単位の保護者会）の際の説明資料としてきた。しかし、専任教員に協力依頼をする形で任意で行われてきたこの調査が、このころから非常勤講師にまで拡大され、しかも抽出調査ではなく全数調査を依頼するという形で次第に強化されることとなった。これは、通常の学生指導の資料としてもこの調査結果を活用するためで、学生指導の徹底という方針に沿った政策といえよう。

一方、教養科目について見ると、平成三年当初の各分野から偏りなく科目を受講させようという方針から、聴講については学生の自主性を認めつつも、卒業要件上の単位を減らす方向に動いてきたといえよう。これは、科目の「スクラップ&ビルド」の一環として、減少する学生数に見合った科目数を考える必要が出てきたこと、また、教員数自体を減らしていくため、教養科目担当者の定年後の補充を抑えるという経営上の方針も存在している。

また、学生自身の意識も、長引く不況を反映してか、実務の修得に結びつく科目に対する関心がより高まってきたことがあげられよう。いわば、就職を見据え、それとのかかわりが弱い科目は必要単位以上はあえて受講しようとせず、最低の基準単位数を揃えて卒業しようという態度である。

これに関連した動きとして、平成十五年度からは、簿記・コンピュータの分野に関して単位を修得しながら資格取得のための学修を行う制度が、大学をあげて発足することとなった。いわば、「ダブルスクール」を大学内で行っていこうというものである。これは、また、受験生を確保する上でのPRのためにも有効な方策として考えられたという側面も持っていた。そして、目標とする資格として、簿記・会計分野では「日商簿記一級」が、情報分野では、「初級システムアドミニストレータ」「基本情報技術者」が選ばれ、受験に備えた実践的な講義が開講されることとなった。

しかし、このように入試、あるいは就職といった学内のさまざまな部門からの要請に対応して行われたカリキュラム改正は、必ずしも一貫性を持って実施されてきたものではなかったため、総体としてはいささかゆがんだものになっていたことも事実である。そのため、それらの調整を行い、カリキュラム体系の抜本的な是正をはかったのが、平成十六年度からスタートした「改正カリキュラム」である。

平成十六年度施行のこのカリキュラムの基本方針として定められたことは、「コミュニケーション力」を学生に付与しようということであった。ここでいう「コミュニケーション力」とは単に言語コミュニケーションにとどまらない、「人間力」とでも称すべき広汎な能力を意味するものとして位置づけられている。

改正の具体的な内容は、①在学生の減少を反映した科目数の削減、②学生のニーズにあった科目設定の実施、③資格取得を視野に入れたカリキュラムの構築、④それを背景として「経営」「情報」の二つの分野をはっきり分離した科目体系の構成を意識したものであった。

①については、社会の変化を視野に入れてさらなる科目の「スクラップ&ビルド」を考える必要が出てきたこと。また、同一キャンパス内に平成十六年度より看護学部が新設されることになり、同学部の開設科目の中に所属学部の教員が担当する科目が予定されていたことから、それに対応したシフトを組む必要が出てきたことも理由として挙げられる。

②については、コミュニケーションの手段としての日本語能力を高める新たな科目の設定、高校時代にコンピュータ操作の経験を持つ学生の割合が増えてきたことから、コンピュータ関連で、基礎部分をスキップした科目の設定があげられる。また、二年生のゼミである「教養ゼミ」は個別指導の面を残しつつも、日本語能力・文章作成能力を涵養する内容に特化させた科目「コミュニケーションリテラシ」に改編されることとなった。

④については、資格取得を勧める上での利便性を考えて、「経営情報学」の志向を「経営」と「情報」に分けることになったもので、学部自体の目標を八年ぶりに元の形に戻すこととなった。

先に述べたように、この改定までの科目設定は大方セメスター制となっていたものの、実際には通年科目を前後期に分けるにとどまっており、形態としては「擬似セメスター」とでも称すべきものが大部分であった。それを、科目の内容の精選によって多くの科目を半期に圧縮し、一方新たな内容を盛り込んだ科目を新設し、さらには科目の難易度、学修順を明示することによって、よりセメスターを本格化させたことも「改正カリキュラム」の特徴となっている。

教養科目については、これまでの二回の改正によって科目がかなり整理されていたため、各科目を担当する専任教員には自らの科目についてさらなる内容の検討が求められることとなった。

三　学生の気質の変化と入試の多様化

以上、所属学部における一三年間にわたるカリキュラムの変遷についていささか迂遠な説明を行ってきたが、かくもカリキュラム改正が繰り返された理由には、単に中教審の答申に答え、受験生の減少に対応する必要性に迫られたという点にとどまらず、入学した学生をいかに「鍛えて卒業させる」かということが、以前にも増して学部内で大きな問題となってきたことがあげられよう。それは、この一三年の間に学生の資質と志向自体が大きく変化したことによるわけであるが、次にこの点について述べてみたいと思う。

平成三年当時の所属学部における新入生の出身高校の内訳は、商業科を中心とする実業校の出身者が半数、普通高校の出身者が残りの半数を占めるという状況であった。前者の出身者は高校在学中に簿記学習の経験があるものの、語学等を含めた総合的な学力ではやや劣り、後者は大学に入ってからはじめて簿記・会計に接する者が多いため、当初はそれらを内容とする科目に戸惑うものの、いったん慣れるとかえって実業校出身者を凌ぐ成績をおさめる者もいた。一方、まだ高校でのコンピュータの普及は現在ほどではなく、入学して初めてキーボードやマウスにふれるという学生も少なくなかった。

当時を振り返ってみると、偏差値での輪切りによる入試制度を反映して、入学者の学力は必ずしも高いものではなかったが、それでも、小論文と面接による推薦入試を受験して入学してくる実業校出身者の多くには、高校から「選抜されて受験した」という意欲の高さが感じられた。また、一般入学試験（学科試験）合格者も、難易度の高い大学から順に受験をして最終的に勤務校に落ち着いた者であっても、やはり四年制大学に入学できてよかったという気持ちを素直に持っていたようである。

筆者の場合、担当科目の多くが通年開講であった期間には、先述のように、科目によって前期試験の代替として夏季休暇期間中にレポートを課したが、後期の「一発勝負」の試験で好成績をおさめる確信が持てないためか、レポートでそれを補っておこうとかなり力を入れた成果物を作成してくる者も少なくなく、リーフレット等の参考資料が多いためホッチキスではとまらず、クリップで挟んだり、ケースファイルに入れたものを持参するなどの力作も見られた。

その後、通年科目がいずれも半期科目となり、夏季休暇中のレポート提出もなくなったため単純な比較はできないが、各期末テストの答案を見る限り、受験生の減少とともに年々受講生の学力の低下が意識されるようになってきた。とくに臨時定員増を返上した平成十二年ごろからは、その傾向が顕著になってきているように感じられる。これには、勤務校が従来に比べ入学しやすくなったという点ももちろん考えられる。しかし、そのことだけではなく、入試方式の改変もそれに拍車をかけているように感じられるのである。

冒頭で、近年入試方法が多様化していることを述べたが、所属学部の平成十六年度入試を例にすると、推薦入試として①指定校、②推薦（一期）、③推薦（二期）、一般入試として④A方式、⑤B方式、⑥講義方式、⑦センター入試利用方式、AO入試として⑧特待生、⑨自己推薦、⑩スポーツ推薦、⑪あらくさ奨学生入試[15]が実施された。AO入試は大学本部のＡＯオフィスが担当するため、多くの教員がかかわることはないが、推薦、一般入学試験については、後述する留学生試験と合わせて年度の後半にほぼ月一回のペースで行われ、教員も試験準備、試験監督、判定といった諸事務に追われることになる。このように多様化した入試は、着任当時の推薦と学科の二通りの入試しかなかった時期に比べると大きく様変わりしたといえよう。[16][17]

着任当時、推薦入試では高校から推薦を受けるための評定値の下限を四・五に設定しており、たとえ学科試験を受けなくとも、十分それに相当する学力を持った受験生を確保することができた。むしろ、面接試験を行う分、性格や意欲などその人物を判断することも可能であった。また、学科試験による入学者は普通高校からの生徒が多かったが、結果的に必ずしも高得点をおさめられなくとも、高校三年生で経験した受験勉強の習慣は、大学生活をおくる際にプラスに働くこととなったようである。

しかし、ここ数年の入学生の状況を見ると、学力、勉学への意欲という点においては大きな変化が生じているといえよう。その理由の一つとして考えられるのは、十八歳人口の減少により、偏差値の輪切りによっていままで勤務校に入学してきたレベルの学生が、さらに偏差値が上位の大学に合格しやすくなったということである。その結果として、勤務校ではこれまで受験では合格が難しかったレベルの受験生を入学させることになるわけである。[18]

第二の理由として、学科試験を受ける学生が相対的に減ったことにより、受験勉強の「洗礼」を受けないままに入学してくる学生がきわめて多くなったということである。教育界には、受験勉強の是非を問う声も少なくないが、勤務校の実体に即していえば、高校時代にそれを経験せずに過ごすことによって、国語や英語の基礎学力が満たされていない状態で入学してくる学生が増えてきていることは事実であろう。

四　教養科目〔日本史〕の授業改革

以上のような状況の変化の中で、筆者は講義を担当してきたわけであるが、では、この一三年の間に教養科目〔日本史〕自体は、何を目標として、どのような内容を講じてきたのであろうか。

大学における教養教育（リベラル・アーツ）のあるべき姿をどのように考えるのかという点については、これまでもさまざまな意見が示されてきている。また、時代によってそのニーズにも変化が見られるといえよう。平成六年から七年にかけて起きた一連のオウム真理教関連の事件では、理科系の優秀な資質を持った学生の少なくない人数がカルト教団に走ったことから、人文科学系の教養教育の必要性が改めて指摘されたことは記憶に新しいところである。

しかし、大学での講義科目は高校までと異なり、教授すべき内容が学習指導要領に定められているわけではなく、したがって、どの科目についても最低限これを教えなければならないという基準も存在していない。このことは、ともすれば教員個人の「独りよがり」な講義内容を、一方的に学生に押しつけるという危険性が存在しているといえよう。

平成三年の所属学部への着任時、筆者には担当する科目名は示されたものの、講義についての詳細な指示はとくに行われず、内容はまったく一任されることとなった。このこと自体はさして特別なことではなく、むしろ当該分野の専門家として採用された教員に、担当科目について完全に任せるケースはそれほど珍しいことではないだろう。そのため、筆者の場合採用の決定から講義開始までの短い期間に、自らの講義内容の詳細を詰める必要に迫られることになったわけである。

要項等を参照して、所属学部の場合には在学中にコンピュータ操作や簿記・会計という実務的な能力を高め、実業界、とくに営業やサービス業の第一線に立つことを考えている学生が多いことを知り、その状況に対応して筆者は次のような教育目標を立てた。

それは、学生に対して、対人関係においてより豊かなコミュニケーションをはかる上で役立つ知識を授けるということである。そして、この考え方は現在に至るまで基本的には変わっていない。コミュニケーションということばはあまりに抽象的だが、一例をあげるなら、商談に臨む段階、あるいはそれが一段落した後の打ち解けた時間に、商談相手に対して時事問題とともに時候やその訪問場所についての歴史的知識を話題にできれば、よりスムーズな交渉がはかれるのではないか、あるいは次の取引につながっていくのではないかと考えるものである。またそのような知識は、仕事の場を離れても、豊かな社会生活を営む上で有効に働くのではないかと思うのである。

そのため、筆者の各講義担当科目の授業内容は年ごとに改定を繰り返しつつも、マスコミなどでの話題となる年中行事の意味から新たな考古学的発見の紹介まで、いくぶん瑣末ともいえる歴史的知識を毎回の話題として取り入れながらの展開をはかっている。

各科目の内容について具体的にあげると、着任当時担当した講義科目は先述のように「日本史」「歴史学」「情報文化論」の三科目であった。「歴史学」と「日本史」という、本来であれば総論と各論の関係にあり、並列しがたい科目名が「一般教育科目」の枠内に並んでいたのは、すでに「歴史学」と「東洋史」の二科目を担当している教員がおり、筆者の持ちゴマもそれに名称を対応させたためである。

「歴史学」はその名称からして「日本史」よりも総合的な内容とすべきであるという考えと、現実に受講する学生のレベルを考えた場合に、それほど抽象的な話をすることはできないという事情がうかがえたことから、この科目では『古事記』『日本書紀』から説き起こして『大日本史』編纂にいたる前近代における修史の歴史を、一回の講義で一つの書物の紹介と、それを生み出した時代背景を語る形で行うこととした。

また、「日本史」では「律令国家」前史からその崩壊にいたる過程を、推古朝から説き起こして平安時代初期にいたる通史の形で追う内容とした。この科目については、一年間で古代から近現代までを概観する講義構成も検討し、教科書としての使用を考えて、実際にいくつかの概説書なども手にとってみた。しかし、高校の日本史Bの授業時間よりもむしろ少ない総時間数で、全時代を通史の形で追うことは筆者の能力では手にあまると感じられたこと、また受講生に用語の羅列のような講義を聴講させることも憚られたため、対象の時代を絞った講義内容としたものである。

一方、「情報文化論」は、経営情報学部という所属学部の特徴から「情報と文化」という科目カテゴリーの中で開設された科目であったため、「情報文化」を外来の文化の移入という観点でとらえ、主に古代における対外交渉史を講義することとした。

以上の講義内容は年ごとに手を入れて講義ノートも更新していたが、ある程度まとまって内容を入れ替えることになったのは、セメスター制の採用による平成十一年の「新々カリキュラム」の段階であった。この改正によって、「日本史」は「日本史ⅠⅡ」に分けて、前者を律令の規定を中心にした制度的解説にあて、後者ではそれを受けて奈良から平安時代にかけての具体的な政治史の流れを追うこととした。

一方、この改正では「歴史学」にはＡＢを付し、従来の史学史的な部分を半期にまとめ、残りの半期分は、それまでの講義の中で比較的聴講する学生が関心を示した考古学分野の話に代えることとした。折から発見が相次いだ青森県の三内丸山遺跡、佐賀県の吉野ヶ里遺跡の話は、受講学生には興味深かったようである。「情報文化論」は、元来が半期の講義科目であったため、この時点では大きな内容の変更を行わなかった。

このように、担当科目について平成十一年段階でも大幅な内容の改編に踏み込まなかったのは、カリキュラムの中に占めるウェートは改定ごとに比重の変化があったものの、専門科目と違って概説レベルを扱う教養科目においては、学部を取り巻く情勢の変化に対してそれほど即応する必要性が少なかったためである。

しかし、平成十六年度の「改正カリキュラム」では、筆者の持ちゴマもすべて内容を一新させることとなった。その理由は、やはり学生の日本史についての知識量と関心の方向が変化してきていることを実感するようになったからにほかならない。

着任から臨時定員増が認められていた平成十二年ごろの学部の状況を振り返ってみると、当時収容人員は定員の一・三倍までとることが認められていたため、一学年の人数は四〇〇名近くとなった。また、先述のように卒業要件の中の教養科目の比重が高かったため、一科目あたりの受講人数は時に一五〇名を越えることもあったが、それでも人数の多さが授業の進行に影響を与えることはなかった。

それが、近年は受講人数こそ多くても一〇〇名程度であるにもかかわらず、授業時間中の私語、携帯電話の使用、遅刻、居眠りなどが目立って多くなってきている。そのため、九〇分の授業に費やすエネルギーは、以前に比べて増大してきているといえよう。これは筆者の指導力不足にももちろん理由があるが、しばしば教員同士の会話の中でも話題となることからすると、やはり勤務校全体、あるいは大学という教育機関全体にかかわるものとなってきているといえるのかもしれない。

一方、講義を進めるにあたっての、受講生の基本的な知識の欠如も大きな問題となっている。「日本史」ではここ数年、年度の最初の講義の時間に白紙に五〇年刻みの西暦のみを入れた簡単な年表を配り、作業として日本史の時代区分を記入させるということを行っている。その結果であるが、毎年のごとく、相当数の学生が旧石器、縄文、弥生から始まって、明治、大正、昭和に至る時代区分が正しく理解できていないことが明らかとなる。しかも、それは単にある時代区分の時間的な長さが正しく把握できていないという状態にとどまらず、区分の順番自体に誤りがあるというレベルの問題である。とくに中世期の鎌倉、南北朝、室町、安土桃山は、あらかじめ名称を例示しているにもかかわらず、その並び順は混乱しており、歴史の流れの理解ができていないことをうかがわせている。

しかし、これも高校での地理・歴史の科目設定において、日本史が必修ではないことからするとある面ではやむをえないことといえよう。高校で日本史を学ぶ機会がないために、中学校の日本史学習の段階から三年間のブランクを経て、改めて知識を問われても、受講生自身に歴史に対する興味がない限り新たな知識は加わっていないわけで、正答に至らないのは残念ながら当然のことなのかもしれない。

一方、「情報文化論」では、やはり講義への導入として白紙の片隅に日本列島のみを描いておき、余白に朝鮮半島から中国にいたる海岸線、台湾、沖縄諸島、さらにソウル、ピョンヤン、北京、上海、西安といった主要都市の位置を入れさせる試みを行っているが、こちらも正確な地図に比べるとあまりに問題の多い答案が並ぶこととなる。これは、時事問題等への関心が薄く、日常生活で新聞やニュースなどを注視していないことを示しているといえよう。

以上のような状況をふまえ、今回のカリキュラム改正の主旨に合わせて筆者も担当科目の講義内容の検討を行い、その結果組み替えたのが「歴史学入門」「日本史概説」「日本文化概論」「文化交流史」の四科目である。「歴史学入門」はこれまでの「歴史学A」の史学史を扱った部分を継承しつつも、始めに「史料論」を置いて歴史学の本質についてもふれることとした。また、「日本史概説」はそれまでの「日本史ⅠⅡ」として講義してきた八、九世紀の歴史を集約して半期の科目に再編したものである。

一方、「日本文化概論」は前近代において日本の文化を特色づけてきた事項を、一時間一単元の形で紹介しようとするもので、従来の「歴史学B」の内容を継承しつつも考古学的部分を圧縮して内容を半分以上入れ替え、生活文化や伝統芸能にまでその対象を広げ、少しでも学生が関心を持てるようにはかった。一方、「文化交流史」は従来の「情報文化論」の内容をやはり半分ほど入れ替え、前近代に対象の時代を広げて述べることとした。

そして、どの科目もＡＶ機器の揃った教室を使用し、プリント配付を行うとともに、実物投影機によって写真や図版を映し出し、なるべく視覚に訴える構成をとることを考慮した。これは、日本史の知識に乏しく、学問への動機づけも弱い学生に少しでも関心を喚起できるように配慮したためである。全体として内容が文化史にシフトしたものとなったのもそのためである。

まとめにかえて

以上、勤務校の現状とそれに対応するためのカリキュラムの変更、それにともなう筆者の担当科目のあり方など、いささか微細な部分にわたって述べてきた。定員を満たす学生数の確保は私立学校にとって経営上の問題からも重要だが、教務担当教員の立場からすると、たとえ定員を満たしていても学生の学力低下の影響は深刻である。

個々の科目の講義を実施する上での問題点は、筆者の担当科目との関連としてあげたが、学力低下の問題は、教育職員免許状の取得や就職活動の面にも波及してきている。所属学部では教職として高校の「商業」と「情報」の免許を取得する課程を持っているが、内規としてこれまで教育実習を行う条件としてＧＰＡ値(19)が三年次終了段階で二・〇を超えていなければならないという成績上のハードルを設けてきた。二・〇とはオールＢをとった場合と同等の数値で、決して難しい「しばり」ではなく、これまでこのハードルを越えられなかった者はいなかった。それが、ここ二年ほどぎりぎりでクリアー、あるいはそれをわずかに超えられないケースが出始めてきている。それに対して、機械的に教育実習を認めないと決することも不可能ではないが、それによって当該学生が在学中に教員免許状が取得できないことが確定してしまうため、なかなか判断を下しにくい問題である。

また、自己ＰＲの下手な学生の増加、あるいははじめからフリーターを希望するなど就職活動に対して淡白な学生の増加は、就職内定率に影響を与えることになり、それは社会への出口としての大学の評価にかかわりかねない問題となっている。

一方、日本人では定員を満たすことが次第に難しくなってきている状況から、その不足人数分を主にアジア諸国からの留学生によってあてることも行われてきている。これについては入学希望者が多く、競争率の高い留学生試験によって、現在は比較的優秀な留学生が入学してきているものの、彼らは経済的には決して裕福ではなく、アルバイトに頼りがちの不安定な生活を送る彼らの中のごく一部に、それを理由に入学後に不登校になる者が出るなど新たな問題となっている。

冒頭「大学冬の時代」と述べたが、十八歳人口は二〇〇九年度まで減少を続け、そこで再び横ばいになるといわれている。それまでの数年間、地方の小規模私大にとってはさらに厳しい状況が続くことになろう。

勤務校の学生には、高校までの学校生活において、偏差値の輪切りによって選別され、セルフエスティーム（自尊感情）が低い状態で入学してくる者が少なくないようである。また、高校で日本史を学んだという学生と話をすると、暗記ばかりでつまらない科目であったと感想を述べる者が少なくない。筆者は、そのような学生が少しでも歴史に興味を抱き、いわゆる「教養」の糧となれる内容を講義できれば幸いであると考えている。

マーチン・A・トロウ[20]はその著作の中で、該当年齢人口に占める大学在籍率が一五パーセントを超えると高等教育システムはエリート型からマス型になり、さらに五〇パーセントを超えるとユニバーサル・アクセス型に移行していくと述べている。現在の日本の状況は、マス型の段階がほぼ極限に達し、ユニバーサル・アクセス型に近づきつつあるといえよう。マス型の教育機関の特色として、トロウは「多様なレベルの水準をもつ高等教育機関、総合性教育機関の増加」をあげているが、勤務校の目指すべきところは、現状では研究よりも教育、それも学生のニーズに応じた資格取得にさらに教養を加味した内容を効率よく教授することであろう。

所属学部の改正カリキュラム、また筆者自身の新たな科目設定は始まったばかりで今後どのような評価がなされるのか、いまだ未知数の状況である。学生の満足を得られるものとすべく、内容の精選をはかりたいと考えている。

大学改革の問題についてはいまだ表面をなぞるにとどまり、論じきれていない点も多々あるが、すでに与えられた紙数に達しており、ここで擱筆したいと思う。大方のご叱正をいただければ幸いである。

〔註〕

（1）学部の専門分野に直接かかわらない一般教養の科目を指す名称として、「一般教育科目」、「基礎教育科目」、「教養科目」などが広く使われている。筆者の所属学部では、時期によりその呼称に変遷が見られ、煩雑さを避けるため、以後、このカテゴリーを指す語として教養科目の名称を使用することとする。また、〔日本史〕と記したが、これは単独の科目名「日本史」ではなく、日本の歴史に関連した筆者の担当講義科目すべてを含む意味で用いたものである。以後、〔　〕付きの場合には科目名ではなく、これまで複数担当してきた勤務校での日本史関連科目を総称したものを指すこととする。

（2）平成十五年度まで、勤務校はビジネス情報学部（平成十四年度に商学部を改称）、経営情報学部という社会科学系の二学部の体制であったが、平成十六年度に看護学部が新設されて三学部体制となった。二学部体制の間、カリキュラムの改正は両学部が協調しつつも独自に行ってきたため、大学全体にかかわる記述については「勤務校」、それ以外は「所属学部」と記すこととする。

（3）古沢由紀子『大学サバイバル』（集英社、二〇〇一年）の記載による。

（4）「対話ゼミ」は、勤務校が小規模大学としての特徴を生かし、学生の個別指導に力を入れているところから設置している科目である。主に教養科目担当者に一定数の新入生の指導を割り当て、週一コマ、担当教員が専門性を生かした講義内容で定時の授業を行いつつ、折にふれて研究室等で所属学生に個別の面談を施すというところに特徴を持っている。筆者の場合には、この科目の内容として、これまでテキストを決めて輪読を行わせ、その結果を口頭報告させたり、勤務校周辺の散策を行いながら路傍にある石碑等の説明をし、神社や寺院の由来・特徴や常識としての参拝の作法を教え、また、図書館の利用方法や文章表現能力を培うための文章作成とその添削などを行ってきた。

（5）「哲学」「倫理学」「歴史学」「日本史」「文学」「美術」「人文地理学」「音楽」の八科目で構成。

（6）「情報文化論」「言語表現法」「比較文学」「情報英語」の四科目で構成。

（7）大学審議会答申「大学教育の改革について」平成三年二月八日。

（8）「大学等の高等教育の現状について」中央教育審議会大学分科会二〇〇三年六月十九日議事録、配付史料三―一。

（9）従来のカリキュラム中の社会科学系の教養科目は、科目の整理を行い専門科目の中に配置されることとなった。

(10) 註(8)の資料によると、平成十三年度段階で同様の措置を講じている大学は三三五校にのぼっている。

(11) 「個人指導記録簿」は、各期の履修申請書、成績表など個々の学生に関するすべてのデータの写しに担当教員の所見を加え、一冊のファイルとしたものである。

(12) 註(8)の資料によると、平成十三年度現在で約八割の大学（五四一大学、一三一八学部）でセメスター制が採用されている。

(13) この改正では、科目名の後に科目の連続性を意味する「ＩⅡ」を付したものが大部分を占め、科目の前後の履修順は問わない「ＡＢ」の設定を持つ科目は非常に少なかった。しかも、「ＩⅡ」を付した科目においても、大部分の科目が、前期が「Ｉ」後期が「Ⅱ」の開設であったため、学生に「Ｉ」の単位が未修得であることを理由に後期に「Ⅱ」の聴講を認めないわけにはいかず、セメスター制の不徹底さを露呈することとなった。

(14) 前掲註(3)のデータによる。

(15) 勤務校の建学の精神である「雑草精神（あらくさだましい）」にもとづく学内の奨学生制度で、成績優秀でありながら学資の負担が困難な受験生を対象に実施される入学試験。なお、②と③の違いは、前者は小論文と面接、後者は面接のみで合否を判定するものであり、④は一般教養的な問題一〇〇問から五〇問を選択してマークシートにより解答させる方式である。⑤のＢ方式はいわゆる学科試験で、国語、英語、数学、日本史の四科目から任意の二科目を選択し、マークシートにより解答させるものである。

(16) 国語、英語と選択科目の三科目受験。選択科目は、「日本史」「世界史」「数学」「簿記」の四科目から選ばせた。

(17) 入試の多様化は勤務校に限ったことではなく、多くの大学が入試の機会をできるだけ増やし、受験生の確保をはかっている。また、①の指定校入試は、着任当時は教育職員免許状を取るための教育実習先として協力関係にある、群馬・埼玉県内の商業高校数校にすぎなかったが、高校側の希望に応じる形で年々増加の傾向にある。⑥の講義方式試験は、教員が実際に受験生の前で数十分の講義を行い、その後、講義内容についての設問に答えさせるというものである。この入試制度がスタートした年にはユニークな選抜方法としてマスコミでも紹介された。

(18) 現在、所属学部では推薦入試方式で評定値での「しばり」を設けておらず、「意欲」のある生徒であればすべて推薦入試の対象として受け入れている。

(19)　グレード・ポイント・アベレージ。成績評価のＡＢＣＤをそれぞれ三、二、一、〇に換算し、単位数で割って平均化した数値で、取得単位の質を示している。

(20)　マーチン・Ａ・トロウ『高度情報社会の大学―マスからユニバーサルへ―』喜多村和之訳、玉川大学出版部、二〇〇〇年。

追記

本稿を脱稿してから、諸般の事情により刊行に至るまで三年に近い月日が経過した。

本稿では、筆者の所属学部で平成十六年度より新たなカリキュラムが導入されたことを述べて筆を擱いたが、そのカリキュラムに従って入学した学生も、すでに三年生の半ばを過ぎようとしている。しかし、大学暦で四年間を一つの区切りと考えた場合、もう一学年を残す平成十八年度段階で、勤務校は再び大きな変革を行うことを企図した。

本稿にも記したとおり、筆者の勤務校は三十年以上にわたって社会科学系の二学部で運営されてきた。そこに新たに看護学部が加わって三学部の体制となったのは、平成十六年春のことであった。しかし、学部増設を行うことによる既存学部への受験生の増加という波及効果は、十八歳人口の減少による受験生減と相殺され、残念ながら必ずしも期待値を充たすものではなかった。

そして、これまでも、既存二学部がビジネス情報学部と経営情報学部と名称自体が類似しており、その違いを高校側に分かりやすく説明することに各学部とも苦慮していたこと、また受験者層のマーケットを共有していたことから、理事側は二学部の違いを際立たせることを目途に、新たな改革を両学部に求めてきたのである。

それは、これまで学部ごとに行ってきた改革を両学部並行して行い、それぞれ各学部一学科であった学科構成を、内容を住み分けた上でビジネス情報学部は三学科、経営情報学部は二学科とするものであった。また、この改革を行うにあたって、教員数を増強することも認められた。そして、二学部からそれぞれ検討委員が出て、法人本部とともにいかに改革を進めるか、検討会が何度も持たれることになったのである。

筆者は、依然として教務関係の役職を担っていたことから、この検討会の構成員となり、学科再編を具体化する役の一端を仰せつかった。そして、新たな受験者層を開拓するためのさまざまな思索の結果、所属学部は経営デザイン学科、メディアマネジメント学科の二学科構成を採ることとなった。

前者は従来の経営情報学科の色彩を色濃く残しながら、ＮＰＯやボランティアといった新たなニーズにも対応する側面を持ち、一方後者は、メディアという従来の経営情報学のカテゴリーをかなり拡張した教育内容を志向する学科となった。一方、ビジネス情報学部には、会計ファイナンス学科、スポーツマネジメント学科、アジア地域ビジネス学科の三学科が置かれることとなった。

本稿でも述べたように、カリキュラムに手を加えた場合、旧課程の学生全員が卒業するまで以前の科目体系を維持する必要がある。筆者は、教務担当者として、これまでも新旧のカリキュラムの整合性を図るためにいささか心を砕いてきたが、同様の作業はこの先も続くことになる。そして、今回は学部を越えての再編であったため、調整が従来にもまして複雑になることが予想されている。

本来であれば、本稿末で述べた平成十六年度スタートのカリキュラムが、現在どのように動いているのか、経過報告をすべきところであるが、限られた紙数であるため、本稿脱稿後の勤務校の動向を記すことで補記としたいと思う。

学生が社会人になるということ――採用教育担当の視点――

一倉　保

一　本稿の目的

「社会人」ということばがある。「社会人」ということばは、卒業する学生に対して「明日からは社会人としての自覚をもって……」というような使われ方がされる。ここには、「学生は社会人ではない」という意識が反映されているものと思われる。確かに実際に学生と接してみれば、社会人との違いが服装、態度、口調などさまざまな点で実感できる。しかし、そうした学生も就職後一、二年もたてばすっかり違和感のない社会人になっている。まさに、学生は就職を契機に社会人へと変貌をとげる。

企業は新入社員教育のプログラムの中に「学生と社会人の違い」という時間を設けてディスカッションをさせる。学生気分を払拭し、社会人としての自覚を持たせることは新入社員教育担当者の課題とされているからである。私も新入社員教育担当者になった当初、とくに疑問もなく、前任者の手法をまねて「学生と社会人の違い」をディスカッションさせた。毎年、新入社員らが「学生には責任がないが、社会人には責任がある」とか「学生は自由だが、社会人は自由でない」と論じるのを聞いているうちに、しだいに疑問に感じるようになった。「学生には責任がないが、社会人には責任がある」というときの「責任」とは何か。「学生は自由だが、社会人は自由でない」というときの「自由」とは何か。そもそも「学生」と「社会人」を比較対照できるという前提で議論を始めているが、「学生」と「社会人」とは並列される関係にあるのか。

試みに「社会人」ということばを小学館『日本国語大辞典』でひけば「社会を構成する一員としての個人」という第一の語義を確認することができる。さらに、第二の語義として「社会で職業につき、活動している人。学生、生徒などに対していう」があげられている。なるほど、第二の語義に照らして考えれば、学生と社会人を比較対照しても問題はなさそうだ。では、「学生気分を払拭し、社会人としての自覚を持て」というときの「社会人」とはもっぱら「職業人」の意味であって、「社会を構成する一員としての個人」という意味は含まないのだろうか。

学生が「社会の構成員」でないとはいえない。企業も大学も固有の秩序と文化を持った一つの社会であり、また、より広い社会に果たすべき役割をそれぞれ持っている。そうした意味で学生も企業で働く人も社会の構成員といってかまわないだろう。ただし、企業は外にいる顧客の期待・欲求を満たすことを目的に活動するのに対して、大学は内部に学生を抱えることで活動が内向けになりやすいという点は考慮されなければならない。企業で働く上で、社会にかかわっているという意識を持つことは重要である。企業が「社会の構成員」という自覚を十分に持たない学生を新入社員として迎え入れるとき、あえて「職業人」ではなく「社会人」ということばを使い自覚を促そうとするのは、そのためではないだろうか。

自らを振り返ってみても、学生・新入社員時代に「社会の構成員」としての自覚が十分あったとは思えない。現に私が新入社員のときも「学生と社会人の違い」をディスカッションさせられた。学生が「社会の構成員」としての自覚に欠けるということは昔も今も変わらない。

十年にわたり、企業の採用担当、新入社員教育担当として「学生が社会人になる」過程に立会ってきたが、最近ようやく、大学が他の社会に対してきわめて閉鎖性が高い特異な社会だから、大学生には社会の構成員という意識が育ちにくいのではないかという考えにたどりつくようになった。学生が学ぶことに専念できるよう大学は他の社会に対して閉じている必要があるのかもしれない。そして、その特異な大学という社会から巣立つために学生は就職活動を行うが、就職活動のスケジュールは年々早まり、ますます学生は自分に向き合って、就職をする、仕事をするという意味を考える余裕を奪われている。だとすれば、学生が「社会の構成員」としての自覚に欠けたまま就職してしまう責任の一端は企業側が負うべきなのかもしれない。ではなぜ、企業は学生がきちんと社会人になるための準備期間を与えないのか。企業側の事情も考察する必要があるだろう。

本稿は以上の問題意識をもとに、企業の採用活動、学生の就職活動の実状を示し、また、新入社員教育の実例を紹介することによって、「学生が社会人になる」意味を考察する。もちろん、これは私見を綴ったものにすぎず、私の勤務する会社の見解を示すものではない。

二　企業の採用活動と学生

雇用の流動化と終身雇用

雇用の流動化がいわれてから久しい。バブル期には人材確保が難しく企業は競って大量の新卒採用を行った。それでも満たされない企業は、中途採用のための募集を繰り返し、ヘッドハンティングの仲介業者を利用したりした。こうした状況の中で、安定よりも処遇の向上を求めて転職する人が増えた。しかし、その後の景気後退、デフレの進行によって労務費に見合う売上の確保が難しくなると、企業は一転して雇用の調整をはかるようになった。まず、採用数が絞られた。さらに活動の規模を縮小し、リストラによる業績の回復をめざす企業も現れた。合併による事業の合理化もめざすところは人減らしであり、事業の分離・売却も労務費負担を自社から切り離す目的で行われた。最悪のケースである企業の倒産によって職場を失った人も多い。終身雇用の大原則を信じて会社に忠誠を誓ってきた多くの中高年サラリーマンは、いったん職を失うと再就職が難しい。こうして、雇用不安は国全体を覆い、個人消費を縮小させた。

雇用不安が浸透するなか、もはや終身雇用は幻想でしかないように語られ始めている。真実そういえるだろうか。業績の悪化を打開するために人員整理をする企業は確かに少なくない。しかし、企業は解雇権を「濫用してはならない」とされており、実際に業績を理由とする解雇が認められるのは、企業が本当に危機的な状況にある場合に限られている。だから、人員整理を行う必要のある企業は、まず退職金を割り増して中高年の退職を勧奨する。子会社や関連会社への転籍という形で再就職先を斡旋する場合も多い。リストラといっても、解雇以外の方法が用いられるのである。それでも、なお人員を削減しなければならない場合に、解雇が最後の手段として行われる。つまり、企業は終身雇用を果たしえない場合にはその代償を支払わなければならない。

企業の中核的な業務の担い手を一般に正社員というが、正社員は期間の定めのない雇用契約の従業員である。企業は、正社員を採用するとき、解雇権が厳格に制限されている現状において、終身雇用をする覚悟を持たなければならない。雇用の流動化は確かに兆候としてあるが、解雇権の制約のために本格化はとどめられているというのが現実だろう。といっても、企業は正社員を終身雇用することを否定的に考えているわけではない。中核的な業務の担い手であれば、自らの手で育て、長く活躍して欲しいと願っている。だから、企業は育てがいのある若くて優秀な人材を採用したいと考えている。そのため新卒定期採用は今でも人材確保の基本なのである。

新卒定期採用とフリーター

新卒定期採用とは、企業が学生に対して採用選抜を行い、合格した学生に卒業後の雇用を約束するという形の採用をいう。

学生の卒業時期が三月であるのなら、翌四月に入社をさせるというのは当然だろう。学生は身分に関する不安を抱かず、企業も採用を内定した学生の心変わりを心配しなくてすむ。四月から翌年三月までを会計年度とする企業も多く、年度の初めに新入社員を迎え入れることは、人事管理上の利点も大きい。新入社員に対する教育をいっせいに行うことができるし、新入社員の配属と合わせて人事異動の計画も立てられる。これらの利点は、官公庁の採用にもあてはまる。官公庁の採用は、対象を新卒者に限らず、一定の幅の年齢条件を付すことが多く、その意味では新卒者の採用とはいえないかもしれない。しかし、実態として企業の新卒者採用とそう大きな差があるわけではない。官公庁も翌春に卒業する見込みの学生を想定して採用試験を実施し、四月一日付けで採用している。その他の各種団体の採用を含め、新卒者の定期採用はわが国の雇用の大きな枠組みを形成していると考えられる。つまり、「学生は卒業後、間を置かずに就職する」ことは一般的な常識になっている。

しかし、この常識が過去のものになりつつあることを、昨今のフリーターの増大を示して主張する人がいるかもしれない。フリーターとは、まさに、卒業後に定職を持たない若者をさす。フリーターの中には自ら定職を持たないことを選択したものが確かにいる。彼らにとって、「学生は卒業後、間を置かずに就職する」という常識など唾棄すべきものでしかない。定職を持つということは、すなわち仕事に拘束されるということであり、何ごとにも拘束されることを忌むのであれば、就職などしようがない。こうしたフリーターを若者らしい気概、勇気と評価する視点が存在することは否定しない。しかし、フリーターの存在は、企業が新卒者の定期採用をやめる理由にはならない。そもそも就職しようという意思を持たない若者を企業が採用の対象にすることはないからだ。

就職が決まらないまま卒業してしまい、やむをえずフリーターになったものもいる。景気低迷下にあっては、むしろ、そうした理由でフリーターになる若者が増えている。この種のフリーターは企業の採用過程に一度はかかわった、あるいはかかわろうとしたものたちであり、もとより企業の定期採用を脅かすものではない。

長引く不況のためもあって、一度は自らフリーターを選択しても、将来の不安を感じ定職を得たいと考えるものも出てくる。しかし、フリーターを選択したものが定期採用された新卒者と同等の処遇を得ることはきわめて難しい。新卒者は正社員として採用され、企業の中核的な担い手と期待される。正社員は有期雇用契約のパート社員よりも雇用の保証が大きく、給与・福利厚生面でも手厚く処遇される。長期にわたる育成方針のもと教育・訓練が施され、ジョブローテーションを経て社内の階層を上る。選抜の末に取締役として経営に参画する可能性を有している。そのかわりに担当業務が終了するまで残業をするのは当然とされ、転勤をともなう異動を命じられた場合にも拒むことができない。束縛に対して寛容になれない人を正社員としては受け入れ難い。

新卒後に定職が得られずにやむをえずフリーターになったものが新卒採用に応募した場合、新卒との年齢的な隔たりがそう大きくなければ企業は必ずしも受験を拒むものではない。しかし、採用時の面接においては特別な注意が払われる。新卒時に就職に対する意欲が欠けていたのではないか、どの企業もが採用を見送った特別な理由があるのではないかという疑念が払拭されるまで質問が繰り返される。採用担当者は履歴の空白について理由が納得できるまでは選考ステップをすすめることができない。つまり、捲土重来の機会を与えたいと思うより、選考に慎重を期す方に意識を向ける。フリーターはこうしたハンデを背負った上で学生との比較に耐えなければならない。

ただし、フリーターや一度就職してすぐに転職を決めた若者を第二新卒と呼び、積極的に採用しようとする企業もある。しかし、それは、どうしても新卒定期採用で必要数を確保できない企業であったり、業績不振のために一時期新卒定期採用を行わず若手世代に空白ができてしまった企業であることが多い。

企業が中途入社の社員を募集する場合も、フリーターは視野に入りにくい。中途入社の社員に期待するのは、他社での職務経験を持つ即戦力である。フリーターとしての経験が定型的・補助的な業務にとどまるなら職歴として評価されることはない。

それでも、企業にとってフリーターは労働力として重要である。突発的な業務や季節によって量の変動が大きな業務、あるいは正社員を従事させるには割高と思える定型的な業務の担い手として有期雇用契約で働く人は欠かせない。その主力は主婦であり、学生アルバイトであり、そしてフリーターである。有期雇用契約でありながら、契約更新を繰り返し、長期に働く人も多い。そうなると正社員並に仕事を任せられることもある。しかし、有期雇用契約である限り正社員並の処遇は期待できない。長期間の仕事であるのにもかかわらず企業が有期雇用契約を結ぶ意味は安価な労働力が欲しいからにほかならない。有機雇用契約で働く人を正社員に登用することもないではないが、多くの企業に積極的ではない。

束縛を嫌うフリーターが、自ら特定の技能を磨き、専門家といわれる域に達した場合は企業と対等な契約関係を結べる可能性がある。企業は成果に対して報酬を支払うので、業務のすすめ方を拘束しない。まさに、フリーターが理想とする働き方ができる。しかし、それは雇用契約というより業務委託契約にもとづくことになるだろう。高報酬が期待できるが、安定は保証されない。

以上、見てきたように、中核的な業務の担い手を新卒定期採用によって得ようという企業の意思は強い。就職難にひるみ、フリーターでもかまわないと安易に考えてしまう学生も多いようだが、これはたいへん大きなリスクを負うことになるのである。

企業が新卒定期採用をする目的

新卒定期採用は採用する側と採用される側の暗黙の了解事項であるが、企業は新卒であれば誰でも採用するわけではない。企業は新卒定期採用によってできるだけ優秀な人材を必要数確保しようとしている。

企業にとって優秀な人材を必要数確保するということはきわめて重要である。常に競争を強いられている企業にあって、最終的に勝敗を決するのは人材だからである。ただし、人材の優秀さを測るのはなかなか難しい。語学力とかパソコンの操作能力といった特定の技能については、ＴＯＥＩＣや情報処理などの検定制度が判断の材料を提供してくれる。しかし、こうした技能は企業が求める優秀さの一部でしかない。人はさまざまな長所と短所を合わせ持ち、人から長所のみを切り離して取り出すことはできない。また、優れた技能も時代の変化の中で陳腐化したり、不要になることがある。性格的な特徴は状況によって長所にも短所にもなりうる。

それでも、企業の採用担当者は優秀な人材を必要数確保することを求められる。なぜなら、仕事の成果は人によりきわめて明確に違いが出るからである。企業にとって人材の優秀さとは、その成果の高さにほかならない。人材の優秀さは人を見て測ることができなくても、成果の差をもって評価される。企業の採用担当者は採用した社員の成果の差を突きつけられて、より優秀な人材を採用することを約束させられるのである。

ならば、実際に働いて高い成果を出した人を採用すればよいという考え方もなりたつ。しかし、他社で高い成果を出した人を採用することは、現実には難しい。まず、他社で高い成果を出した人を見極めなければならない。次に、他社で高い成果を出した人が自社でも同様な成果を出せるのかを検討しなければならない。そうしてようやく自社への転職を勧誘することになる。他社よりも高い処遇を提示することが転職の動機づけになるだろうが、その際には自社にすでに存在する優秀な社員との均衡を欠くことはできない。そうしたデリケートな検討を経た上で勧誘を行っても必ずしも成功するとは限らない。高い成果を出している人ほど現在の仕事にやりがいを感じているからだ。現状に大きな不満を感じていない限り、多少処遇が良くなる程度では転職に踏み切ることはない。終身雇用を望ましいとする考え方は根強い。転職によってステップアップするというのは特定の技能的な職種、非常に専門性の高い職種に限られている。つまり、まとまった数の人材確保の方法としては期待できない。ヘッドハンティングの例が増えつつあるとはいえ、それは、新卒定期採用に代わりうるものではない。

それでは、高い成果を出した人を他社に求めるのではなく、自社で高い成果をあげている社員の能力や行動の特性を分析して指標化し、採用に役立てたらどうだろうか。これをコンピテンシーシステムという。コンピテンシーシステムは社員の評価・処遇のために導入する企業が多いが、採用時にも活用しようとする企業が実際にある。確かに企業が必要とする能力をあらかじめ明確にしておくことは必要だろう。ただ、能力を細かく記述するといっても、「コミュニケーション力」「行動力」「向上心」といった客観評価しにくい項目になってしまうことが多い。実際に仕事をする姿を見れば、ある程度確認することはできるだろうが、採用時にその能力が測れるかというと難しい。

結局、採用担当者は採用する前に実際に仕事でどれだけ成果を出せるかを見極めるという難題から解放されない。彼らは、まず多くの応募者を集め、書類選考や各種のテスト、面接などを組み合わせて応募者をだんだんに絞っていくとしかできない。応募者が多ければ多いほど、その中に優秀な人材がいる確率が高まる。後はその優秀な人材を取りこぼさないように慎重に選考を繰り返して、結果的に優秀な人材のみが残るようにする。川底から砂金を選り分けるような形の選考を行う。ただし、砂と金の違いは誰の目にも明らかだが、人材の場合はそうはいかない。選考の過程に採用担当部署以外の役職者も加え、内定を出すための最終面接には取締役を正面に据えることで、採用担当者は自らの責任の軽減をはかったりもする。

採用活動から見た大学の役割

多くの応募者を集めるためには、広く告知をする必要がある。中途社員の募集であれば、どこにその企業の求める人材がいるかわからないので、新聞や就職情報誌が利用されるが、新卒者を採用するのであれば、学生に集中的に働きかける方法を選択した方が効率がよい。「学生は卒業後、間を置かずに就職する」という常識は大学当局とも共有しており、大学は企業の採用活動に協力的である。大学も、学生の就職先確保を責務の一つと考えるようになってきている。大学は企業の求人票を掲示板に張り出し、採用案内を学生に閲覧させたり、配布してくれる。大学によっては、企業の採用担当者を呼び学生と接触する機会をつくり出したりもする。企業にとって大学は、学生を集合させる場であるがゆえに、募集の媒体として重要である。

また、企業は専攻によって学生を分類することで採用活動の効率を高めることができる。製薬会社が薬学部の学生を中心にバイオ関連分野にも目配せしながら採用活動を行うのは当然である。パソコンメーカーなら電子工学、情報処理を専攻した学生を集中的に募集する。数理計算が商品開発に決定的な意味を持つ生命保険会社は数学科の学生を欲しがる。どうしても特定の分野の学生を必要とする企業は特定の大学研究室に採用ルートを確保している。文系の場合も、学部によってアプローチの仕方を変えることがよくある。法・経済・経営・商といった学部の学生には請求がなくても採用案内を送るが、同じ大学の文学部・教育学部の学生には請求がない限り送らないというような例である。

大学名で学生を採用対象から除外することは差別であり非難されるべきであろう。採用差別を行っているという不名誉な評判を免れるために、大学名不問の選考を行う企業も増えている。難関大学、有名大学の学生だからといって、すべての学生が求める人材の要件に合致するわけではないことを採用担当者は十分に知っている。むしろ、難関大学、有名大学の学生に多く接してきた採用担当者ほど大学名に対する幻想を持たない。

それでも、採用担当者には、大学を絞って効率を高めたいという欲求がある。これは、多くの学生の中から優秀な学生を選抜するという企業の戦略に矛盾するようだが、そうではない。企業は優秀な学生をすべて自社に集めようなどとは考えていない。一定の質の採用予定人数を確保することが目的なのだから、そこから逆算して必要な応募者数が得られればそれで十分なのである。むしろ企業は、応募者の中に優秀な学生が存在する確率を高め、応募者の数自体は増えすぎないようにコントロールしたいと考える。難関大学、有名大学の学生すべてが優秀とはいえないが、基礎知識、理解力、自己管理能力、目標達成意欲などを備えた学生がいる確率が高いのも事実である。

応募者を大学名で門前払いすることはできない。だから、学生から資料請求があれば全員に送る。選考過程に乗ってしまえば、大学名での有利、不利はあまりない。しかし、企業は資料請求を促すDMを送る対象大学については選別している。採用内定者になるべき学生はどの大学にいそうかを考えない採用担当者はいない。網を打つなら魚影の濃いところでなければならない。採用難の時代には、若手社員をリクルーターに指名して後輩に接触させるという方法が盛んに用いられた。獲物を見定められるなら銛を打つこともまた効率的な方法だからである。

インターネット時代の採用活動

かつて、採用の告知の方法は、大学への求人票送付、学生向け就職情報誌への広告掲載が主だった。もちろん、現在もそうした方法は捨てられてはいないが、もっとも重視されているのは求人サイトの利用である。

企業が学生とインターネットで結ばれることの意味は大きい。これまで企業は、募集、選抜、内定に至る過程の中で、郵便や電話、直接の面談を通じて学生とやりとりしてきたが、ネットを介することで事務量やコストが大きく減じられている。採用予定人数をはるかに超える応募者が殺到する大企業は多段階の選抜の中で絞り込みを行わなければならないし、採用予定人数の確保が難しい中小企業は募集と選抜を繰り返すことによって必要な内定数を確保しようとする。大企業の採用担当者も中小企業の採用担当者も、限られたコスト、時間、労力を最大限有効に使わなければならない。複雑な採用スケジュールのなか、多くの学生を採用の段階ごとに管理するためにもインターネットは企業にとって欠かせないものになっている。

学生も検索機能に優れた就職サイトを利用することで、より多くの企業と容易に接触できる。就職活動を行う学生のためにパソコンを提供したり、メールアドレスを付与する大学は多い。

採用日程の早期化・長期化

優秀と見込まれる学生を必要数確保するために新卒定期採用を行おうとする企業は自社ばかりではない。そうなると、優秀な学生をめぐって企業同士の競争になる。企業によって採用したい学生の条件は異なっているが、それでも一部の学生に人気が集中する。基礎学力がある、コミュニケーション能力がある、論理的な思考ができる、目的達成意欲が高いといった欲しい学生の要件は多くの企業で重なっている。

競争は相手の出方を考えなければ行えない。競合する企業に先んじて内定を出すことによって優秀な学生を確保しようという企業が出てくるのは避けられない。他社の内定を覆すだけの自信のある企業は鷹揚に構えていられるが、それにしても、優秀な学生が自社をあきらめてしまったら元も子もない。学生が焦れない程度の時期に内定を出さざるをえない。こうして、採用スケジュールはしだいに早期化する。

かつて就職協定という大学と企業の採用時期に関する申し合わせがあった。就職協定には、求人活動の開始日を八月一日、内定の解禁日を十月一日とするなどと定められていた。もちろん、大学四年生に対するスケジュールである。この就職協定は違反する企業に有効な罰則を課すことがなかったため、ほとんど実効力はなく、五、六月中に内定を出す企業が多かった。しかし、十月一日に意味がなかったわけではない。少なくとも、十月一日以前に出す内定は正式のものではなく、それ以前に学生が内定を辞退してもやむをえないという意識を企業の採用担当者に持たせる程度の影響力はあった。そのため、多くの企業は内定を出した学生を十月一日に呼び出し、改めて入社の意思を確認した。十月一日は他社も学生の入社意思確認をする日であるので、この日に学生を拘束すれば、その学生はほぼ自社に入社するものと考えることができたのである。

しかし、就職協定は実効力を持たないことを理由に一九九七年度の採用から廃止されている。それ以後、採用スケジュールは毎年のように早期化した。現在、大学生が就職活動を開始する時期は三年の秋にまで早まっている。つまり、大学生は最終学年にもならないうちに就職活動の流れに巻き込まれる。

採用スケジュールの早期化は企業側のせいばかりともいえない。学生としても、早期に内定を得たいという欲求がある。就職難の時代、少なくともフリーターにならないための内定を一つは持つことが精神の安定のために必要だからである。それがために、採用活動を早く始める企業に多くの学生が集り、その結果として採用を早める企業が多くなるという循環を生んだ。

しかし、早期に採用活動を立ち上げた企業が早期に採用活動を終結できるかというとそうではない。早期に内定を出しても、当の学生がその内定を蹴って他社を選択するのであれば、企業も別の学生を対象に採用活動をやりなおさなければならない。得てして自社が学生の本命だという確信を持ちにくい企業ほど早期に採用活動を始める傾向があり、そうなると採用活動の長期化もやむをえない。また、すんなりと内定を得てしまった学生は、こんなに簡単に就職先が決まってしまっていいのだろうかという不安にかられ、就職活動を終える決断がつかない。人気企業ばかりに応募してなかなか内定を得られず、長期戦を強いられる学生もいる。満たされない企業と満たされない学生が互いに妥協点を見つけるまで、企業にとっての採用活動、学生にとっての就職活動は終わらない。

学生にとって望ましいのは、まず志望度の低い企業の採用選抜が先にあって、だんだんと志望度の高い企業の採用選抜があることだろう。甲乙つけがたい志望度の企業の採用試験が同日に行われたら、学生は苦しい選択を迫られることになる。しかし、学生が望むとおりに各企業の採用日程がずれていたからといって、安心はできない。なぜなら、志望度の低い企業から採用選考の合格通知を得たとしても、入社を確約しない限りその合格の効力は保証されない。企業は入社意思を確認した段階で、学生を内定者として取り扱う。学生の立場からすれば、より志望度の高い企業の選考結果を待って入社の意思を明らかにしたい。しかし、合格を通知した企業は、他社をあきらめて入社の意思表示をするように迫る。このように、新卒者の定期採用は、企業間の学生をめぐる競争を引き起こすだけでなく、企業と学生との間の葛藤をも生む。

企業間の競争のために採用スケジュールは早期化・長期化していったわけだが、この結果、学生は三年生のうちから四年の半ばにかけて就職活動に奔走しなければならなくなっている。採用日程の早期化・長期化が大学・学生に及ぼす弊害は明らかである。学生は、まだ卒業研究のめどさえ立っていないうちに就職のためにスケジュール表を埋めてしまい、大学に行くことさえままならない。ゼミよりも就職活動を優先する学生に教授は憤る。学生は、まず就職先を決めてからでないと落ち着いて卒業研究に取り組めないと考えているわけだが、教授の思いは同じではない。教授にとって、学生が学業を優先しなければならないのは当然のことである。企業への就職活動を行ったことがないために学生の切実さが理解できない教授もいるだろう。めでたく志望する企業の内定を勝ち得た学生に対し、単位を与えないという形でゼミを成り立たなくした代償を支払わせる教授もいる。就職が内定したのに卒業ができない。これは、そう珍しくもない話である。企業は卒業できない学生の不手際に腹を立て内定を取り消すが、同時に教授の狭量さをも呪うことになる。

企業にとっても、採用スケジュールの早期化・長期化はあまり望ましいことではない。採用活動開始から入社までの期間が長くなればそれだけコストがかかるし、採用予定数の見極めが難しくなる。企業はできるだけ余剰の人員を抱えないように努力しており、採用予定数の見極めは重要な問題である。

それ以上に企業にとって問題なのは、学生の内定辞退である。内定とは解約留保権付の雇用契約とされる。解約留保権付といっても内定を企業の側が取り消すことは特別な事情がない限りできない。特別な事情とは、社員であっても懲戒処分を受けるような行為があった場合や、採用選考時の提出書類や面接での話に重大な偽りがあった場合、業務に耐えられない心身の故障が生じた場合などである。一方、学生の側から内定辞退の申し出があったとき、理由のいかんにかかわらず企業がこれをとどまらせることは不可能である。学生が内定を受けた時点で雇用契約は成立するが、学生は契約という意識を持たない。就職する気もない企業の内定を集めてその数を誇るという不心得者さえいる。内定辞退を躊躇する学生はいても、その理由は「断りづらい」「担当者にわるい」「怒られるのは嫌だ」といった心理的な理由でしかない。企業は内定辞退をした学生の意思に反して入社を強要することはできないが、雇用の予約契約が成立している以上、これを一方的に廃棄した学生に対して、賠償請求をすることは法的に可能である。しかし、実際にはこの権利も行使しがたい。企業にとっては、内定辞退をした学生に賠償請求して得られるものより、落とす評判の価値のほうが大きいからだ。かくして、企業担当者は不愉快をあらわにしながらも、内定者リストから辞退者をはずすことになる。

実際、採用担当者にとって内定辞退のダメージは大きい。採用活動の初期においてならば補充が可能であっても、いったん採用活動が終了してしまうと回復は困難である。採用担当者にとって必要数の人員が確保できなかった場合に問われる責任は重大である。

では、なぜ、このように内定辞退は頻発するのだろうか。一つには内定が重複するからであり、一つには企業が内定の諾否の返答を急ぐからである。多数の企業が優秀な学生に競って内定を出し、考える余裕を与えずに学生に内定を受けるよう迫った結果だろう。いわば、内定辞退頻発の原因は企業側にある。そして、これから職業人として歩み出そうとするまさにそのとき、学生の一方的な契約破棄を何の咎めもなしに許してしまうことで、学生が社会的な責任を自覚する芽を摘んでしまっている。

学生の就職観

学生も卒業と同時に就職することを当然と考えているが、どのような就職をするのかという点については十分に考えをまとめる時間は与えられない。しかし、ともかく就職はしなければならないと考えるので、応募する企業を選択する。就職サイトを利用すれば便利だ。業種や勤務地、その他の採用条件で企業を検索することができ、条件の合う企業の資料請求を一括して行うことができる。また、興味を持った企業のホームページを訪ねてみれば、そこにはたいてい採用に関するページがあり、インターネット経由で会社説明会や採用試験の申し込みをすることができる。ただし、インターネットで一次選考を受け、一度も企業の採用担当者の顔を見ないまま不合格を通知されるという例も増えている。

確かに、インターネットによって企業の情報は簡単、また多量に集められる。しかし、その情報量の多さのために、企業についてそれ以上知るべきことはないように感じてしまうならたいへんに危険だ。企業は公開する情報を選択している。財務諸表をそのまま公開している企業もあれば、売上高、経常利益すら出さない企業もある。社員数、男女比、社員の平均年齢、過去の採用人数、平均賃金、昇給率など、データの出し方も企業によりまちまちである。他の企業があたりまえのように掲載している情報をなぜその企業は載せていないのか。ホームページを見るなら、その理由を考えてみたほうがいい。経常利益を載せない企業は赤字なのかもしれない。社員の平均年齢を掲載しない企業は離職率が高い可能性がある。しかし、そのような見方をする学生は少ない。

企業を選択する基準、評価する目を持たない学生は、結局、自分がすでに知っている企業に応募する。盛んにテレビＣＭを流している企業や自分が欲しい商品を扱っている企業が選択肢として残り、素材や部品を扱う企業、法人向けの商品を主とする企業、中小企業は視野からはずれる。

大学生の多くは、大学に入学するために入試選抜を経験している。その際、選択の基準は大学の偏差値だった。自分の学ぶべき講座はあるか、教授はいるかというところまで考えて大学を選択したものは多くない。それと同じ感覚で企業も選択する。大学入学の場合、大学は偏差値で序列化されていたため、より偏差値の高い大学に入学することが価値が高いように感じられた。就職の際にも知名度や人気の高い企業に就職することを成功だと考える学生が多い。入試難易度を表した偏差値が必ずしも大学の研究・教育の質を保証するものではないのと同様に、いや、それ以上に、企業の知名度や人気は財務の健全さや将来の可能性を表すものではない。

アルバイト経験をもとに就職先を選定しようという学生も多い。ファミレスでウェイターをして楽しかったので接客業、家庭教師をしてやりがいを感じたので塾講師、コンビニで商品陳列の仕事を任されたのがうれしくて流通、といった具合である。企業という組織の中で仕事が細分化し、しかも外からは見えにくくなっているため、わずかでも知っている仕事に目を向けるしかないのだろう。しかし、時間給いくらで働くアルバイトと正社員とでは、仕事も責任も同じではない。知っているし、向いていると思った仕事が実はそうでなかった例は多い。

就職先を選択するということは、人が一生にする選択のうちもっとも重要なものの一つだろう。自分の価値観や能力を掘り下げて考え、社会の中でどんな役割を果たすべきか自分なりの答えを出した上での職業選択であることが望ましい。しかし、それは簡単にできることではない。学生も安易に就職先を選択をしようとしているわけではないだろうが、早くしないと流れに乗り遅れるという恐怖が、じっくり自分と向き合う意思を萎えさせる。取りあえず知っている企業、評判の悪くない企業にエントリーし、就職活動を始めることで安心を得ようとするが、始まればもう立ち止まって考える余裕はなくなる。

次々にエントリーし、過密な採用スケジュールをこなすだけで一向に就職観は定まらない。だから、面接では月並みなことしかいえず、自分を語る言葉も面接官に響かない。出たとこ勝負で連敗を重ね、最初は考えてもいなかった小さな企業・無名の企業にさえ、すがりつきたくなる自分を情けなく思うようになる。これが、一つの典型例である。

一方、よく考えないでエントリーした企業の採用試験に運良く合格する学生もいる。企業の中にも、まず数の確保に走るところがある。しかし、その運のよい学生は、十分に考えて決めた就職先でない、自分が努力して勝ち得た合格でないために、しだいに不安を募らせる。そこから考え始めて、やはり違うという結論に至れば、内定辞退をして就職活動をやりなおすことになる。

不安を抱きながらも、思い切ることができずに入社したらどうなるだろう。結果として、それで良かったという場合もある。仕事それ自体の魅力が明確であれば、新入社員は仕事に没頭して不安を解消するだろう。また、職場の人間関係が良ければ、その中で自分がしかるべき役割を得ることを目的に動機づけがはかられるだろう。

しかし、仕事・職場になじむのに時間がかかり、この会社に入社して良かったのだろうかという疑念を払拭できないでいると、ささいなことで躓きやすい。新入社員は入社後に必ず、入社前には考えもしなかった会社の一面を発見する。しかもそれは、先輩社員にとっては問題にするのがおかしいと思えるほどあたりまえのことなのである。新入社員が、この小さな違和感をことさらに大きな問題に思えて耐えられなくなるか、あるいは先輩社員同様にまったく気にならなくなるかは、そもそもその会社に入るということを自分で納得できていたかどうかにかかわる。自分の本当の働き場所はここではないという思いを抱き続け、職場になじもうとしない新入社員を、先輩社員は慣れ親しんだ職場の秩序を乱す異物として認識するようになる。先輩社員はしだいにいらだち、新入社員のいたたまれなさは増す。入社後わずかな期間で転職を決める、いわゆる第二新卒が多いのは、このような理由によるだろう。

採用選考の基準

多くの学生の応募を得た企業は、まず、学生を画一的な基準で荒く選抜する。

企業がまず確認するのは、応募時に学生が提出するエントリーシートである。採用にインターネットが活用され応募が増えるようになり、企業は本格的な選考を行う前に学生を一定数に絞る必要が生じた。エントリーシートはまさに一次面接の予備選考である。エントリーシートの項目は企業によってさまざまだが、志望理由、希望の職種、アルバイト歴、学生時代に何をし将来をどう考えるか、自分の長所・短所など本来なら面接で聞くべき事項が網羅されている。採用担当者はエントリーシートで自社への志望度や適性を判断し、面接に呼ぶまでもないと感じられた学生をはずす。

エントリーシートと同様に学生を荒く選抜する方法として、よく利用されているのが筆記試験である。主なものにSPI検査、一般職業適性検査、クレペリン検査などがある。これにより基礎学力や性格的な適性などを確認する。これらは、大学生にとってとくに事前の準備が必要なものではないが、一定の点数に満たなければ即不合格の判断が下される。しかし、この点数が高いからといって最終的な合格に結びつくものではない。

エントリーシートやSPI検査などで荒く選抜した後は、面接試験でじっくりと学生に向き合う。面接試験は一回ではなく何度か繰り返すことが多い。実際、企業がもっとも重視しているのは面接である。人材を評価するためには話をしてみるのが一番だからである。

面接ではふつう志望動機や入社後にやりたいことを聞く。業界、自社への関心・志望度が高いかどうかは重要な評価要素である。

出版社へ入社を希望する理由を聞くと「本が好きだから」と答える学生が多い。当然の答えだろう。だが、当然すぎて、その答えに満足する面接担当者はいない。だから次に「どんな本がつくりたいのか」と問う。学生は「『ハリー・

ポッター』のようなベストセラー」という答え方をする。では、「なぜ『ハリー・ポッター』はベストセラーになったのか」「誰が『ハリー・ポッター』をベストセラーにしたのか」学生が答えに窮するまで、質問は止まることはない。もちろん、面接で質問する立場の企業側の人間は、学生にベストセラーをどうしたらつくれるか教えてもらおうとしているのではない。そう質問することで、学生に気づいて欲しいのだ。自分たちもベストセラーを出したいと思ってさまざまな苦労をしているが、そう簡単ではないということを。そして、その苦労をする覚悟を持っているかどうかをこそ確認したがっている。志望度を評価する際の基準は憧れの強さでなく、覚悟の深さである。

面接の場では、学生個人についての質問もされる。「大学時代に何を学んだか」「アルバイト経験はあるか」「自分の長所・短所をどう考えるか」、面接する側は別に正解を用意して質問しているわけではない。語彙の豊富さや論理性、質問意図を考え回答する能力、自己を表現する能力、思考のパターンなどを見ている。おそらくその学生にとっては興味の範囲外であろうと思われる質問をあえてする場合もある。とっさの機転も試してみたいし、困ったときにどんな表情をするかも確認しておきたい。学生の回答をわざと否定して、ストレス耐性を見ることもある。あらかじめ用意したことばなど聞きたくはないのだ。本音にふれたい。地を見たい。面接をする目的はまさにそこにある。しかし、やりすぎると「圧迫面接」といわれ、評判を落とすことになるので、見極めたと思えればそこで質問は止む。

面接に加えて、グループディスカッションなどを行う企業も増えている。学生にテーマを与えて討論させ、採用担当者は観察者に徹するというものである。実際に、グループディスカッションをさせてみると、学生のさまざまな個性が見えてくる。進行役を買って出るものもいれば、その進行役の座を奪おうと挑戦するものもいる。自ら思い描いた結論に強引に誘導しようとするものもあれば、対立する意見の折衷案をつくり出そうと苦闘するものもいる。なかなか発言の機会を得られずに苛立ちを見せるものもいれば、一度獲得した発言権をできるだけ譲るまいと長々としゃべり続けるものもいる。

ディスカッションを終えて、満足そうな表情を見せるのは、議事進行役の地位をめぐる攻防戦に勝ち抜いた学生と自説を貫いて他者の異論・反論を圧倒した学生である。グループディスカッションにおいて評価のポイントは議論の中心となり、自説を他に認めさせる能力にあると考えるからだろう。

もちろん、企業は優れたリーダーシップを発揮する人材を欲しがっている。しかし、本来、リーダーシップとは集団のメンバーによって評価されるものであり、メンバーの不興を募らせる強引さをリーダーシップとはいわない。実は企業が採用の一環としてグループディスカッションを課さなければならないと考えるようになったのは、他者とのかかわりがうまくできない若者が増加したためである。集団の中における自分の位置を適切に把握すること、他者の立場や感情を理解して受容すること。企業が組織として機能するために当然に求められる能力である。だから、他者の不満顔を見て一人勝ちしたと喜ぶような学生に対して、企業の採用担当者は入社後職場でうまく人間関係が築けるかどうか疑念を抱く。他者を圧する論理性や議論の巧みさは有能さの一つではあろうが、実際に仕事をする場面ではそれがマイナスに作用することが多い。上司・同僚の共感なしに組織を動かすことはできないし、それに気づかずに論理性で押し切ろうとすると孤立する。

企業は優秀な人材を求めて学生を選考する。ただし、その優秀さとは実際に仕事をした上で初めて測られるものである。だから、採用担当者は、選考過程において、その学生が見せるさまざまな反応から、仕事をしている姿を想像して評価する。

三　新入社員研修の実例

新入社員研修の意味

新卒定期採用された学生は、四月一日にいっせいに企業に入社する。入学式と似た形式の入社式を行う企業も多い。

しかし、入社したばかりの新入社員に仕事は与えられない。企業は、新入社員を職場に配属する前に教育を行う必要があると考えている。新入社員は業務について知識・技術・経験を持たないので教育が必要だというのは当然である。しかし、企業がまず新入社員に教えなければならないと考えていることは、業務についての知識・技術ではない。それは仕事をする際の意識にかかわるものである。

新入社員研修の目的と注意事項

次に、実際に私が企業の教育担当者として行った新入社員研修を例にあげながら、どのように「学生が社会人になる」ための誘導を行ったか見ていきたいと思う。

研修に先立ち、私は新入社員に次のプリントを配布することにしていた。

導入研修の目的

① 学生と社会人の違いについて自己確認し、社会人としてふさわしい思考方法・行動様式の基本を身につける。
② 組織活動を円滑に行うために必要な配慮の仕方を体験を通じて学ぶ。
③ ビジネスマナーの大切さを理解し、ビジネスマナーの基本を身につける。
④ 事業・顧客・組織についての理解を深める。
⑤ 社内の人間関係の基礎として同期の結束を高める。

研修中の注意事項

① テレない、気負わない、ウケを狙わない、表面をつくろわない。
② 体験から得られる自分の気づきを大切にする。
③ 「好き・嫌い」「合う・合わない」の感情にとらわれず、いうべきことはいい、聞くべきことは聞く。
④ 自分の言葉・行動が他に及ぼす影響を考え、また、その結果について責任を負う。

⑤　自分の責任において健康管理を行う。

新入社員導入研修の目的の一つは学生気分を払拭することである。つまり、導入研修の初期において新入社員の意識はまだ学生である。学生気分が抜けない新入社員をひとところに集めると学生気分は増幅され、研修の雰囲気が壊されてしまう。「テレない、気負わない、ウケを狙わない、表面をつくろわない」とは、まさに学生のノリを戒めたものである。

会社・仕事・給与について考える

最初の課題は、会社・仕事・給与について考えることである。なお、新入社員導入研修においては、一方的な講義はできるだけ避けるようにしている。教えただけでは身につかず、実際に考えさせることによって認識を深めるほうが効果的だと考えるからである。まず、問いに対する自分の考えをプリントに書かせ、それをグループ内で発表させる。それをさらにグループ内でまとめさせてから全体に対して発表させる。その上で何を考えなければいけないかを指摘するというのが、基本的な流れである。

最初に問うのは「会社とは誰のものか」である。

新入社員は「会社とは何か」という視点でものを考えたことがない。就職活動の中で多くの会社に接してきたはずだが、「会社とは誰のものか」などという問いを自ら発することはない。だから、新入社員研修の冒頭にこのような課題をつきつけられると、一様にとまどいを見せる。それでも、この問いにはそれぞれ答えを用意することができる。「社長」、「社員」、「消費者」といった答えだ。

その理由をいわせてみれば、彼らの意識が確認できる。「会社の決定権を握っているのは社長だ」「会社を実際に運営しているのは社員である」「消費者がなければ会社は潰れる」それぞれのいいぶんは皆正しい。ただし、「会社とは誰のものか」という問いに対して正しいかというと別である。

そこで私は新入社員のボールペンを取り上げて問う。

「このボールペンは誰のものか」

新入社員は答える。

「私のものです」

「なぜ、そういえるのか」

「私がお金を出して店で買ったからです」

まず、ボールペンはボールペンをつくった会社のものである。次にその会社からボールペンを買った人に所有権は移転する。ならば、最初に会社をつくったのは誰か。そして、その権利をお金を出して買ったのは誰か。そう、出資者、株式会社であるならば株主である。商法上、出資者を社員という。「社員」という答えも出ていたが、出資者、株主の意味でいったのなら正しい。しかし、理由を聞けばそうではないようだ。会社に雇われて働く人を一般に社員というが、本当は従業員というべきである。株主の存在を無視して会社は従業員のものだなどと考えるのは誤りである。

株主の権利は商法に定められている。商法において株主は株式総会の議決により定款の変更、資本の減少、解散、合併などを決定することができると規定されている。定款は会社の事業内容、名称、本社の所在地など会社の基本を定めたものであり、定款を変更するということは会社を変えるということにほかならない。また、株主は会社の解散、合併、つまり会社を処分する権限を持っている。まさに、株主こそ会社の所有者なのである。

会社の所有者である株主から会社の経営を委任されるのが取締役である。取締役の中から選ばれる代表取締役が経営の最高責任者である。取締役会から業務執行の最高責任者として任命されるのが社長である。ふつう社長は代表取締役でもあるが、会長や専務も代表権を持つ場合もあるので、社長と代表取締役とは同じではない。株式会社の特徴は資本と経営の分離であるということは中学社会科公民分野の学習範囲だが、改めて説明する必要があるというのが現実である。

次に問うのは「会社が事業を行う目的とは何か」である。「社会貢献」という答えもあるが、まず間違いなく返ってくる答えは「利益」「利潤」である。確かに企業にとって利益は重要である。株主は株価の上昇と配当を期待して株を保有する。この期待に応えるためには利益をあげなければならない。だからこの答えを誤りとすることはできない。

しかし、「利益を極大化」しようとすることは企業にとってたいへんに危険である。なぜなら、会社は永続すべきものであるが、「利益の極大化」をはかると会社は永続できなくなるからである。だから、新入社員には会社の目的は「顧客の創造」であって「利益の極大化」ではないと考えるように諭す。もちろん、利益を軽視せよといっているわけではない。利益は顧客の支払いによってもたらされる。そのとき、利益を見て顧客を見なければやがて顧客に見捨てられるという危険を考えて欲しい。選択権は顧客の側にある。会社がいかに利益の増加を計画しても、顧客に支持されない限り実現されない。

では利益とは何だろうか。売上から経費を引いたものが利益である。しかし、会社が利益を得るということは、決して顧客に損をさせるということではない。顧客は会社がつくり出した製品・サービスの価値にふさわしい支払いをする。つまり、会社と顧客は価値を交換するのであって、会社が手にすることのできる利益は会社の生み出した価値ということになる。

以上のとおり、企業の目的をピーター・ドラッカーの『抄訳マネジメント』の内容をなぞって説明し、また、同書の中から、会社の機能はマーケティングとイノベーションであるという主張も紹介する。マーケティングは会社に特有の機能であり、顧客のニーズをつかみ「顧客にこれが欲しかった」といわせるのがマーケティングである。また、どのような製品・サービスも時とともに陳腐化する、つまり顧客の創造のためにはイノベーションが必要である。

次の問いは会社と新入社員の関係についてのものである。

「入社後、あなたは会社に対してどんな義務を負い、また、会社はあなたに対してどんな義務を負うか」

社員が会社に対して負う義務については「規則や命令に従う」という答えもあるが、「働くこと」というまずまずの答えが返ってくる。会社の果たすべき義務が「給与の支払い」であることはもっとも考えやすいことのようである。社員は会社に対して労務の提供の義務を負い、会社はその対償として賃金の支払いの義務を負う。これが雇用関係の基本である。ここで強調すべきことは働くことに対して賃金が支払われるのであって、会社にいることによって賃金が支払われるのではないということである。

では、「研修中の新入社員は働いているとはいえないわけだが、会社は賃金を支払う義務を負うか」と問えば、新入社員は皆いやな顔をする。会社が就業時間中に研修を受けることを命じているわけだから、当然、賃金は支払われると説明すれば表情は和らぐ。ただし、賃金の支払いを受けながら研修を受けているということを忘れないようにと念を押す。そのいい方の説教くささにひるむようでは、新入社員研修のインストラクターはつとまらない。

次の問いは「仕事は誰のために行われるべきか。また、仕事のできばえを最終的に評価するのは誰か」である。「会社のために仕事をする」「上司が仕事の評価をする」という答えが返ってくるが、そうした場合には、もう一度、会社の目的は何であったかと問いなおす。会社の目的が「顧客の創造」であるならば、会社のために仕事をするということは、顧客のために仕事をするということと同義でなければならない。むしろ、「顧客のために仕事をする」という意識でいたほうが、会社のためになるということを強調する。「仕事のできばえを最終的に評価する」のも顧客である。確かに上司が仕事の指示をし、人事考課で社員の評価をする。しかし、給与の出どころをたどっていけば必ず顧客に行きつく。上司の評価で多少ボーナスの額は増減するかもしれないが、ボーナスが出るか出ないかは顧客の支持がどれだけあったかで決まる。つまり、仕事をする上で常に考えておかなければならないのは、「顧客のために仕事をし、顧客の評価を受ける」ということである。これは建前ではない。企業にとっての現実なのである。

新入社員は仕事をする意欲に燃えているが、それは、自分の好きな仕事、やりがいのある仕事、得意な仕事をしたいと考えているのであって、「顧客のために仕事をする」という視点は抜け落ちている。「顧客のため」であるならば、嫌いであろうが、やりがいがなかろうが、不得意であろうが、仕事をしなければならないということをここで確認する。

最後に問うのは「給与の額は何を基準に決められるべきか」である。

「仕事をする時間」「仕事の量」という答えもあれば「社員の能力」「仕事の成果」といった答えもある。この問いには正解がない。給与は実に複雑な要素が絡み合って決められるからである。そこで次の意見を紹介する。

①　会社にとって給与はコストである。　利益を左右するもの
②　個人にとって給与は評価である。　勤労意欲を左右するもの
③　世帯にとって給与は収入である。　家計を支えるもの
④　社会にとって給与は消費の源泉である。　消費支出を支え景気に影響するもの
⑤　国家にとって給与は課税の基礎である。　税収を支えるもの
⑥　顧客にとって給与は価格の一部である。　商品の競争力に影響を与えるもの

会社にとって給与がコストであるならば、会社は常に給与の上昇を抑えあるいは削減しなければならないだろうか。それはあまりにも一面的な見方である。やる気を削ぐ給与、世帯の生計がなりたたない給与にすることが会社にとって望ましいかというとそうではない。逆に給与をもらう立場としては多ければ多いほどよいだろうが、そのために会社の財務状況が悪化したり、競争力が落ちたりした場合に最終的にどうなるかを考えなければならない。

次に給与に対する一般的な認識も紹介する。

①　同じ仕事なら給与も同じでないと不公平である。

② 楽な仕事より辛い仕事のほうが給与は高くて当然である。

③ やさしい仕事より難しい仕事のほうが給与は高くて当然である。

④ 重要でない仕事より重要な仕事のほうが給与は高くて当然である。

⑤ 成果をあげない人より成果をあげた人のほうが給与は高くて当然である。

つまり、給与への納得性は仕事の辛さ、難易度、重要性、成果の相関関係によって決まるものと考えられる。しかし、給与に対する感情はそれだけでは説明できない。実は給与に納得できるかどうかは仕事ではなく自分が基準になっている。

① 自分にとって相当と思える生活水準を維持できない給与に対しては不満に思う。

② 自分の能力・経歴・実績に比して給与が少ない場合は不満に思う。

③ 自分の仕事の辛さ、難易度、重要性、成果に比して給与が少ない場合は不満に思う。

④ 自分と同等と思う他人より給与が少ない場合は不満に思う。

仕事そのものを見れば、誰もが辛さ、難易度、重要性、成果で給与が決まることについて納得がいくだろうが、これが自分の給与となれば、そのほかに自分の生活水準、能力・経歴・実績を要素として考えてしまう。生活水準は収入に応じて上がるものであり、いったん生活水準が上がると下げることは難しい。収入が上がることに対しては納得がしやすいが、たとえ仕事が変わったとしても収入が下がることには心理的な抵抗がともなう。

このように考えてみると、何をもって妥当な給与額というかは難しい。だから、これまで多くの企業で年功序列的な給与体系がとられてきたのだろう。年功序列的な給与体系のもとで、年齢とともに給与が上がることを定期昇給（定昇）、会社業績、物価上昇率、労働力の需給関係に応じて給与のテーブル自体を書き換えることをベースアップ（ベア）という。このベースアップをどれだけ行うかを労使間で交渉するのが春闘である。

こうした年功序列的な給与体系は、誰もが等しく一年に一歳ずつ年齢があがるという点では公平であるし、また年齢というあいまいさのない数値にもとづく給与であるという点で明確である。年齢の上昇とともに生活費がかかるようになるという現実に即して考えてみても、上がる一方で下がらないという点でも納得性が高い。しかし、年功序列型給与体系は、企業が成長を続けていく間は維持できるが、成長が止まると苦しくなる。物価が下がっている現状においてはベアなしが続いている。業績不振の企業では定昇なしというところもある。

年功序列型給与体系から成果主義的給与体系に移行しようという企業が増えている。給与原資を有効に配分するために、成果をあげた人には厚く報い、成果が十分でない人の給与をその分減らすという仕組みである。個人にとって給与は評価であり、勤労意欲を左右するものであるので、成果の違いが明らかであれば、むしろ当然の仕組みといえる。ただし、それは一般論にとどまる間だけのことであり、実際にそれで自分の給与が下がるとなるとたんに成果のとらえ方の妥当性への疑念が湧く。成果主義的給与体系に移行しようという企業の意図が労務費の削減であるならば、社員の不満が爆発する。

では、自社の給与体系はどうか。年功序列型給与の特徴である定昇を残しながら、上位階層になるほど成果主義的な色彩が強くなるという給与体系をここで説明する。

会社とは何か、会社で働くとはどういうことかを確認した上で、もっともなまなましく、また切実な給与について考えさせてこのセッションは終わる。

学生が「社会人」と区別される理由

新入社員研修初日の最後のテーマは「社会人とは何か」である。まず、課題の書かれたシートを配布する。

辞書には「社会人」という言葉が載っている。その説明には、「①実社会で活動する人。『学校を出て社会人となった。』、②社会の一員としての人」とある。どうやら、学生は社会人ではないらしい。どうして学生は社会人と区別されるのか、次の手順により考えなさい。

【手順】

1.「学生」には、一般に社会人といわれる人たちと比べてどのような違いがあるか書き出しなさい。

2.書き出した中で最も本質的な違いと思うものに○（複数あっても可）をつけなさい。

3.なぜ「学生」は「社会人」と区別されるのか、あなたなりの結論を出しなさい。

4.グループとしてなぜ「学生」は「社会人」と区別されるのか意見をまとめなさい。

学生と社会人の違いを書き出させるという研修は新入社員研修の定番である。私自身が新入社員であった時代にもあったし、相当昔からあるのだろう。

「学生には自由があるが社会人には自由がない」
「学生には休みが多いが社会人には休みがない」
「学生は税金を支払わなくてよいが社会人は税金を支払わなければならない」
「学生には責任がないが社会人には責任がある」
「学生は勉強をするが社会人は仕事をする」

新入社員はすらすらと学生と社会人の違いを何項目か書き出す。そして、他の人も似たりよったりの項目を書き出していることを確認する。しかし、では、なぜ、「学生」は「社会人」と区別されるのかという議論になると、自分の書き出した項目も他人が書き出した項目も非常に不明瞭であったことに気づく。

「学生には自由があるが社会人には自由がない」というときの「自由」とは何か。

「学生は税金を支払わなくてよいが社会人は税金を支払わなければならない」というが、本当に学生は税金を支払わなくてよいのか。

そのような議論をしているうちに、やがて、「社会人とは何か」ということがわからなくなってくる。最初は学生と対比される社会人とは会社に勤めるサラリーマンをイメージしていた。入社したばかりの新入社員であるので当然であろう。では、自営業の人は社会人ではないのか、主婦は、失業中の人は、定年退職した人は……。当然、自営業者も、主婦も、定年退職者も実社会で活動する人であり、社会の一員であるので、社会人といえる。そうなると、一概に学生には時間があるが、社会人には時間がないとはいいにくくなる。結局、時間切れ寸前になって「学生はまだ親に依存しており、社会的に自立していないから」というような答えにおちつく。

休憩の後、私は以下のとおり説明をする。

民法上、満二十歳に達すれば、成人とされ、法律行為を行う際に法定代理人（保護者）の同意を必要としない。成人は飲酒や喫煙を咎められることはなく、投票権も与えられている。成人であれば、学生であろうがなかろうが、とくに差はない。

その一方、学生であるがゆえに法的に制約されることもある。たとえば、馬券の購入は学生には認められていないし、パチンコなども禁止されている。しかし、実態はどうかといえば、学生が馬券を購入したから、パチンコ店に出入りしたからといって罰せられることはまずない。黙認されているといってよいだろう。逆に、成人であれば法律行為を行う際に法定代理人（保護者）の同意を必要としないはずであるのに、クレジットカードの申込みをするとき、アパートを借りるときに成人であっても学生には保護者を連帯保証人に立てるよう求められる。経済的に自立していない学生であるなら当然かもしれない。しかし、ここで注目すべきは、収入がないからという理由で拒絶されるわけではないということである。むしろ、保護者を保証人に立てることを前提としてクレジット会社や不動産会社は学生の利用を歓迎している。

学生身分であるがゆえに受けられる特別な処遇としては、所得税法で勤労学生の特別控除が認められていることがあげられる。学生は決して税金を払わなくていいわけではない。交通機関の利用料金に学割の適用が受けられることも学生であるがゆえの特権である。博物館や美術館などでも学割は適用される。いずれも、学生は収入がない、独立した生計を営んでいないという理由で優遇されているようにも思える。しかし、学生以外の成人が、収入がない、独立した生計を営んでいないという場合に学生と同様の扱いを受けることはできない。やはり、学生は特別なのである。

制度的な面だけでなく、学生のふるまいに対して社会人はどのように反応するかも確認しておこう。旧制高校の学生がバンカラを気取り弊衣破帽で大通りを闊歩した時代から、学生の行儀の悪さに大人たちは寛容である。場にふさわしくない服装をしていても、年長者に敬語を使わなくても、アルバイトを無断欠勤しても、学生だから仕方がないですまされることが多い。学生が犯罪や事故の当事者になった場合、本人の責任は免れないにしても、親や大学の指導・管理責任が同時に問われ、責任は分散される。学生の行為に対して賠償を求められた場合、応じない親はいないだろう。学生と社会人の違いの一例として「学生には責任がないが社会人には責任がある」というような項目があがってくるのは、「甘えても許される」という認識があるからだろう。

また、学生が多くの時間を過ごす大学という場の特異性にも目を向ける必要がある。象牙の塔ということばに象徴されるように、大学は一般社会とは異なる「聖なる空間」と認識されている。学問の自由を高らかに掲げる大学には自治が認められ、外部の干渉を極度に排する傾向がある。若い同世代が集まる大学という場が一般の社会から隔離されるとどうなるか。学生のみに通じるファッション、ことば、行動様式が生まれ、外界とのずれを生じる。学生が学生らしく奔放にふるまうことは他に悪影響を及ぼさない限りとくに非難はされない。やはり、学生は特別視されているのである。

では、なぜ、かくも学生は特別な存在でありえているのだろうか。学生の本質は学ぶことである。つまり、学生は「学ぶ人」であるがゆえに特別なのである。学生を未熟と見て、特別な保護を与えているわけではない。人材を育てることは、社会にとって必要だからである。大学は何のためにあるか。学生が学ぶためにある。学生に特別な経済的な優遇を与えるのも、時間的な余裕を与えているのも社会が学生に学ぶことを期待してのことである。このあたりまえのことを忘れてはならない。

「学生が社会人になる」とは妙ないい方のようだが、意味があると思う。学生は学生時代に学んだことを社会に出てから役立てなければならない。仕事をするということは社会にかかわるということである。よい仕事をすることで社会に貢献することができる。よい仕事とは、顧客が喜んで対価を支払う価値を生み出すことである。会社のために、上司のために、自分のために仕事をするのではなく、顧客のために仕事をして欲しい。その結果は必ず会社のためにも、上司のためにも、自分のためにもなる。

社会人になると、学生のときのように自由はきかなくなるし、他者の見る目も甘くはなくなる。親でさえ、経済的な自立を果たし、自らの行動の責任は自ら負うように求めるだろう。今までが特別に保護・優遇されていたのであって、これから当然しなければならないことをするように求められるようになるだけなのである。会社は大学のような「聖なる空間」ではない。学生が大学の中で自由であったように、会社の中で、地域社会の中で、自由に過ごすことは許されない。学生であれば、嫌いな同級生とかかわらないでもすんだかもしれない。しかし、仕事をする以上、好き嫌いに関係なく、同僚、上司、取引先、顧客とうまく接することができなければならない。学生という特権を失って社会人になる。

以上が私の新入社員研修の内容である。自らの学生時代、新入社員時代を考えれば、よくもそんな偉そうなことができるものだとあきれる。しかし、これも仕事であり、また、新入社員のためにいうべきことなのだろうと考える。なお、ここに紹介した内容は、三週間におよぶ新入社員研修の初日部分だけである。以後の新入社員研修においては、会社の歴史、将来構想、市場動向、競合他社といった内容の講義や、就業規則や各種社内規程、手続きの説明、口頭・電話・

文書・メールでのコミュニケーションの仕方、各部署の業務内容の紹介といったメニューが続く。さらに、各部署に配属された後でも、より実際的な教育が行われる。新入社員教育が終わっても企業は、折にふれて社員を教育する。それは、教育しなければならないことがあるからである。

〈付記〉　本稿は平成十六年四月に執筆したものである。

おわりに

本論文集は、筑波大学、日本大学等において、私とともに学び、教師として飛翔した者を中心につくられた社会科教育研究会の夏期合宿の成果です。参加者は中高教員を中心に、大学教員と企業に身をおく者など多数です。

合宿研究大会は、同窓意識が醸し出すゆるやかな連帯感にささえられ、各人の一年間の営みを、各自が授業で用いた教材と試験問題、企業活動における報告書等々をふまえた現状報告からはじまります。この報告では、ある種の「ミウチ意識」からくる信頼関係にささえられ、きわめて素直に己の内なる世界をふまえた生徒をめぐる人間関係、同僚との距離がかかえる問題、苦しみと喜び、哀しみが己の言葉として問いかけられます。この問いかけは、出席者全員がそれぞれに己のものと受けとめ、問いかえすなかで、学校と社会をめぐる闇を切り裂く緒口への目を用意し、明日への活力となるものです。ここには、各種の教研集会に見られる既存の教育談議が失った世界、教育現場、教育産業の前線で出会う多様な問題が生のまま提起されています。

まさに二十年余にわたり社会科教育研究会を存続せしめたのは、一人の人間として、己の言葉で学び育つとは何かを問いかけ、己が心の軌跡を確かめる場でありつづけたことです。私はこうした会の主宰者でありえたことに誇りをもっています。

今度の論文集は、会結成二十周年にあたる二〇〇三年北海道大会の成果をふまえ、主にまとめられたものです。社会科教育とは何か、学校で教え学ぶとは何かとの問いは、二〇〇四年の秋田大会、二〇〇五年の福島大会、二〇〇六年の山形大会と回を経るごとに、教育現場に生活する者の心に年ごとに重くのしかかっています。

本論文集は、「戦後教育の総決算」が安易に説かれる風潮下に生きねばならない一人の人間として、己が課された教育とは何かを問い質したもので、第一部「現在《いま》　教師として考えること」、第二部「一教師である私の場」からなります。

第一部「現在《いま》　教師として考えること」では、野口剛が「社会科の復興」をめざし、戦後社会科教育、歴史教育が陥ちこんだ隘路を検証し、アカデミズムの成果を短絡的にとりこむことで、全体像への目を喪失した問題を提示し、人間の生活世界から社会を統合的に把握し、多角的に分析する手法を手に入れようとした社会科の原点への回帰を説いています。この原点への目は、伊藤純郎「モノを忘れた社会科教育」が説く「博学連携」のあり方への具体的方策の提言を、永野みどりが中学生は「写真資料をどう読み解くか」で説く「写真資料」の作為と欺瞞の構図への告発を重ねることで、「社会科の復興」をめざす教育への足場をきずくことが可能となりましょう。熊谷明彦の「高校生の自己認識と歴史学習」は、過去を検証し、己が生活現実における諸問題を認識するために、「自分史」を歴史教育に位置づけようとしています。これらの論稿には、教師である己の場から、己が営む教育とは何かを問い、あるべき社会科教育を凝視し、より良き社会をつくるための教育実践への模索があります。

第二部「一教師である私の場」は、二十年前後にわたる一教師として営んだ教育実践を検証し、教師である私とは何かを問い、教え学ぶことの重さを己の言葉で語ったものです。畠山久美子「社会科一教師に何ができるか」は、一教師として迷いとまどいながら、生徒と正面から向き合い、生徒の生きて在る場から社会科とは何かを問い語ったものです。その思いは社会科教師の原点を己に言い聞かせた結びの一文に読みとれます。この言こそは、社会科教師のみならず、教育にかかわる者が己のものと自覚し、自戒とすべき宣言ではないでしょうか。

　それでも、私は理想を語りたい。生徒たちに人間の弱さとすばらしさを教えたい。自分の生き方を見せながら、人間がどんなことができるのか、どう生きるべきかを語りたい。自分の人生を、人間の歴史を正しく見つめ、未来のために肯定的に生きていくこと。それが社会科教師なのだと思う。

渡部徹「私の授業は何点ですか」は、畠山久美子が内なる世界をみつめて問いかけた世界の対極から、「評価」とは何かに思いをめぐらせたものです。「評価」することが新しい教育を可能にするかのごとき言説が横行する昨今の風潮を考える素材となりましょう。ここで問い語った渡部徹の目は、現に教育行政の場に身を置くこととなった現在、己のあり方を検証せしめているのではないでしょうか。「評価」という課題は大なり小なり、教育現場から教育行政に身を移し、学校教育を把握するときに重く刺った棘だけに、渡部の営みをみつめていきたく思います。

田澤直人「社会科教師としてしてきたこと」は、民俗学を学んだ目を学校教育に生かし、現在における村住みの教師とは何かをうかがわせる報告です。かつて宮本常一がなしえた牧歌的な姿はもはや過去の良き思い出にすぎないのでしょうか。田澤直人の実践報告は、地域協同体が変質していくなかで、学校そのものをどう地域社会に根づかせるかが問われていることをあらためて確認せざるをえません。現場によせる田澤の明るい目差しは、地域協同体に生きて在る実感にささえられたもので、明日を一教師として生きる上で何が求められるかを示唆してくれます。

中村光一「教養科目〔日本史〕を担当して」は、「地方小規模私立大学教員」として、教養日本史をどう構築するかという試行錯誤の記録です。この記録は、教養教育を専門教育の下僕と位置づけてきた戦後の大学教育の欠陥を問い質し、大衆化した大学をいかに知を創造しうる場とするかの悪戦苦闘記ともいえます。世に喧伝される「大学改革」の内実を一教師として問い質したものです。ここには、高校教育と無縁なながで、大学の授業を組み立てざるをえない悲鳴があります。ここに提起された課題は、「改革」の名でカリキュラムをいじくり、生徒学生の場に思いをいたさない教育界の言動への告発にほかなりません。

一倉保「学生が社会人になるということ」は、中村光一が提示した大学教育、その根にある日本の学校教育なる世界を企業の場から検証しようとしたものです。「社会人」であることを問いかける一倉は、企業が何を学生に求めているかを具体的に説き、企業で生きていく作法を学ばせ、社会人である自覚をうながしています。ここには、「学生」と「社会人」という枠組に呪縛されてきた世間のあり方をふまえながら、一人の人間としていかに生きるかを求める目があります。この目は、学生も社会人も一個の人間として、どのような責任を負わされ、権利と義務を課されているかを思いみるとき、企業倫理をより確かなものとして社会に根づかせましょう。一倉の問いかけは、大学ひいては学校教育が企業―資本の召使とならないためにも、教師たる者への挑戦として読みたいものです。

本論文は、かくも多様な場から、己の社会科教育への思いを問い語った世界からなっています。論者が共有する世界は、流砂のごとき社会科教育の現状を凝視し、己の社会科への思いを確認するなかに、生活の場から世間を読み解き、強権化する国家に対峙するための場を築きたいとの志です。論者一人ひとりは、己が一教師、一企業人としての二十年前後の歩みを検証し、明日をより良き社会にすべく歩むための場を確認する作業を営んでいます。その成果が本論文集です。各人がいだける思いに心をいたし読んでいただければ幸いです。

なお本研究会の軌跡は、大濱編『歴史教育の新地平』(同成社、一九九七年)を参考にして下さい。本書は、この『歴史教育の新地平』をふまえ、会員各位がより直截に己が内なる世界から明日を生きうる社会科教育への思いを吐露したものです。

本書刊行については、前書を刊行した同成社の山脇洋亮氏にお世話をかけました。刊行の遅延により、各執筆者の思いを読み解く上で、執筆時の状況との間に差が出ておりますが、その責はすべて編者が負うべきものです。

ここに記して関係者各位にお礼とします。

二〇〇六年夏

札幌円山原生林の麓にて

大濱　徹也

会の歩み（第一六回以降）

第一六回（一九九八）八月三日～五日
伊豆高原・ヴィラトリフォリエ城ヶ崎
参加　二一名
発表　渡部　徹（千葉県立流山南高校）「学年主任奮闘記」
三藤義郎（広島大学附属福山中高等学校）「荒れる中学校と同和教育―福山からの発信―」
総括　大濱徹也
巡見　筑波大学下田臨海実験センター

第一七回（一九九九）八月二日～四日
伊豆高原・ヴィラトリフォリエ城ヶ崎
参加　一九名
発表　渡部　徹（千葉県立流山南高校）「私の近況報告・卒業式まであと半年」
村田文江（北海道教育大学岩見沢校）「近況報告―地域研究と教員養成の現状―」
総括　大濱徹也「歴史と戦争が問いかけるもの」
巡見　沼津市明治史料館、沼津市歴史民俗資料館、沼津御用邸記念館

第一八回（二〇〇〇）八月七日～九日
伊豆高原・ヴィラトリフォリエ城ヶ崎
参加　二一名

発表　平井義人（大分県立先哲史料館）「大蔵永常著作板本の調査をめぐって―書誌学的アプローチとその問題点―」
平野哲也（日本学術振興会特別研究員）「体験を通してみた通信制高校の教育現場」
総括　大濱徹也
巡見　佐野美術館、三島大社、柿田川公園

第一九回（二〇〇一）八月一日～三日
伊豆高原・ヴィラトリフォリエ城ヶ崎
参加　一八名
発表　野口　剛（筑波大学附属高校）「筑波への内地留学から」
永野みどり（東京成徳大学中学・高等学校）「生徒が『シンショウ』というのを聞いたことがありますか―中学生が気づき考える機会を作る試み―」
総括　大濱徹也
巡見　岩科学校、明治商家中瀬邸、伊豆の長八美術館

第二〇回（二〇〇二）七月三一日～八月二日
伊豆高原・ヴィラトリフォリエ城ヶ崎
参加　二〇名
発表　大村章仁（静岡県立引佐高校）「『産業技術科』高校にお

ける実践と課題」
鈴木直子（北海道札幌稲雲高校）「八重子・亡びる民に寄せる思い」
総括　大濱徹也
巡見　森林博物館、伊豆近代文学館

第二一回（二〇〇三）八月五日～七日
岩見沢市・スパ・イン　メープル・ロッジ
参加　二六名
発表　栗山丈弘（北海道文化女子大学室蘭短期大学）「『室蘭市輪西地区』における商業活性化の試み」
畠山久美子（秋田県能代市立第二中学校）「教師生活二一年―私的中学社会科の変遷―」
総括　大濱徹也「新たなる社会科教育への挑戦―図書館・博物館・文書館をつなぐ輪―」
巡見　北海道教育大学岩見沢校、月形樺戸博物館、浦臼郷土資料館

第二二回（二〇〇四）八月一日～三日
大潟村・ホテルサンルーラル大潟
参加　二六名
発表　鈴木直子（北海学園大学大学院）「私の目指す社会科―〝文明開化〟の学びを通して―」
中村修也（文教大学教育学部）「小学生サマーキャンプにおける歴史学習」
総括　大濱徹也（北海学園大学）「現在 社会科教育が問われていること」
巡見　大潟村干拓博物館、能代市檜山城周辺遺跡、男鹿市伝承館・なまはげ館

第二三回（二〇〇五）七月三〇日～八月三日
郡山市・浅香荘
参加　二九名
発表　伊藤　真（秋田県立秋田中央高校）「社会科教育の〈いま〉について」
岡島恒志（鳥取県立米子東高校）「授業時以外の社会科教育」
総括　大濱徹也（北海学園大学）「『失われた時』を取り戻すために」
巡見　開成山大神宮、開成館、安積歴史博物館、鶴ヶ城、福島県立博物館、飯盛山・白虎隊記念館、十六橋水門

第二四回（二〇〇六）七月二九日～三一日
村山市・クアハウス碁点
参加　二九名
発表　大庭大輝（筑波大学付属高校）「大連・旅順・瀋陽訪問記」
渡部　徹（千葉県教育庁）「〈5番〉の電話は鳴り止まず―管理主事三年間の軌跡―」
総括　大濱徹也（北海学園大学）「戦後教育とは何だったのか」
巡見　山寺立石寺、山寺芭蕉記念館・山寺風雅の図、天童市立旧村山郡役所資料館、最上川川下り

執筆者一覧

大濱　徹也（おおはま・てつや）
一九三七年生。
現在、北海学園大学教授。筑波大学名誉教授。
〈主要著作〉『乃木希典』（一九六七年）、『明治キリスト教会史の研究』（一九七九年）、『講談日本通史』（二〇〇五年）

野口　剛（のぐち・たけし）
一九五五年生。
現在、筑波大学附属高等学校教諭。
〈主要著作〉『新時代を拓く社会科の挑戦』（共著、二〇〇六年）、「英国における学校歴史の改革について」（『筑波社会科研究』第23号、二〇〇四年）、「歴史の消費現場から――学校を中心に〈歴史学〉を考える」（『日本史学集録』第29号、二〇〇六年）

伊藤　純郎（いとう・じゅんろう）
一九五七年生。
現在、筑波大学大学院人文社会科学研究科助教授。
〈主要著作〉『郷土教育運動の研究』（一九九八年）、『総合的学習に役立つ　調べてみよう地域・郷土』（編著、二〇〇〇年）、『柳田国男と信州地方史――「白足袋史学」と「わらじ史学」』（二〇〇五年）

永野みどり（ながの・みどり）
一九六二年生。
現在、東京成徳大学中学・高等学校教諭。
〈主要著作〉「高校生の文化のとらえ方――異文化へのまなざしを考える」（『歴史教育の新地平』一九九五年）、『北区教育史　通史編』（共著、一九九七年）、「家事科・裁縫科の諸問題にみる女子教育――明治から昭和初期にかけて」（『筑波社会科研究』第7号、一九八八年）

熊谷　明彦（くまがい・あきひこ）
一九六八年生。
現在、福島県立須賀川桐陽高等学校教諭。
〈主要著作〉『福島県労働運動史　戦後編』（共著、一九九五年）

畠山久美子（はたけやま・くみこ）
一九五九年生。
現在、秋田県能代市立能代第二中学校教諭。
〈主要著作〉「歴史学習における地域史料の教材化――伝説と聞き書きによる歴史素材の劇化」（『歴史教育の新地平』一九九七年）

渡部　徹（わたなべ・とおる）
一九五九年生。
現在、千葉県教育庁教育振興部指導課指導主事。

田澤　直人（たざわ・なおと）
一九五八年生。
現在、長野県長野東高等学校教頭。
〈主要著作〉『総合的学習に役立つ　調べてみよう地域・郷土』（共著、二〇〇〇年）、「社会科教育と民俗学」（『講座日本の民俗学11巻　民俗学案内』二〇〇四年）、『浅科村史』（共著、二〇〇五年）

中村　光一（なかむら・てるかず）
一九六〇年生。
現在、上武大学経営情報学部助教授。
〈主要著作〉「律令制下における武器生産について――延喜兵部式諸国器仗条を中心として」（『律令国家の地方支配』一九九五年）、「出羽国府の移転に関する一考察」（『史境』第40号、二〇〇〇年）、「『続日本紀』東北経略関係記事と「三十八年戦争」」（『古代日本の政治と宗教』二〇〇五年）

一倉　保（いちくら・たもつ）
一九五九年生。
現在、株式会社Z会大学受験事業本部長。

社《しゃ》会《かい》科《か》

—現在 問われている世界—

2006年10月30日発行

編　者　大　濱　徹　也
発行者　山　脇　洋　亮
印　刷　㈱　深　高　社
モリモト印刷㈱

発行所　東京都千代田区飯田橋 4-4-8 東京中央ビル内　㈱同成社
TEL 03-3239-1467　振替 00140-0-20618

ISBN4-88621-310-3 C3037